Josef Kraus

Ist die Bildung noch zu retten?

Josef Kraus

Ist die Bildung noch zu retten?

Eine Streitschrift

Herbig

Besuchen Sie uns im Internet unter:
www.herbig-verlag.de

© 2009 F. A. Herbig
Verlagsbuchhandlung GmbH, München
Alle Rechte vorbehalten
Umschlaggestaltung: Wolfgang Heinzel
Herstellung und Satz: VerlagsService Dr. Helmut Neuberger
& Karl Schaumann GmbH, Heimstetten
Gesetzt aus der 11,25/14,15 Punkt Minion
Druck und Binden: GGP Media GmbH, Pößneck
Printed in Germany
ISBN 978-3-7766-2610-0

Inhalt

Anstelle eines Vorworts:
Gegen eine Bildungspolitik mit der Abrissbirne

Wenn es nach bildungspolitisch stets übermotivierten TV-, Gipfel-, Kongress-, Seminar- und Workshop-Runden geht, scheint zweierlei klar: Erstens, Deutschland steht mit seinem herkömmlichen Bildungswesen näher an der Apokalypse als an der Katastrophe. Zweitens, das Rettende aber naht; man dürfe schlicht und einfach keinen Stein mehr auf dem anderen lassen. Und weil das Abreißen immer leichter ist als das Aufbauen, diskutieren Politik, Journaille und »moderne« Pädagogik munter drauflos. Vor allem hat man es dabei gerne einfach. Man wünscht – mit Rücksicht auf das vermeintlich dumme Volk – Reduktion von Komplexität auf Monokausalität und Eindimensionalität.

In der Folge werden dem Publikum pseudo-originell ganze Bauchläden an Erklärungen und Patentrezepten feilgeboten. Angesagt sind zum Beispiel: Gesamtschule, Ganztagsschule, Privatschule, Homeschooling, Lehrplanentrümpelung, Abschied vom Stundentakt, Ausschlafen für Schüler und Schulbeginn erst um 9 Uhr, Schuluniform ... Mitreden kann hier schließlich jeder, denn jeder hat einmal die Schule besucht oder kennt zumindest einen, der einen kennt, der in der Schule war. Andere aber, die in solchen Runden auf Realismus oder auch nur auf Differenzierung achten, stehen auf verlorenem Posten. Es geht um Gutmenschentum, um Betroffensein, um Anklage gegen bestehende Verhältnisse, um das vermeintliche PISA-Desaster der Woche. Fakten können nur stören.

Einst wurde der Überbringer schlechter Nachrichten geköpft. Mittlerweile ist es umgekehrt. Wahrscheinlich hat das mit einer Dynamik zu tun, wie sie Le Bon in seiner *Psychologie der Massen* 1895 beschreibt: »Nie haben die Massen nach Wahrheit gedürstet. Von den Tatsachen, die ihnen missfallen, wenden sie sich ab und ziehen es vor, den Irrtum zu vergöttern, wenn er sie zu verführen vermag. Wer sie zu täuschen versteht, wird leicht ihr Herr, wer sie aufzuklären versucht, ihr Opfer.«

Es ist wie im Fußball. Wenn die Nationalmannschaft spielt, dann sitzen Millionen von Bundestrainern am Bildschirm und geben kluge Ratschläge. Über allen aber thronen Bildungsökonomen, die alle möglichen Visionen von Schule auf Cent und Euro genau in Rentabilitätsgewinne umzurechnen vermögen. Thronen? Nein, noch weiter oben schwebt ein UNO-Kommissar für Menschenrechte, der »Germany in ten days« schafft und reaktionsschnell weiß, dass das deutsche Schulwesen mit seiner föderalen Ausprägung sowie mit seinen mehr als 20 verschiedenen Schulformen, 42 000 Einzelschulen, 12 Millionen Schülern und 800 000 Lehrern schlicht und einfach ungerecht sei. Ob es für die UNO weltweit denn nichts Wichtigeres zu tun gäbe bzw. ob die UNO womöglich überschüssige personelle und finanzielle Ressourcen habe, darf man aber nicht fragen.

Jedenfalls werden permanent und nachhaltig – man meint meistens nachdrücklich – Reformen angemahnt. Das Problem ist nur: Der reale Schüler ist ein völlig anderer als der ideale, als der stets wissbegierige, sich ständig neu motivierende, für das Wahre, Schöne und Gute aufgeschlossene – der aber eben durch böse Umstände (Schulsystem, unmögliche Lehrer, soziale Benachteiligung) in seiner Bildungslust daran gehindert wird, perfekt zu sein. Es gilt vielmehr etwas anderes, nämlich eine Diagnose, die Theodor Adorno 1959 am Ende seines Vortrages über die *Theorie der Halbbildung* formuliert hat: Es sei ein Anachronismus der Zeit, »an Bildung festzuhalten, nachdem die Gesellschaft ihr die Basis entzog«. Selbst gelegentliche »Bildungsgipfel« samt Hofberichterstattung auf allen Kanälen helfen gegen solchen Entzug wenig.

Bildungspolitische »Erregungsproduktion«

Eine intellektuelle Herausforderung ist all das veröffentlichte Bildungsgequatsche jedenfalls nicht. Denn leider geht es gerade hier um einen »übermächtigen Trend zur Umorientierung der Medien von Information auf Erregungsproduktion«. So nennt es Peter Sloterdijk 1999 in seiner Schrift *Regeln für den Menschenpark*. Ein Land aber, das mit seinem Reizwortjournalismus jede Woche mindestens ein paar karierte Kaninchen aus dem pädagogisch-schulpolitischen Zylinder zaubert, ein Land, das Bildungsfragen immer nur »an«-denkt (quasi »an«-beißt und sofort wieder ausspuckt) und nicht »durch«-denkt, ein solches Land braucht keinen PISA-Test mehr. Goethe würde sagen: »Es gibt eben nichts Entsetzlicheres als tätige Unwissenheit.«

Was sich hinter den Kulissen der Gesprächsrunden in der realen Politik aber abspielt, überbietet die 68er-Kahlschläge an Radikalität im Ergebnis. Ist die Bildung also noch zu retten? Ja, natürlich! Aber sie ist nicht zu retten mit der Abrissbirne, sondern indem sich Deutschland endlich seiner Stärken besinnt, weg kommt von der typisch deutschen Selbstverleugnung, aufhört zu meinen, man müsse das Rad ständig neu erfinden, und vor allem davon Abstand nimmt, eine überstürzte Reform auf die andere draufzusatteln. Zahlreiche bildungspolitische Reformen sind nämlich gar keine Reformen, sondern De-Formen und damit das Problem, als dessen Lösung sie sich ausgeben. Was hier an vielen Stellen betrieben wird, mutet an wie die sicherste Methode, eine Sache an die Wand zu fahren. Dies gilt gleichermaßen für die Schulpolitik und für die Hochschulpolitik.

Die Schulen jagt man unter dem Diktat von seichten Statistiken, fragwürdigen Quotenvorgaben und ökonomischen Verwertungsinteressen von einem Durchlauferhitzer in den nächsten. Stichworte mögen reichen an dieser Stelle: achtjähriges statt neunjähriges Gymnasium, sechsjähriges statt neunjähriges Gymnasium und sechs- statt vierjährige Grundschule in Hamburg, die erneute Reform der gymnasialen Oberstufe, die Zusammenlegung von Hauptschule und Realschule in mehreren Ländern, die Erfindung von sogenannten Bildungsstandards, der Fetisch der Endlos-Testeritis in nahezu allen Jahrgangsstufen, die Computerisierung des Unterrichts, Ganztagsschulprogramme, neue Einschulungsstichtage, die regelmäßige Änderung der Regeln für den Übertritt an weiterführende Schulen, der curriculare Nihilismus der »Entrümpelungs«-Reformen, die permanenten Änderungen der Stundentafeln, die Rechtschreibreform usw.

Mit all dem aber stolpern unsere bildungspolitischen Schlaumeier in die stets gleichen Fallgruben: in die Egalitätsfalle, die Ideologie nämlich, dass alle Menschen, Strukturen, Werte und Inhalte gleich bzw. gleich gültig seien; in die Machbarkeitsfalle, den Wahn, jeder könne zu allem begabt werden; in die Falle der Spaß-, Erleichterungs- und Gefälligkeitspädagogik; in die Quotenfalle, die planwirtschaftliche Vermessenheit nämlich, es müssten möglichst viele Menschen mit dem Abiturzeugnis ausgestattet werden; in die Beschleunigungsfalle, die Vision also, man könne in immer weniger Bildungsjahren und mit immer weniger Unterrichtsstunden pro Woche zu besser gebildeten jungen Leuten und zu einer gigantisch gesteigerten Abiturienten-, Studenten- und Akademikerquote kommen.

Die Volkspartei, die bildungspolitisch über Jahrzehnte hinweg noch die verlässlichste war, die Union, ist bei all dem ziemlich weit vorne mit dran. Als CSU lenkt sie in Bayern das Flaggschiff des deutschen Bildungswesens mit überstürzten Reformen in gefährliche Untiefen. Als CDU und Seniorpartner gibt sie in mehreren Landesregierungen das Schulressort preis: in Schleswig-Holstein, in Hamburg, in Hessen. Dabei spielt es keine Rolle, wer der jeweilige Juniorpartner ist. Entscheidend ist vielmehr, dass sich die CDU bildungspolitisch immer mehr absetzt und eine Sozialdemokratisierung ohnegleichen mitmacht.

Oberster Maßstab in der veröffentlichten Meinungsbildung aber bleibt parteiübergreifend eine *educational correctness*, eine »lingua paedagogica correcta«. Bildungspolitik hat sich offenbar an der sprachlichen Kosmetik der *educational correctness* zu orientieren: Chancengleichheit, Ganztagsschule, Gesamtschule, Kita, Krippe – das sind die angemessenen Begrifflichkeiten im Bildungsdiskurs. Worte wie Autorität, Begabung, Disziplin, Elite, Noten, Ordnung sind selbstverständlich zu vermeiden. Leistung ist ohnehin faschistoid. Dumme Schüler gibt es nicht mehr, faule Schüler schon gleich gar nicht; sie wurden von der Schule einfach nicht entsprechend gefördert bzw. motiviert. Und schwer erziehbare Kinder sind eben verhaltensoriginell.

Weil nicht sein kann, was nicht sein darf, wird die Wirklichkeit politisch korrekt moralisiert. Damit aber werden Zerrbilder von schulischer Wirklichkeit sowie wirklichkeitsfremde pädagogische Visionen legitimiert und auf lange Zeit konserviert. Skeptiker, die manches anders bewerten, sehen sich einem Gesinnungsdiktat ausgesetzt. So kann Martin Walser 1994 zu Recht sagen: »Ich kenne nichts Intoleranteres als unser intellektuelles Klima.«

Alles in allem gilt für sehr viele öffentliche Debatten um Bildung: »Symptom der Unruhe unserer Zeit um die Erziehung ist die Intensität pädagogischen Bemühens ohne Einheit einer Idee (…) Es werden Versuche gemacht und kurzatmig Inhalte, Ziele, Methoden gewechselt. Ein Zeitalter, das sich selbst nicht vertraut, kümmert sich um Erziehung, als ob hier aus dem Nichts wieder etwas werden könnte« (Karl Jaspers, 1931).

11

Bachelor welcome! – Willkommen, Gesellen!

Und dann erst die Universitäten: Sie bleiben vom Reformwahn nicht verschont und stecken mitten in der radikalsten Umgestaltung seit zweihundert Jahren. »Bologna« heißt hier fälschlicherweise das Motto. Fälschlicherweise, denn eigentlich ist das Ganze eine gigantische Brüsseler Inszenierung der EU. Auch hier wird mit der ganz großen Abrissbirne gearbeitet. Im Ergebnis wird damit Humboldt mit seiner Idee der freien Bildung durch Wissenschaft beerdigt. Dabei ist »Bologna« nicht etwa ein zwischen Staaten geschlossener völkerrechtlicher Vertrag, sondern nur eine politische Absichtserklärung ohne jede rechtliche Bindung. Umso protziger ist das verbale Gehabe um »Bologna«: Das Studium verkommt zum *workload*, für den es in je 30 Einheiten 1 *credit point* gibt. Für die Verrechnung gibt es ein *European Credit Transfer System* (ECTS), und damit alles seine vermeintliche Richtigkeit in jedem Studiengang hat, brauchen wir Akkreditierungsräte und -agenturen. Die Ziele des Bologna-Prozesses sind selbstredend unhinterfragbar. Es geht um: Effizienz, Verschlankung, Straffung, Verkürzung, Mobilität, Modularisierung, welt- und europaweite Kompatibilität, Praxistauglichkeit, Steigerung der Akademikerquote. Fast grotesk ist die Art und Weise, wie die Deutschen »Bologna« umsetzen. Obwohl das Bologna-Kommuniqué bzw. die Nachfolge-Kommuniqués ein Konsekutivmodell für ein Studium vorschlagen, ist dort aber mit keinem Wort von Bachelor und Master die Rede. Die Deutschen freilich setzen auf Bachelor- (engl. »bachelor« = deutsch: »Junggeselle«) und Master-Abschlüsse. Das weltweit höchst anerkannte Diplom und die hochangesehenen Staatsexamina der Ärzte, Juristen und Lehrer gehen damit den Bach hinunter.

Der Bologna-Prozess ist noch nicht abgeschlossen, da gibt es schon die ersten Nachrichten von riesigen Bologna-Flops: Die

Studienzeit hat sich mitnichten verkürzt, die Abbrecherquote wurde mitnichten gesenkt, die Mobilität der Studenten hat sich mitnichten verbessert, sondern eher verschlechtert. Die Kritik aus den Hochschulen selbst ist vernichtend. Etikettierungen wie »Studium light«, quasi-akademische Bachelor-Nottaufe, »Discount-Abschluss« und Bachelor-Berufsattrappen machen die Runde. Im günstigen Fall erinnert sich jemand an Friedrich Schillers »Brotgelehrte«. Auf ein weises Wort von Karl Jaspers, niedergeschrieben 1931 in seinem Bändchen *Die geistige Situation der Zeit*, werden sich die Reformer aber wohl kaum besinnen: »Das Massendasein an Hochschulen hat die Tendenz, Wissenschaft als Wissenschaft zu vernichten. Diese soll sich der Menge anpassen, welche nur ihr praktisches Ziel will, ein Examen und die damit verknüpfte Berechtigung; Forschung soll nur so weit gefördert werden, als sie praktisch auswertbare Resultate verspricht.« Somit bleibt als Perspektive, dass »die Wüste wächst«. Diese Formulierung hat Helmut Schelsky (1976) als Überschrift über ein Buchkapitel gewählt, um die Entkulturierung zentraler Institutionen der modernen Gesellschaft, darunter der Universität, zu charakterisieren.

Das vorliegende Buch möchte gegen die Dekulturierung vor allem von Schule und gegen eine schulische Light-Kultur streiten. Der Verfasser hat dabei kein Problem, sich als Konservativer zu bekennen. Bildungspolitisch konservativ zu sein heißt für ihn: am Bewährten festhalten; das Vorhandene behutsam weiterentwickeln; aus der Tradition des deutschen Bildungsidealismus heraus auf das Übernützliche in Erziehung und Bildung setzen; die Debatte um Inhalte und Werte statt um vage Kompetenzen führen; das Fach Geschichte pflegen; das Leistungsprinzip hochhalten; auf das Prinzip Eigenverantwortung setzen und im Zweifelsfall dem Prinzip Freiheit den Vorrang vor dem Prinzip Gleichheit geben; von der Unvollkommenheit der Menschen ausgehen und nur »so viel Fortschritt zulassen, wie mit menschlichem Maß vereinbar ist« (Alexander Gauland). Vor allem aber beinhaltet eine konservative Haltung etwas höchst Modernes, nämlich einen gesunden Skeptizismus. Bei den Links-Progressiven hieß das einmal kritische Haltung. Skeptizismus ist aber ein Synonym für Konservatismus. Damit unterscheiden sich Konservative vom Dogmatismus politischer und pädagogischer Scharlatane.

Im Übrigen gilt: Nicht das Bewährte muss sich vor dem Neuen, sondern das Neue muss sich vor dem Bewährten rechtfertigen und seine Sinnhaftigkeit bzw. Notwendigkeit beweisen.

1 Freiheit statt Gleichheit

Freiheit, Gleichheit und Gerechtigkeit sind nicht zugleich zu haben. Deshalb müssen sich die Menschen entscheiden, welches der drei Prinzipien Vorrang haben soll. Immer häufiger entscheidet man sich für das moralisch vermeintlich höchstrangige Gut: die Gerechtigkeit. Man räumt dabei aber nicht ein, dass man mit Gerechtigkeit oft Gleichheit, ja Gleichmacherei meint.

Solche Koordinatenverschiebungen spiegeln sich in Meinungsumfragen wider. Ein Klassiker sind hier die seit 1972 vom Institut für Demoskopie in Allensbach erhobenen Studien zum Verhältnis der Deutschen zu Freiheit und Gleichheit. Im Jahre 1990 hatte das Institut herausgefunden, dass die überwältigende Mehrheit der Deutschen die Freiheit höher einschätzt als die Gleichheit. Interessanterweise galt das damals für die Ostdeutschen noch mehr als für die Westdeutschen. 1990 konnte man sagen: Die Freiheit wird von denen am meisten geschätzt, denen sie versagt war. 2000 wurde die Studie wiederholt. Das Ergebnis war niederschmetternd: Die Mehrheit der Deutschen – vor allem in den neuen Ländern – fand zehn Jahre nach der Wiedervereinigung Gleichheit wichtiger als Freiheit. 2004, bei der erneuten Replikation der Studie, halten 56 Prozent der Ostdeutschen die Gleichheit für das höhere Gut, nur 39 Prozent geben der Freiheit den Vorrang.

Tendenziell heißt das: Es soll offenbar kein Besser/Schlechter, Begabt/Unbegabt mehr geben. Für Peter Sloterdijk (*Die Verachtung der Massen*, 2000) steckt dahinter ein »epochales Postulat, dass jede Art von anthropologischer Differenz für ungültig zu erklären sei«. Weil Unterschiede aber angeblich soziale Konstrukte seien, sollen »nach der konstruktivistischen Revolution (…) alle gefundenen Unterschiede in gemachte umgearbeitet werden«. Eine »Umwandlung aller Vertikaldifferenzen in Horizontaldifferenzen«, so Sloterdijk, und damit die Aufhebung aller Differenzen sei der »Gründungsmythos der modernen Gesellschaft«.

Nicht nur in der breiten Bevölkerung, sondern weit hinein in die Sozialwissenschaften ist dieser Paradigmenwechsel zu beobachten. So finden sich in den Jahrgängen 1990 bis 2001 der *Kölner Zeitschrift für Soziologie und Sozialpsychologie*, der führenden deutschen soziologischen Fachzeitschrift, 39 Artikel, die sich mit Gleichheit bzw. sozialer Ungleichheit befassen. Dem Prinzip Freiheit sind in der gleichen Zeit ganze vier Beiträge gewidmet. Freiheit ist in der deutschen Soziologie also nahezu kein Thema.

Freiheit und Gleichheit – eine endlose Dialektik

Gleichheit hat damit nicht nur still und leise die Nase vor der Freiheit, sondern programmatisch. Das ist nichts Neues. Denn hinter dem landläufigen Missverständnis eines Vorrangs der Gleichheit vor der Freiheit steckt eine Idee, die zunächst bei Platon und spätestens seit dem 18. Jahrhundert für nahezu alle politischen Utopien konstitutiv ist. Schon Platon verlangte die Beseitigung des persönlichen Eigentums und der Familie, denn das Erbrecht sei es, das Reiche und Arme, Gebildete und Unwissende, ja damit Gute und Böse schaffe.

Der neuzeitliche Prophet der Gleichheit ist Jean-Jacques Rousseau (1712–1778). Er beeinflusste nicht nur die Französische Revolution, sondern steht heute noch Pate für mancherlei politische Entwürfe. Wie nach ihm Karl Marx (1818–1883) sowie der gesamte Sozialismus und Kommunismus betrachtet Rousseau das Privateigentum (das »Kapital«) als

Ursache der Ungleichheit der Menschen und damit als Ursache allen Übels. Aus der Eigenliebe des Menschen heraus seien Rivalität und Streit in die Welt gekommen. Ziel eines politischen Systems, so Rousseau, müsse die totale Überantwortung des Menschen an den »Politischen Körper« sein. Freiheit bestehe darin, dem Gemeinwillen zu folgen.

Die Protagonisten der Französischen Revolution schließen sich Rousseaus Vorstellungen gerne an. Robespierre will die »heilige« Gleichheit errichten. Manche Jakobiner wollen in ihrem Tugendterror und Gleichheitseifer gar Kirchtürme schleifen, weil diese ungleich seien. Rousseau selbst gilt weit über seine Lebzeiten hinaus als einer der Urväter des Kollektivismus, ja, er wurde zum »Vorläufer des modernen Totalitarismus« (Hans Maier, 1977). Rousseau bleibt damit Ideengeber für die, die selbst ein Wort wie »Begabung« zur Missgunst-Vokabel gemacht haben.

Edmund Burke (1729–1777) widerspricht dem Gleichheitspathos Rousseaus entschieden. In seinen *Reflections on the Revolution in France* (1790) bezeichnet er absolute Gleichheit als völlig unrealistisch. Freiheit schließe totale Gleichheit der Menschen aus. Burke fordert Gleichheit, aber Gleichheit in Freiheit, als Gleichheit vor dem Gesetz, nicht als Gleichmacherei. Ein halbes Jahrhundert später befasst sich Alexis de Tocqueville (1805–1859) mit den Gefährdungen der Freiheit. Freiheit versickere in Gleichheit, schreibt er im Kapitel »Weshalb die demokratischen Völker die Gleichheit leidenschaftlicher und beharrlicher lieben als die Freiheit« seines Buches *Die Demokratie in Amerika* (1835). Freiheit erliege der Gleichheit, weil Freiheit mit Opfern erkauft werden müsse und weil Gleichheit ihre Genüsse von selbst darbiete, Freiheit dagegen Anstrengung verlange. Tocqueville machte dabei auf die wohl größte Gefahr der Gleichheit aufmerksam: Der Mensch verliere in ihr die Fähigkeit zum selbstständigen Denken, Fühlen und Handeln. Am Ende sei den Menschen die Gleichheit in

Knechtschaft lieber als die Ungleichheit in der Freiheit. Tocqueville erahnt damit einen »Termitenstaat«, der geprägt sei von »Verähnlichung« und »Uniformität«. Gemäß Tocqueville wird der Drang zur Gleichheit sogar noch massiver, je größer die Gleichheit ist, denn dann würden bereits die geringsten Unterschiede kränken. Am 12. September 1848 fügt Tocqueville vor der Deputiertenkammer hinzu: »Demokratie erkennt jedem einzelnen seinen Eigenwert zu, Sozialismus degradiert jeden einzelnen zu einem Funktionär der Gesellschaft, zu einer bloßen Nummer.«

Überhaupt scheint sich der Mensch der Moderne vor allem nach dem Unstrukturierten zu sehnen. Dieser Wunsch entspringt einer Ursehnsucht nach Harmonie, nach Homogenität, nach einem herrschafts- und spannungsfreien Zustand, nach einer klassenlosen Gesellschaft, nach romantischer Weltidylle sowie nach Überwindung aller Gegensätze, die zwischen Kulturen, Religionen, Nationen, Gesellschaften, Geschlechtern und Individuen bestehen. Diese Ursehnsucht machen sich Ideologen linker und rechter Provenienz zunutze. Sie bieten Eindeutigkeit, weil sie nicht bereit sind zur Ambiguitätstoleranz, das heißt zur Toleranz von Antagonismen. Im Grunde genommen ist das eine Sehnsucht nach einem toten Zustand. Der Weg zum spannungsfreien Zustand aber wird beschritten über den Konflikt und über einen Alarmismus, der ständig warnt vor den Zuständen; diese gelten gemeinhin als etwas, das es »aufzubrechen« gelte, weil sie »verkrustet« seien und »Herrschaft« implizierten.

Die Verfechter solcher Vorstellungen sollten Thomas Mann lesen, vor allem seine Rede *Das Problem der Freiheit*. Diese Rede hielt Thomas Mann ab Januar 1939 rund zwanzigmal vor US-amerikanischem Publikum. Im September 1939 sollte die Rede beim PEN-Kongress in Stockholm gehalten werden, wegen des Ausbruches des 2. Weltkrieges fiel sie aber aus. Für Thomas Mann ist das »Reich der Freiheit« zugleich ein Reich des Friedens, des Fleißes, des Nutzens und des Wohlstandes. Diese Erkenntnis ist aber leider nicht Allgemeingut. Insofern fragt Abtprimas Notker Wolf rund zwanzig Jahre nach dem Untergang der DDR zu Recht, ob der Kommunismus denn tatsächlich untergegangen sei. In seinem 2008 erschienenen Buch *Worauf warten wir? Ketzerische Gedanken zu Deutschland* bezeichnet er Gleichheit als »eine deutsche Obsession«. Unter dem Pseudonym »Soziale Gerechtigkeit« habe sich, so Wolf, Gleichheit wieder eingeschmeichelt. Eine soziale Gerechtigkeit, die im Prinzip auf die Gleichheit aller abziele, sei aber nicht menschengerecht.

In jeweiliger Reinform schließen sich Freiheit und Gleichheit aus. Wenn Menschen frei sind, dann können sie nicht gleich sein, und wenn Menschen gleich sind, dann können sie nicht frei sein. »Gesetzgeber oder Revolutionäre, die Gleichheit und Freiheit zugleich versprechen, sind Phantasten oder Scharlatane« (Goethe). In der Wirklichkeit stellt sich solche Fantasterei so dar, wie es Churchill in seinem berühmten Bonmot beschrieb: »Das Problem des Kapitalismus ist, dass er das Glück ungleich verteilt, das Problem des Sozialismus ist, dass er das Unglück gleich verteilt.«

Übertragen auf Bildung heißt das: Ein begabungs- und leistungsorientiertes Schulwesen führt zu individuell unterschiedlichen Abschlüssen, ein Einheitsschulsystem verteilt Unbildung und im besten Fall Halbbildung gleich. Wenn »Progressive« in Erziehung und Bildung also von der Sehnsucht nach Überwindung interindividueller Unterschiede sowie schulischer und fachlicher Strukturen, nach der Einheits-Elle bei der Bewertung von Leistungen bis hin zur einheitlichen Kleidung von Schülern (»Mit Schuluniform zu besseren PISA-Ergebnissen!«) angetrieben sind, dann ist das nicht nur ein Irrweg, sondern Irrsinn.

Ungleichheiten können und dürfen sich nicht verschleifen. Sonst wird daraus ein »Konvent von ungefähr gleich Unwissenden« (Peter Sloterdijk in *Die Verachtung der Massen*, 2000).

Die »conditio humana« kennt aber keine Gleichheit. Jede Gleichheitspolitik steht der Natur des Menschen im Wege; das ist die Grundthese von Helmut Schoeck in seinem 1988 erschienenen Buch *Das Recht auf Ungleichheit*. Schoeck bezeichnet darin das »Prokrustesbett für die Ungleichen« als das Lieblingsinstrument linker Politiker. Schulpolitik etwa kann aus den genannten Gründen nie die Gleichheit im Ergebnis zum Ziel haben. Auch in der Schule soll es sein wie bei einem 100-Meter-Lauf: Am Start stehen alle auf einer Linie, und alle sollen optimal trainiert sein. Am Zieleinlauf aber mag es die Langsameren und Schnelleren geben. Den Menschen geht es nämlich nicht besser, wenn alle gleich am Ziel sind.

Die missbräuchliche Gleichsetzung Gerechtigkeit – Gleichheit

Viele gesellschaftspolitische Diskutanten halten Gleichheit im Zuge einer vermeintlich in der Bevölkerung ankommenden Wohlfühlpolitik für Gerechtigkeit. In der Folge haben immer neue Bindestrich-Gerechtigkeiten Konjunktur: Generationen-, Geschlechter-, Umwelt-, Leistungs-, Renten-, Lohn-, Bedarfs-, Einkommens-, Vermögens-, Verfahrens-, Verteilungs-, Ergebnis-Gerechtigkeit. Die SPD gibt sich seit 2008 sogar als »Benchmark für Gerechtigkeit« aus. So einfach ist das aber mit der Gerechtigkeit – zumindest mit der diesseitigen – nicht. Gemeinhin meint man – etymologisch hergeleitet – mit »gerecht«: geradlinig, richtig, sittlich, gut, passend. Man assoziiert »gerecht« mit: sachlich, objektiv, fair, großmütig und tolerant. Gerechtigkeit firmiert dabei immer als soziales Urteilen und Handeln ohne Ansehen der Person (siehe die verbundenen Augen der Justitia), d.h. ohne Ansehen von Stand, Besitz, Geschlecht, Generation, Sprache, Heimat, Herkunft, Rasse, Religion, Gesinnung.

Grundsätzlich gibt es verschiedene Leitbilder bzw. Arten von Gerechtigkeit: »Jedem das Gleiche!«; »Jedem das Seine!«; »Jedem gemäß seinem Rang!«; »Jedem gemäß seinen Bedürfnissen!«; »Jedem gemäß seinen Werken!«; »Jedem gemäß dem ihm durch Gesetz Zustehenden!«. Alle diese Leitbilder weisen Schwächen auf. Die Kontroversen dazu gehen zurück bis in die Antike – bis Aristoteles und bis in die römischen Rechtsgrundsätze. Aristoteles etwa hatte unterschieden: erstens eine austeilende (distributive) Gerechtigkeit bei der Verteilung von Rechten und Pflichten nach Maßgabe von Leistungen und/oder Bedürfnissen; zweitens eine ausgleichende (retributive) Gerechtigkeit mit einer am Verursacherprinzip orientierten Ahndung von Unrecht mittels Abschreckung, Besserung und Wiedergutmachung.

Gerechtigkeit absolut gibt es jedenfalls nicht. (Irdische) Gerechtigkeit kann es nur näherungsweise in Form einzelner Gerechtigkeiten (Plural) geben, z.B. als Lohngerechtigkeit, Rentengerechtigkeit, Steuergerechtigkeit, Wehr- und Dienstgerechtigkeit, Chancengerechtigkeit in Bildung und Ausbildung, Gerechtigkeit in der Rechtsprechung usw. Anders ausgedrückt: Die Macht des Staates, Gerechtigkeit herzustellen, ist begrenzt. Die Unsicherheit und die Pluralität der Vorstellungen von Gerechtigkeit sind der Preis, den man für die Freiheitlichkeit der Lebensentwürfe zahlen muss. Nur in totalitären Organisationen gibt es die eine, zeitlose Gerechtigkeit als Ausdruck einer – gleichfalls totalitären – Glückverheißung. Absolute Gerechtigkeit aber kann nur Sache des »Jüngsten Gerichts« sein.

Was »gerecht« ist, lässt sich auch nicht aus dem Grundgesetz oder aus anderen Gesetzen ablesen; es ist immer Ergebnis eines demokratischen Prozesses – oder eben des christlich-abendländischen Wertekonsenses. Dieser besagt, dass gerecht ist, was zugleich dem Gebot der Nächstenliebe (Solidarität) und dem Gebot der Eigenverantwortlichkeit entspricht, und dass Eingriffe im Sinne ausgleichender oder austeilender Gerechtigkeit dann angezeigt sind, wenn jemand unverschuldet in Not geraten ist und sich aus eigener Kraft nicht daraus befreien kann.

Das Grundgesetz hat ansonsten Vorkehrung getroffen für einen Ausgleich von Ungleichheiten, nicht nur in Artikel 3 Absatz 1 (»Alle Menschen sind vor dem Gesetz gleich.«), sondern auch manche der nachfolgenden Grundgesetzartikel zielen auf nichts anderes ab als auf den Ausgleich von Ungleichheiten: siehe Gleichberechtigung von Mann und Frau; Verbot der Diskriminierung und Benachteiligung aufgrund von Abstammung, Rasse, Sprache, Heimat, Herkunft, Glauben, religiöser oder politischer Anschauung; Gleichstellung unehelicher Kinder; freier Zugang zu Meinungsbildung und Meinungsäußerung; Gewährleistung staatsbürgerlicher Rechte und Pflichten für alle Deutschen; Recht des gleichen Zugangs zu öffentlichen Ämtern für alle Deutschen; gleiches Wahlrecht usw.

Im Übrigen sei nicht übersehen, dass bereits die Reihung des Grundgesetzes mit seinen Artikeln 2 und 3 etwas aussagt: erst die Freiheit, dann die Gleichheit vor dem Gesetz. Diese Reihung ist keineswegs Zufall. Außerdem impliziert die Gleichheit vor dem Gesetz, dass es außerhalb dieses Maßstabes theoretisch und praktisch unendlich viele Ungleichheiten geben darf. Das heißt: Wir sind nicht als Individuen gleich, sondern als Personen (als Gattungswesen).

Brüderlichkeit, Bürgerlichkeit und Bildung versöhnen Freiheit mit Gleichheit

Es gibt eine Möglichkeit der Versöhnung zwischen Freiheit und Gleichheit. Es sind dies Brüderlichkeit, Bürgerlichkeit und Bildung. Mit Nächstenliebe bzw. Solidarität können unverschuldete Unterschiede abgepolstert werden. Das ist die Idee der Katholischen Soziallehre, in concreto der Sozialen Marktwirtschaft und des Sozialstaatsgebotes des Grundgesetzes.

Brüderlichkeit wiederum setzt Bereitschaft und Freiheit zur Bindung voraus. Freiheit bedeutet kein hyperindividualistisches Verständnis von Freiheit bzw. keine Generalerlaubnis zu tun und zu lassen, was man will, sich dabei womöglich – etwa bei der Trennung von Ehepartner und Kindern – sogar heroisch vorzukommen. Bindungslosigkeit, Beliebigkeit, ein *anything goes* und eine Gleich-Gültigkeit aller Bezüge aber höhlen die Fundamente aus, auf die gerade eine freiheitliche Gesellschaft zwingend angewiesen ist.

In seinem Buch *Kultur der Freiheit* (2005) hat Udo di Fabio dies erläutert: »Wer Freiheit will, muss auch die tragende Kultur wollen und darf nicht ungehindert unter Berufung auf Freiheit eine kulturelle Ordnung zerstören, die Freiheit erst möglich macht. Damit erweist sich ein individualistisch einseitiges, ein traditionsfeindliches und ein Institutionen ablehnendes Verständnis der Freiheit als Kern der Selbstgefährdung des Westens und auch als Grund für die sich verhärtende Abwehr oder die von Toleranzgesten begleitete Ignorierung anderer Kulturen wie der des Islam.«

Frei zu sein heißt, Bindungen zu leben und über seine Bindung selbst zu bestimmen, heißt, Gemeinschaften zu suchen und zu verteidigen. Man könnte das »Bürgerlichkeit« nennen. Das Gegenteil wäre Entbürgerlichung und damit »Entleerung derjenigen Institutionen, die Sinn und Richtung durch die bürgerliche Demokratie- und Freiheitsgeschichte gewonnen haben« (Udo di Fabio, 2005). Bürgerlichkeit heißt zudem Leistungsethik, Bildung und Selbstbildung statt zunehmender »Frei«-zeitorientierung. Bildung und Selbstbildung machen frei – nicht nur äußerlich, sondern auch innerlich, frei von äußeren Umständen, von der öffentlichen Meinung, auch von inneren Zwängen. Es ist die große Errungenschaft der Einführung der Schulpflicht, dass sie Abermillionen Menschen Emanzipation und diese innere Freiheit eröffnet hat.

2 Eigenverantwortung statt Entmündigung

Die Unterscheidung von Staat und Gesellschaft ist Bedingung individueller Freiheit und Bedingung des Subsidiaritätsprinzips. Werden Staat und Gesellschaft als Eines und Totales gesehen, leiden Freiheit und Subsidiarität. Der Staat muss die individuellen Freiheiten und die Freiheiten gesellschaftlicher Kräfte gerade aber schützen und sich subsidiär zurücknehmen, das heißt, er soll nur dort handeln, wo die Möglichkeiten von Individuen und Gruppen überfordert sind. Tatsächlich aber beginnt sich die Trennung von Staat und Gesellschaft zu verwischen. In der Folge neigen Menschen und ihre Zusammenschlüsse immer mehr dazu, ursprünglich private Aufgaben an den Staat zu delegieren. Zugleich greift der Staat immer häufiger in jene Bereiche ein, die früher zum Beispiel Familien vorbehalten waren. Indem der Staat bei der Erziehung Ganztagsbetreuung und Kinderkrippen anbietet, ja schier verordnet, hat er seine Fangarme längst ins Höchstprivate gestreckt. Aus der »vaterlosen Gesellschaft« (Alexander Mitscherlich) mit ihren ödipalen Attitüden gegenüber Autoritäten ist paradoxerweise eine Vater-Staat-Vollkasko-Mentalität geworden. Vater Staat wird schon alles richten, so lautet das Motto. Damit greift ein Etatismus um sich, der meint, alle Probleme seien am besten durch staatliche Regelungen zu lösen.

Im Grundsatz geht es hier um unterschiedliche Menschenbilder. Das eine Menschenbild traut dem Individuum zu, sein Leben in Freiheit und Eigenverantwortung zu meistern. Ein anderes Menschenbild kollektiviert Verantwortung, es glaubt nicht an die Vernunftfähigkeit des Individuums und möchte die Menschen leiten wie eine Herde von dummen Schafen. Das Vorbild des letztgenannten Verständnisses von Mensch bzw. Staat lieferte 1651 Thomas Hobbes mit seinem *Leviathan*. Den Namen »Leviathan« hat Hobbes aus der jüdisch-christlichen Mythologie übernommen. Dort ist Leviathan ein Seeungeheuer, in der Staatstheorie ist Leviathan eine Metapher für die Allmacht des Staates, der unbezwingbar ist wie das biblische Untier. Georg Wilhelm Friedrich Hegel steht dieser Staatsgläubigkeit in nichts nach. Für ihn ist der Staat die höchste Form des objektiven Geistes und die »Verwirklichung der sittlichen Idee«. Im Staat werden Subjektivität und Individualität einerseits sowie Gemeinschaft und Geborgenheit andererseits miteinander versöhnt, meint Hegel. Diese Staatstheorie wurde bekanntermaßen zum Vorbild des Sozialismus bis hin zu Jürgen Habermas, für den der Für- und Vorsorgestaat der Höhepunkt der Geschichte ist. In der Diktion der Linken heißt dieser Staat nicht Für- und Vorsorgestaat, sondern Wohlfahrtsstaat bzw. seit 2009 »vorsorgender Sozialstaat« (siehe SPD-Programm). Es soll dies ein Staat sein, der sich liebevoll um seine Bürger sorgt, der – das wird nicht gesagt – seinen Bürgern aber offenbar ständig misstraut.

Sozialismus-Recycling

Vor dem Hintergrund solcher Erwartungen kann der Sozialismus noch so oft scheitern: Ordnungs- und gesellschaftspolitisch bleibt uns in Deutschland eine linke Mehrheit erhalten. Der Sozialismus hat seinen Glanz in breiten Schichten der Bevölkerung und der sogenannten Intelligenz anscheinend nicht verloren. Halblinke und ganz linke Politiker spielen gezielt auf dieser Klaviatur. Das ist ziemlich erfolgversprechend, denn »der Sozialismus treibt den Massen das Wort

Gerechtigkeit wie einen Nagel in den Kopf« (Nietzsche). Ein Oskar Lafontaine proklamiert »Freiheit durch Sozialismus«. Laut Allensbach (2007) stimmen ihm immerhin 22 Prozent der Bevölkerung zu. (42 Prozent widersprechen, und 36 Prozent haben dazu keine Meinung.) Der Sozialismus hat das Ende seines Scheiterns also ausgesprochen unbeschadet überstanden und vergessen gemacht, dass in allen real existierenden sozialistischen Regimen Sozialismus und Unfreiheit Zwillinge waren.

Mit »Sozialismus« kann man rund zwei Jahrzehnte nach dem Ende der DDR in Deutschland kaum noch jemanden schrecken. Eine Infratest-Umfrage hatte 2005 Entsprechendes zutage gefördert: Die Aussage »Der Sozialismus ist eine gute Idee, die bislang nur schlecht ausgeführt worden ist« bestätigten 56 Prozent der Bürger im Westen und 66 Prozent der Bürger im Osten. Dem Markt dagegen kommt in den Augen vieler Leute die Rolle des Bösen, dem Sozialstaat die Rolle des Guten zu.

Solche Zerrbilder von Marktwirtschaft werden sogar in manchen Schulbüchern gepflegt. In einem aktuellen Handbuch zum Thema Globalisierung des Cornelsen-Verlags etwa finden sich Überschriften wie »Rückkehr des Mittelalters«, »Rückkehr des Manchester-Kapitalismus« und »Brasilianisierung Europas«. Den Schülern wird empfohlen, sich bei der Anti-G-8-Protestgruppe Attac zu informieren. Hilfen zum Recherchieren »pro« Globalisierung finden sich in den Quellenangaben freilich nicht.

Ein beliebtes Vehikel zur Verbreitung sozialistischer Vorstellungen ist der Neid – verbrämt als Streben nach Gerechtigkeit. Gemeint ist hier freilich nicht der »weiße« Neid, der konstruktiv ist und der den Ehrgeiz anstachelt. Gemeint ist vielmehr der »schwarze« Neid, die Missgunst, als möglicherweise wahlentscheidendes Motiv. Helmut Schoeck hat in seinem soziologischen Klassiker *Der Neid und die Gesellschaft* (1977) dargelegt, dass schwarzer Neid am Ende zulasten aller zu einer Nivellierung nach unten führt, Trägheit durch soziale Transfers belohnt und der Mensch umso mehr Neid empfindet, je mehr der Staat nach dem Gießkannenprinzip arbeitet und je gleicher am Ende alle sind.

Eine Lieblingsvokabel der Neidökonomen ist der Begriff des »Besserverdieners«. Vor lauter Neidressentiment wird dabei übersehen, dass im Zuge des sozialstaatlich und menschlich gebotenen Solidaritätsprinzips ein Sechstel der Steuerzahler vier Sechstel des Steueraufkommens und damit auch vier Sechstel des Sozialstaates tragen. Die Folgen von Gleichmacherei und Neidkampagnen sind freilich klar: Es strengt sich keiner mehr an, die Motivation sinkt bei allen, die Schattenwirtschaft blüht, die Leistungsträger gehen in die tatsächliche oder in die innere Emigration.

Jedes soziale und politische Gebilde lebt aber von denen, die mehr als ihre Pflicht tun und die ihre Rolle in Gemeinwesen und Staat eben nicht als Verbraucher sehen. Der Staat kann nicht Glückslieferant sein, sondern subsidiär nur Glück ermöglichen. Glück kann nicht ein an den Staat gerichteter Rechtsanspruch sein, sondern nur Angebot, »des eigenen Glückes Schmied zu sein«. Der Wunsch Jeremy Benthams (1748–1832) nach dem größtmöglichen Glück der größtmöglichen Anzahl Menschen war immer schon irrwitzig, vor allem wenn dieser Wunsch zu einer sozialstaatlichen Glücksverheißung (Eudaimonismus) überhöht wurde. Viel menschengerechter und realistischer wäre die Vorstellung der Antike von individuellem Glück.

Der sozialstaatliche Eudaimonismus aber instrumentalisiert gezielt eine Armuts- und Sozialstaatsdebatte. Wiewohl die Empfänger von Arbeitslosengeld des Jahres 2009 einen höheren Lebensstandard als Facharbeiter in den 1960er-Jahren haben, wiewohl sich die Sozialquote seit den Zeiten Ludwig Erhards von 26 auf heute 34 Prozent erhöht hat, wiewohl sich die Sozialversicherungsquote von 25 Prozent zu Zeiten Erhards auf heute 41 Prozent erhöhte und wiewohl sich das Realeinkommen seit Ende der 1970er-Jahre in etwa verdoppelt hat, wird der Eindruck genährt, dieses Land stehe kurz vor der totalen Verelendung. Hier habe der Staat zu handeln, sagen viele und entbinden sich damit von ihrer individuellen Solidaritätsverpflichtung.

Dabei spielen höchst fragwürdige Armutskriterien eine Rolle. Die Weltbank definiert Menschen als absolut arm, wenn sie pro Tag nur über einen Dollar oder weniger an jeweiliger Kaufkraft verfügen können. Dass sich eine solche Definition in einem reichen Land politisch nicht gut macht, ist klar. Denn nach dieser Klassifizierung wären mit einem Mal alle Deutschen reich. Also muss eine andere, eine relative Definition her. »Relative Armut« liegt dann vor, wenn jemand weniger als 60 Prozent des Durchschnittseinkommens hat. Wie hanebüchen solche Definitionen sind, zeigt eine fiktive Rekonstruktion der Verhältnisse in der DDR. Die DDR hätte nach diesen Definitionen in größtem Reichtum gelebt, denn da dort fast alle gleich arm waren, konnte man mit einer niedrigen Armenquote glänzen. Völlig daneben liegen aus dem gleichen Grund EU-Studien, die dasselbe Armutsrisiko von 19 Prozent für Rumänien wie für Großbritannien behaupten; zugleich sind danach in Italien und in Spanien jeweils 20 Prozent der Bevölkerung armutsgefährdet, in Bulgarien hingegen nur 14 Prozent.

Ein Gedankenexperiment mag die Absurditäten der real existierenden Armutsdebatte kennzeichnen. Man nehme einmal an, die hundert reichsten Deutschen würden nach Dubai auswandern oder alle Bürger bekämen ab sofort nur noch 1000 Euro im Monat; dann gäbe es nach der gängigen Definition von Armut erheblich weniger bzw. keinerlei Armut mehr. Nehmen wir andererseits an, Bill Gates und neun weitere Mehrfach-Milliardäre würden sich in Deutschland niederlassen, dann gäbe es in Deutschland wahrscheinlich per definitionem sofort ein paar Hunderttausend Arme mehr.

Dass der Sozialismus immer und immer wieder Desaströses gezeitigt hat, will man nicht wahrhaben. Und dass renommierte Studien wie der *World Value Survey* oder *Economic Freedom of the World* stets neu attestieren, dass der Abstand zwischen arm und reich dort am geringsten ist, wo Marktwirtschaft herrscht, wird verdrängt. Trotzdem scheint viele Menschen nichts mehr zu schrecken als Freiheit und Markt. Sicherheit wollen sie, ihr tägliches Brot und ansonsten ihre Ruhe. Einer der klügsten psychologischen Köpfe der Geistesgeschichte, Fjodor M. Dostojewskij, hat darauf im Kapitel »Der Großinquisitor« seines Romans *Die Brüder Karamasow* aufmerksam gemacht. Dort sagt der Großinquisitor zu dem von ihm gefangen genommenen Jesus: »Nichts ist jemals dem Menschen und der menschlichen Gesellschaft unerträglicher gewesen als die Freiheit.« Nach seiner Auffassung lautet die Erwartung der Menschen gegenüber den Regierenden: »Knechtet uns lieber, aber macht uns satt!« Und weiter: Es gebe für den Menschen, wenn er frei bleibt, keine hartnäckigere und qualvollere Sorge als die, möglichst schnell jemanden zu finden, den er anbeten kann.

Staat und Gesellschaft als Götzen

Die Trennung von Staat und Religion war eine der großen Errungenschaften der Moderne. Diese Säkularisierung des Staates droht mittlerweile in eine neuerliche Sakralisierung einzumünden. Mehr und mehr nämlich werden an den Staat Wünsche herangetragen (bzw. von diesem angenommen oder als Versprechungen gar angeboten), die wie Glücks- und Heilserwartung anmuten. Alle Probleme soll oder will der Staat beheben: von der zu geringen Zahl an Geburten über die Luft-

und Gewässerverschmutzung bis hin zu den Kriegen in allen Regionen der Welt, dem maroden Banken- und Gesundheitssystem sowie der schwächelnden Automobilindustrie. Ein solchermaßen allmächtiger Staat, der zudem als Opfergabe immer mehr Steuern einfordert, beginnt Züge eines Religionsersatzes anzunehmen.

In den Worten Emile Durkheims ist eine solche Omnipotenzerwartung eine »Religion ohne Religion« – durchsetzt mit einer Menge Adventismus als säkularisierte Version der theologischen Vorstellung totaler Gerechtigkeit. Der Schöpfer hat den Individuen zwar unterschiedliche Gaben gegeben. Die Gesellschaft – als neue Gottheit – soll mit Hilfe des Staates diese ursprünglichen Ungerechtigkeiten der Verteilung aber korrigieren. Einer der Ideengeber der Sozialen Marktwirtschaft, Wilhelm Röpke, sieht in einer solchen Vergottung der Gesellschaft die Gefahr des Heraufkommens einer »sozialen Besessenheit«, bei der das Extrem der Asozialität in das Entgegengesetzte der völligen Sozialisierung des Lebens umschlägt. Einen Hinweis auf die Motivation solcher Gläubigkeit gibt Arnold Gehlen in *Moral und Hypermoral* (1969): Der Mensch lasse sich in seiner »Daseinsgefräßigkeit« gerne leiten von einer »masseneudaimonistischen Gesinnungsmoral«. Noch einen Schritt weiter in Richtung Theologie geht Helmut Schelsky in seinem Buch *Die Arbeit tun die anderen* (1975): Er diagnostiziert auf dem Höhepunkt der 68er-Phase einen Ersatz der Erlösungsreligionen durch eine Sozialreligion, der Jenseitigkeit durch Diesseitigkeit. Dem Menschen werde weisgemacht, man sei nicht einem göttlichen Plan oder dem Schicksal unterworfen, sondern der Gesellschaft ausgeliefert. Die Sozialbewegten aber seien die Wissenden. Von den drei Arten des Wissens, wie sie Max Scheler unterscheidet (Herrschafts- oder Leistungswissen, Bildungswissen sowie Erlösungs- oder Heilswissen) liegt ihr Schwerpunkt vor allem auf letzterem, dem Erlösungs- oder Heilswissen.

Alles, was nicht dazu passt, wird einem sozialen Exorzismus unterworfen. Dass diese Entwicklung quasi-religiöse Züge trägt, zeigt sich schon daran, dass die sozialrevolutionären Protagonisten ihre Jünger geradezu wie Sekten um sich scharen. Mit dem Sosein des Menschen hat das oft nicht einmal entfernt zu tun. Die zu erheblichen Teilen durch einen Schöpfergott genetisch angelegte Verschiedenartigkeit der Menschen passt da nicht hinein. Schelsky kommt angesichts solcher Realitätsverweigerung zu einem vernichtenden Urteil: »Die Reprimitivisierung des Erkenntnisvermögens ist ein sicheres Zeichen des Entstehens einer neuen missionarischen Religiosität und Glaubensverfolgung.«

Die Folgen sind verheerend, sie bleiben allerdings oft lange verborgen, weil ein ausufernder Sozialstaat noch mehr an der Sozialstaats- und auf Kosten nachfolgender Generationen an der Verschuldungsschraube dreht.

Gleichheit gefährdet Eigenverantwortung und Eigeninitiative

»Zum Glück brauchst du Freiheit, zur Freiheit brauchst du Mut«, hat Perikles (ca. 490–429 v. Chr.) gesagt. Freiheit wiederum gibt es nicht als Garantie, Freiheit impliziert das Risiko des Scheiterns. Ansonsten gehört es mit zur Menschenwürde, seine Bedürfnisse möglichst aus eigenen Kräften befriedigen zu können. Trotzdem wird der Staat – in den neuen deutschen Ländern noch mehr als in den alten – vielfach verstanden als allmächtige administrative Sozialagentur, als Garant für die Erfüllung von Vollkasko-Ansprüchen. Der Staat ist damit nahe am planwirtschaftlichen Perfektionismus. Für viele gilt als Motto: »Die Kasse zahlt's schon.« Eine tragende Rolle spielt dabei eine Politik, die Versprechen auf Versprechen aufhäuft und immer mehr Entscheidungen an sich reißt. Im Endeffekt verhindern solche Entwicklungen Bürgerlichkeit. Dabei steht es in unserer gegenwärtigen Welt, so eine These Odo Marquards (2007), nicht deswegen schlimm, weil es zu viel, sondern deswegen, weil es zu wenig bürgerliche Gesellschaft in ihr gibt; denn problematisch in unserer Gegenwartswelt ist nicht die Bürgerlichkeit, sondern ihre Verweigerung.

Für den Einzelnen sind die Folgen einer schier maßlos an den Staat gerichteten und vom Staat womöglich bestätigten Allmachtserwartung eine fürsorgliche Entmündigung, ein Verführen zur Bequemlichkeit, ein Desinteresse an Information, eine Erosion von Eigeninitiative und Eigenverantwortung, eine durch den Wohlfahrtsstaat antrainierte Trägheit oder gar eine erlernte Hilflosigkeit. Vor allem aber erodiert der Sozialstaat mit jeder Expansion. Denn je mehr Sozialstaat, desto weniger Sozialstaatsmoral. Schweden ist ein Beispiel dafür. Mit dem Ausbau des Sozialstaats hat die Sozialstaatsmoral dort einen gewaltigen Niedergang erfahren. Anfang der 1980er-Jahre hatten 82 Prozent der Schweden gesagt: Nein, man darf Sozialleistungen niemals ungerechtfertigt in Anspruch nehmen; 25 Jahre später waren das nur noch 55 Prozent.

Statt dass der Mensch etwas leistet und etwas gibt, bevor er etwas von anderen verlangt, hat er sich den Verheißungen eines Wohlfahrtsstaates anvertraut und das Leistungsprinzip sowie das Prinzip Eigenverantwortung missachtet. Letzteres geschah auch in der Pädagogik. Entsprechend den Prinzipien der Christlichen Soziallehre muss also dem Subsidiaritätsprinzip wieder Geltung verschafft werden. Das heißt: Die Hilfe des intervenierenden Staates ist erst dann angezeigt, wenn die Eigenverantwortung überfordert ist. Sonst mutiert der Staat Schritt für Schritt zum Vormund seiner Bürger, welche ihrerseits einen neuen Untertanengeist pflegen.

3 Bildungsgerechtigkeit – Ideologischer Kampfbegriff oder statistisches Artefakt?

Deutschland hat in den PISA-Studien von 2000, 2003 und 2006 unterschiedlich abgeschnitten. 2000 und 2003 erreichte es ein Ergebnis im Mittelfeld, 2006 schloss es international zum vorderen Viertel auf. Trotzdem wird die Debatte um das deutsche PISA-Ergebnis maßlos überzogen geführt, und sie wird sozialpolitisch instrumentalisiert. Es scheint nicht mehr um gute oder schlechte Ergebnisse zu gehen. Es scheint nicht um die schreiende Ungerechtigkeit zu gehen, dass Schüler in bestimmten deutschen Ländern schulisch zwar besser auf Ausbildung und Studium vorbereitet sind, aber für einen Abschluss einen erheblich höheren Preis an Anstrengung zahlen müssen als ihre Altersgenossen in anderen deutschen Ländern. Vielmehr scheint es nur noch um sozial benachteiligte oder privilegierte Schüler zu gehen.

Richtig ist: Eine formal höhere Bildung kann individuelle Chancen verbessern, sie verschärft aber zugleich den Konkurrenzkampf. Denn so paradox es sein mag: Höhere Bildung erhöht die Chancen des Einzelnen, sie beseitigt aber nicht grundlegend Arbeitslosigkeit und Armut. In der Folge konkurrieren alle womöglich auf einem höheren Niveau, aber nicht mit besseren Chancen um fehlende Lehrstellen und Arbeitsplätze. Der britische Politikwissenschaftler Colin Crouch (2008) wundert sich somit nicht zu Unrecht, dass manche Politiker auf Bildung setzen, dabei aber übersehen, dass nur eine Minderheit in den Genuss des Aufstiegs kommen könne. Im Übrigen darf Bildung nicht zum bloßen Vehi-

kel von Arbeitsmarkt- und Sozialpolitik werden. Eine fort-
schreitende Ökonomisierung der Bildung etwa würde dazu
führen, dass »unrentable« Bildungsangebote gerade zulasten
sozial Schwächerer wegrationalisiert würden.

Bei der Gestaltung schulischer Strukturen gilt es zwei Prinzipien zu reflektieren: das Prinzip Gleichheit und das Prinzip
Freiheit. In Reinform praktiziert, bedeutet Gleichheit Kollektivismus; Freiheit pur bedeutet Laissez-faire-Libertarismus.
Für Schulpolitik kann weder das eine noch das andere Para-
digma einziger Maßstab sein. Gleichwohl lautet die Grund-
satzfrage: Soll ein Schulwesen am Prinzip Freiheit oder am
Prinzip Gleichheit orientiert sein? Darauf ist mit dem Berliner Bildungshistoriker Heinz-Elmar Tenorth zu antworten:
»Schule ist ein System der Erzeugung von Differenz und
nicht von Gleichheit« (*Frankfurter Allgemeine Zeitung* vom
16. September 2008). Menschen kommen nun einmal unterschiedlich auf die Welt. Beim Start in die Bildungslaufbahn
aber sollten alle die gleichen Chancen haben, gleiche Ziel-
chancen kann es jedoch nicht geben. So äußert sich auch der
Begabungsforscher Christopher Jencks, dessen Klassiker von
1972 *Inequality: A Reassessment of the Effect of Family and
Schooling in America* (etwa: Ungleichheit – eine Neubewer-
tung von Familie und Schule in Amerika) betitelt ist und der
in Deutschland bezeichnenderweise unter dem Titel *Chancengleichheit* auf den Markt kam. Bereits bei Jencks findet sich
die Feststellung: Chancengleichheit durch Bildung sei eine
Illusion, denn selbst wenn Bildung am Ende gleichmäßig verteilt wäre, würden doch andere Unterschiede durchschlagen:
familiäre Förderung, Begabung usw.

Was den Faktor Begabung betrifft, so mag es heute politisch
nicht korrekt sein, davon zu sprechen. In manchen Diskussionen ist aus Begabung eine »vermeintliche Begabung«
geworden. Wissenschaftlich haltbar ist eine solche Diktion
nicht. Denn die Forschung hat eindeutig nachgewiesen, dass

rund zwei Drittel des kognitiven Potenzials durch Erbfaktoren bestimmt sind. Einer der führenden Forscher in diesem Bereich war Hans-Jürgen Eysenck. Sein Standardwerk ist *The inequality of men* (1973; deutsch: *Die Ungleichheit der Menschen*, 1975). Dort kommt Eysenck sogar zu dem Ergebnis, dass 80 Prozent der Intelligenz genetisch angelegt seien. Das hat ihm im Deutschland die Beschimpfung als Faschist und Rassist eingebracht. Eysenck erklärte diese Attacken standhaft mit den Worten: »Revolutionäre und Progressive hassen den Gedanken, dass ihre eigene Macht, die Gesellschaft zu verändern, stark von biologischen Faktoren begrenzt ist.«

Gerechtigkeitsrhetorik

All diese Erkenntnisse konnten eine schiefe Gerechtigkeitsdebatte nicht stoppen. Wiewohl der Zusammenhang zwischen Schulleistung und sozialer Herkunft keine neue Einsicht darstellt, erheben angeblich progressive Bildungspolitiker in der Überzeugung, Gerechtigkeit schaffen zu müssen, gebetsmühlenhaft die Forderung nach einem egalisierenden Bildungswesen. »Bildungsgerechtigkeit« ist damit zum »Wieselwort« der Debatte geworden. Bereits Friedrich August von Hayek hatte den Begriff »soziale Gerechtigkeit« als ein »Wieselwort« bezeichnet und damit gemeint, dass dies eine hohle Phrase sei (siehe das Wiesel, das ein Ei aussaugt und inhaltsleer macht, ohne die äußere Hülle zu zerstören).

Im Kontext mit Bildung ist aus der Gerechtigkeitsrhetorik in Teilen eine Rhetorik des Klassenkampfes geworden. Was hier aufgelegt wird, mutet wie eine Verschwörungstheorie an. Die Behauptungen sind entsprechend: Das gegliederte Schulwesen habe den Zweck, eine ständische Gesellschaft zu erhalten und unliebsame Konkurrenten aus schwächeren Schichten abzuschieben, deshalb werde der Zugang zu den Gymnasien gedrosselt und deshalb lege man Wert auf einen ausgrenzenden bürgerlichen Bildungskanon. Es wird behauptet, PISA habe bewiesen, dass Bildung vom Geldbeutel der Eltern abhänge. Dabei hat PISA das Einkommen der Eltern gar nicht erfassen können, sondern nur das Vorhandensein »kultureller Besitztümer« (sprich: Bücher). Subtil wird allein durch die Wortwahl suggeriert, »Arbeiterkinder« würden gezielt behindert. Wenn es heißt, Abiturienten mit Akademikereltern hätten eine 2,3-mal höhere Chance, sich für ein Studium zu entscheiden, dann stimmt hier das Wort »Chance« einfach nicht. Neutral müsste es heißen: Akademikerkinder studieren mit einer 2,3-fach höheren Häufigkeit als Arbeiterkinder. Seit Oktober 2008 glaubt man gar nachweisen zu können, dass Ferien unsozial seien. Hinter dieser These steht eine Studie des Max-Planck-Instituts für Bildungsforschung, derzufolge das Lesevermögen von Kindern aus sozial schwächeren Schichten während der Ferien stärker leide als das von Kindern aus mittleren und höheren Milieus.

In der dargestellten Rhetorik schwingt ein altlinker, antibürgerlicher Affekt mit, der der weltweiten Tatsache gilt, dass Heranwachsende nun einmal einen Vorsprung haben, wenn sie über Distinktion, Lebensstil und Bildungsaspiration verfügen. Gelegentlich wird sogar das Evangelium bemüht – konkret der sogenannte Matthäus-Effekt: »Wer hat, dem wird gegeben. Wer aber nicht hat, von dem wird genommen.« Dabei scheint es keine Rolle zu spielen, dass Bildung per se kein knappes Gut ist, also nicht den einen genommen und den anderen gegeben werden kann. Leider fehlt in der Debatte auch die Kampfvokabel »Selektion« nicht. Dieser Begriff soll offenbar dunkle Kapitel deutscher Geschichte assoziieren lassen. Das ist schäbig, weil hier ein millionenfaches Leid der Opfer des NS-Terrors für billige Zwecke instrumentalisiert wird.

Dass Betrachtungen dieser Art zudem monomanisch monokausal sind, dass hier Korrelationen in völlig unzulässiger

Weise für Kausalanalysen gehalten werden, dass solche Einschätzungen die hohe Komplexität schulischer Erfolge bzw. Misserfolge ignorieren und dass hier das Abitur zum Maß aller Dinge gemacht wird, zeugt nicht von wissenschaftlicher Reputation.

Absolute Gerechtigkeit bleibt auch in Fragen der Bildung ein irrationales (metaphysisches) Ideal. In der Bildung kann es kein »Jedem das Gleiche« geben. Überhaupt geht es in der Bildung nicht um Chancenverteilung, sondern um Chancennutzung. Aber Chancen sind keine Garantien. Zu konkreten Optionen werden sie erst durch eigene Anstrengung. Die Motivation dazu ist freilich zum Teil eine Frage der Schichtzugehörigkeit. Pierre Bourdieu hat dazu festgestellt: Selbst bei einer Inflation an höheren Bildungsabschlüssen bleiben traditionelle Privilegien bessergestellter Familien erhalten. Eine Studie von 2007 zeigt, dass sogar eine Korrelation zwischen den Bildungsabschlüssen der Großeltern- und der Kindergeneration besteht. Das heißt: Viele Bildungsaufstiege sind über die Generationen hinweg nicht von Dauer (vgl. Pierre Bourdieu/Jean-Claude Passeron, 1971 und 1997; Marek Fuchs/Michaela Sixt, 2007).

Zugleich gilt: Vermeintliche Gleichheit könnte allenfalls durch Absenkung des Anspruchsniveaus erzielt werden. Namhafte Leute haben vor einer solchen Entwicklung schon vor Jahrzehnten gewarnt. Der damalige Bildungsforscher Josef Hitpaß stellte 1981 fest: »Massenbildung fordert als Tribut Niveauverlust.« Davon unbeeindruckt, dreht die OECD seit eh und je an der Quoten-Schraube. In dem OECD-Policy-Brief Nr. 13 mit dem Titel *The Political Feasibility of Adjustment* schreibt ein hochrangiger OECD-Mitarbeiter namens Christian Morrisson 1996 vielsagend: »Familien pflegen heftig zu reagieren, wenn ihren Kindern die Aufnahme (gemeint ist in eine Hochschule; der Verf.) verweigert wird, nicht aber wenn die Qualität der angebotenen Ausbildung schrittweise reduziert wird.« Wer aber die Ansprüche senkt, der bindet gerade junge Menschen aus schwierigen Milieus in ihren »eingeschränkten Codes« fest.

Man sollte dies aus der Soziolinguistik wissen. Basil Bernstein hatte nämlich in den 1970er-Jahren herausgefunden, dass das Sprachverhalten selbst bei gleicher Intelligenz schichtspezifisch sehr unterschiedlich sei. Die Sätze von Arbeitern sind kürzer, ihr Wortschatz ist geringer, ihre Sprache eher soziozentriert, das heißt, sie reden eher über die Dinge, die für ihre soziale Gruppe relevant sind. Akademiker dagegen sprechen eine komplexere Sprache und eher über abstrakte Dinge ohne persönlichen Bezug.

Soll deshalb der »restringierte Code« Standard sein? Dann müssten ganze kulturelle Bereiche ausradiert werden. Britische Gemeindeverwaltungen haben solches getan; sie verbannten 2008 lateinische Ausdrücke aus ihrer Behördensprache. Die Verwendung von Latein in Schreiben oder bei Gesprächen sei diskriminierend, so die Begründung, weil viele Bürger die Ausdrücke nicht verstünden. Solche Gleichmacherei wird am Ende aber nur zu einer gefühlten Gerechtigkeit nach dem Motto führen: Was nicht alle können, darf keiner können.

Schiefe internationale Vergleiche

Zur Frage sozialer Ungleichheiten in der Bildung ist in PISA 2000 nachzulesen: »Es gelingt keinem Teilnehmerland, Schülerleistungen von der sozialen Herkunft der Schülerinnen und Schüler zu entkoppeln.« Auch bei PISA 2006 erreichten Schüler aus Familien mit höherem sozioökonomischem Status überall auf der Welt bessere Kompetenzwerte. Dieser Zusammenhang ist besonders eng in Tschechien, Luxemburg, Frankreich, Großbritannien, den Niederlanden und Belgien, besonders gering in Kanada, Mexiko, Island, Finnland, Korea und Japan. Deutschland liegt hier im OECD-Mittelfeld. Am ausgeprägtesten ist die soziale Selektivität des Bildungswesens ansonsten in Ländern mit öffentlichem Einheitsschulsystem und kostspieligen Privatschulen. Am Ende geben Eltern in England, Frankreich, Japan und in den USA ihre Kinder auf eine Privatschule, sofern sie sich die zehn- bis dreißigtausend Euro Schulgeld pro Kind und Jahr leisten können.

Allein vor diesem Hintergrund trifft die Behauptung nicht zu, ein gegliedertes Schulwesen wie in Deutschland sei ein sozial selektives Schulwesen. Überhaupt sind viele internationale Vergleiche der Abitur- und Akademikerquoten statistische Artefakte, denen – nach dem Prinzip »upgrading of certificates and downgrading of skills« – eine Gleichsetzung von Quote mit Qualität zugrunde liegt. Siehe Frankreich als Beispiel: Dort wird eine 80-prozentige »Abitur«-Quote als sozial besonders durchlässig wahrgenommen. Staatspräsident Nikolas Sarkozy sieht das mittlerweile anders: Aus dem »collège unique« sei ein »collège inique« geworden. (Aus dem einheitlichen Collège sei ein ungerechtes Collège geworden.) Hintergrund für seine Klage ist die Tatsache, dass in Frankreich 65 Prozent der Studierenden ihr Studium abbrechen. Eine Quotenpolitik kann also nicht die Lösung sein. Denn dann müssten Frankreich mit 80 Prozent *baccalauréat général* und Italien mit 80 Prozent *maturità* viel reicher sein als Deutschland, das laut Statistischem Bundesamt eine Studienberechtigtenquote von 43 Prozent vorweisen kann (Stand: 2006). Zugleich müsste die Schweiz mit einer gymnasialen Maturitätsquote von knapp 20 Prozent und einer Berufsmaturitätsquote von 12 Prozent (vergleichbar mit der Fachhochschulreife) ein ärmeres Land als Deutschland sein.

Ein wichtiges sozialpolitisches Kriterium wird ebenfalls häufig übersehen, nämlich das Ausmaß an Jugendarbeitslosigkeit. Hier haben oft sogar vermeintliche PISA-Vorzeigeländer wie

Finnland oder Schweden mit Gesamtschulsystemen eine Quote von um die 20 Prozent. In Ländern mit gegliederten Schulsystemen und dualer Berufsbildung dagegen sind es um oder unter zehn Prozent. Hierzu zählen Deutschland, Österreich und die Schweiz.

Ganz besonders wichtig ist auch: PISA ist als Maßstab für die soziale Durchlässigkeit eines Bildungswesens absolut untauglich. PISA untersucht Fünfzehnjährige inmitten ihrer Bildungsbiografie, stellt für dieses Alter den Gymnasiastenanteil fest und berücksichtigt dabei nicht, welchen Bildungsabschluss die betreffende Population tatsächlich macht. Außerdem sagen hohe soziale Gradienten noch keineswegs aus, dass damit hohe Werte in schulischen Leistungstests korrelieren. In den deutschen Stadtstaaten zum Beispiel gibt es die höchsten Sozialgradienten, trotzdem haben diese Staaten die schlechtesten PISA-Werte.

Bildungsexpansion durch ein differenziertes Schulwesen

Chancengleichheit ist über das Bildungswesen nicht herstellbar. Daran ändert kein PISA-Schock etwas. Selbst der »Sputnik-Schock« von 1957 hat in den USA trotz größter Anstrengungen nicht zu einer nachhaltigen Mobilisierung von sogenannten Begabungsreserven geführt. Falsch ist auch die Behauptung, durch die Integrierte Gesamtschule könne ein sozialer Ausgleich stattfinden. In einer Langzeitstudie von 2008 (Helmut Fend, 2008) wurde nachgewiesen, dass der Besuch einer Gesamtschule keineswegs verbesserte soziale Aufstiegsmöglichkeiten schafft.

Jedenfalls bleibt für die vergangenen drei Jahrzehnte für Deutschland festzuhalten: Durch einen ständig gewachsenen Anteil der Geburtsjahrgänge an höheren Bildungsgängen sowie durch sehr viele Schulgründungen gab es vielerlei positive Effekte, die den »bildungsfernen Schichten« zugutekamen. Dies sind Leistungen des herkömmlichen, gegliederten Schulwesens. So gibt es in der Bundesrepublik heute rund 60 verschiedene Wege zu einer Hochschulreife.

In Deutschland haben wir somit in den vergangenen Jahren eine eindeutige Entkoppelung von besuchter Schulform einerseits und dem höchsten formal erreichten Bildungsabschluss andererseits. Das heißt: Der Anteil der Studienanfänger, die nicht über das Gymnasium an die Hochschule kommen, ist immer größer geworden. In manchen Bundesländern hat er 50 Prozent überschritten. Nutznießer dieser Entwicklung sind Kinder aus »bildungsfernen Schichten« (kaum jedoch Migranten). Gerade das berufsbildende Schulwesen in Deutschland bietet hier im Sinne vertikaler Durchlässigkeit nicht nur qualifizierte Ausbildung, sondern in erheblichem Maße Aufstiegsbildung. Allerdings findet trotz dieser Optionen oft immer noch eine Selbstselektion statt. Arbeiterkinder studieren, selbst wenn sie Abitur haben, zu einem geringeren Anteil als Kinder aus anderen Familien.

Eine gerechte Schule ist eine Schule der Leistung

Zum Leistungsprinzip in der Schule gibt es keine gerechte Alternative. Wer es untergräbt, setzt eines der revolutionärsten demokratischen Prinzipien außer Kraft. In unfreien Gesellschaften sind Geldbeutel, Geburtsadel, Gesinnung und Geschlecht die maßgeblichen Kriterien zur Positionierung eines Menschen im Gemeinwesen. Freie Gesellschaften haben an deren Stelle das Kriterium Leistung vor Erfolg und Aufstieg gesetzt. Das ist die große Chance zur Emanzipation für jeden Einzelnen.

Auch Sozialstaatlichkeit ist nur mit dem Leistungsprinzip, nämlich über die millionenfache Leistung von Bürgern und deren Steueraufkommen möglich. Das Sozialprinzip kann deshalb nicht über das Leistungsprinzip gestellt werden, da es kein Leistungssubstitut ist. Das Sozialstaatsprinzip ist allerdings ein ethisch gebotenes, dem Leistungsprinzip immanentes Korrektiv. Verschiedenheit ist auch keine Ungerechtigkeit. Vielmehr ist nichts so ungerecht wie die gleiche Behandlung Ungleicher.

Bertolt Brechts Klage »Die im Dunkeln sieht man nicht« aus der *Dreigroschenoper* stimmt heute nicht mehr. Gerade in der Bildungsdebatte stehen die ehemals »im Dunkeln« im Zentrum der Debatte. Richtig bleibt freilich ein Motto, das die US-Regierung unter G. W. Bush ausgegeben hatte: »No Child Left Behind«. Wie es aber geschehen kann, dass kein Kind zurückbleibt bzw. dass es individuell optimal gefördert wird, darüber gehen die Auffassungen weit auseinander. Ein Irrweg ist etwa eine in Berlin zu Beginn des Jahres 2009 erwogene Sozialquote von 30 Prozent an Gymnasien.

Natürlich gibt es ein moralisches Recht auf möglichst gute Bildung, aber kein Recht auf Abitur. Mit dem Recht auf gute Bildung muss aber eine moralische Pflicht zur Bildung korrespondieren. Bildung und Wissen sind heute frei verfügbare Güter; Wissen hat zuletzt durch die neuen Medien (bei aller Problematik ihres Angebotsspektrums) eine Demokratisierung ohnegleichen erfahren. Bildung ist insofern kein Privileg mehr von wenigen. Man kann Bildungsabschlüsse jedoch nicht planwirtschaftlich-inflationär vergeben, und man kann niemanden zu echter Bildung zwingen. Es kann nur um Hilfe zur Selbsthilfe gehen und um eine Rückbesinnung darauf, dass die erste Bildungsverantwortung in der Familie liegt. Der Staat hat hinsichtlich des Bildungsangebots eine Bringschuld, die Eltern und ihre Kinder eine Holschuld. Davon machen viele Menschen zu wenig Gebrauch. Sie nutzen damit die ihnen gebotenen Freiheiten nicht.

Ohne Eigenverantwortung funktioniert Bildung nicht. Vielleicht wäre es deshalb an der Zeit, den antiquiert erscheinenden Begriff der »Selbstbildung« wiederzubeleben. Romano Guardini zum Beispiel hat diesen Begriff im Sinne personaler Bildung in seinen *Briefen über Selbstbildung* gebraucht. Bildung als Selbstbildung sei sozial offen und in alle Schichten hinein anschlussfähig, so Reinhart Koselleck in seinen *Begriffsgeschichten* (2006). Auch »ärmere« Eltern müssten dazu in der Lage und willens sein, mit den Kindern aufzustehen, sie für die Schule »herzurichten«, die Hausaufgaben nachzusehen, Freizeitaktivitäten zu unternehmen und einfach Zeit für Kinder zu haben. Falsch aber ist ein Attentismus, eine abwartende Haltung: Man wartet mit der eigenen Anstrengung ab, bis sie einem abgenommen wird. Eine Bildungspolitik, die nur ständig über Benachteiligung spricht, fördert einen solchen Attentismus.

Wichtig ist es auch anzuerkennen, dass Fördern und Auslese zusammengehören. Auslese ist eine notwendige Voraussetzung für individuelle Förderung. Die antithetische Formel »Fördern statt Auslese« ist falsch. Es muss heißen: Fördern durch Differenzierung! Eine Optimierung des Bildungsangebots im Interesse der sozial schwächeren Klientel ist gleichwohl ein Gebot der Fairness. Dazu muss die Erziehungs- und Bildungsberatung in den Risiko-Populationen intensiviert werden. Des Weiteren muss dem Kindergarten und der Vorschule mehr Bedeutung beigemessen werden. Schulen mit besonderen sozialen Problemlagen sollten außerdem bevorzugt für die Jugendsozialarbeit geöffnet und als Ganztagsschulen betrieben werden. Für Risikoschüler, die im ersten Anlauf zu keinem Schulabschluss gekommen sind, sollte es außerdem die Chance eines zweiten Versuchs geben.

Bildungsarmut hat viel mit der familiären Situation der Schüler zu tun. Das größte Armutsrisiko und damit das größte Risiko, einer Bildungsarmut ausgesetzt zu sein, tragen Kinder nach bzw. inmitten der Scheidungen ihrer Eltern. Wären die Ehen stabiler, gäbe es deutlich weniger bildungsarme Kinder.

Notwendig ist ferner eine Sozialpolitik, die sanften Druck auf Eltern ausübt, damit ihre Kinder das vorhandene Bildungsangebot tatsächlich wahrnehmen. Der Neuköllner Bezirksbürgermeister Heinz Buschkowsky (SPD) lag in dieser Hinsicht nicht ganz falsch, als er 2007 mit Blick auf Schulschwänzer mit Migrationshintergrund das Streichen von Kindergeld vorschlug: »Wenn ein Vater merkt, dass ihm 300 Euro fehlen, wenn Ayse und Murat nicht zur Schule gehen, haben die das letzte Mal geschwänzt.« Das gilt auch für so manches deutsche Elternhaus. Noch markanter hat Buschkowsky 2009 gesagt: »Kommt das Kind nicht in die Schule, kommt das Kindergeld nicht auf das Konto. Die Holländer gehen an die Sozialleistungen ran, wenn Eltern nicht mitmachen.« Auch in der Schweiz praktiziert man dies. Die Basler Regierung, so eine Meldung vom Februar 2009, will das Schulgesetz so ändern, dass Eltern bestraft werden können, wenn sie ihre Pflichten nicht erfüllen: mit Bußen von bis zu 1000 Franken.

Bildungschancen für Migranten

In Deutschland leben 15 Millionen Menschen mit Migrationshintergrund, ihr Bevölkerungsanteil beträgt 18 Prozent. In den alten Ländern der Bundesrepublik ist der Migrantenanteil erheblich höher; hier erreicht er bis zu 30 Prozent, während er in den neuen Ländern rund drei Prozent ausmacht. In den alten Ländern stellen die größten Migrantenanteile Menschen aus der Türkei und den UdSSR-Nachfolgestaaten, unter den wenigen Migranten in den neuen Ländern Polen, Vietnamesen und Schwarzafrikaner. Diese Bevölkerungsstruktur geht einher mit markanten bildungsökonomischen Merkmalen: Während 2006 90 Prozent aller Drei- bis Fünfjährigen eine Kindertageseinrichtung besuchten, waren es nur 64 Prozent der Migrantenkinder. Von allen deutschen Schülern erreichen

7 Prozent keinen Schulabschluss, unter Türkischstämmigen sind es 30 Prozent. Weniger als 10 Prozent der jungen Leute mit Migrationshintergrund erwerben eine Hochschulreife, unter deutschen sind es gut 40 Prozent. Die Ausbildungsquote unter jungen Leuten mit Migrationshintergrund ist auf 24 Prozent gesunken (2005). Gut zehn Jahre zuvor (1994) war die Quote nicht berauschend, aber immerhin bei 34 Prozent.

Gewiss gibt es auch zahlreiche Problemschüler deutscher Herkunft. Überrepräsentiert sind unter der problematischen Schülerklientel allerdings Migrantenkinder. Dies spiegelt sich in PISA-Daten wider: Hier hinken Migranten um rund zwei schulische Lernjahre hinterher – Migranten der zweiten Generation sogar in noch höherem Maße als Migranten der ersten Generation. Während junge Türken und Italiener beim Besuch des Gymnasiums dreifach unterrepräsentiert und beim Besuch der Hauptschule dreifach überrepräsentiert sind, entspricht die Bildungsbeteiligung von Zuwanderern aus der Russischen Föderation den Werten deutscher Schüler. Zuwanderer aus Vietnam (siehe neue Länder) und aus der Ukraine sind beim Besuch des Gymnasiums im Vergleich zu deutschen Schülern sogar überrepräsentiert.

Im Zusammenhang mit der Zuwanderung nach Deutschland ist die Rede von einer Bereicherung, die Deutschland damit erfahre. In manchen Bereichen mag dies zutreffen. Faktum ist aber auch: Deutschland hat – wie Luxemburg, Dänemark und Österreich – durch die Zuwanderung eine »Unterschichtung« erfahren. Es handelt sich hier offenbar um eine Population, die bereits in ihren Herkunftsländern einen niedrigen Sozialstatus hat. In den als Vorbild dargestellten Zuwanderungsländern Kanada, Australien und Neuseeland ist dies anders. Dort zeichnen sich Migranten durch einen Sozialstatus aus, wie er der einheimischen Bevölkerung entspricht. Der Grund dafür ist in der Migrationspolitik dieser Überseeländer zu sehen, die nur Zuwanderer ins Land nehmen, die sie aufgrund der mitgebrachten Qualifikationen »brauchen« können. Vor diesem Hintergrund fallen dort die Schul- und PISA-Leistungen der Zuwanderer kaum gegenüber denen der Einheimischen zurück. In Großbritannien haben viele Migrantengruppen sogar bessere schulische Leistungen und höhere Studierquoten als ihre Altersgenossen. Dies hängt damit zusammen, dass ein großer Teil der Migranten dort chinesischer, indischer und schwarzafrikanischer Herkunft ist. Für Frankreich gilt, dass dort große Migrantengruppen keine Probleme mit dem Französischen haben, weil sie aus den Maghreb-Staaten Algerien und Marokko kommen, also aus Ländern, deren Amtssprache Französisch ist.

Für viele Migranten in Deutschland gilt allerdings eine Wertung, die sich in der nur auf Englisch verfügbaren Studie des Rheinisch-Westfälischen Instituts für Wirtschaftsforschung (RWI) mit dem Titel *The Societal Integration of Immigrants in Germany* (RWI Discussion Papers No. 18/2004) findet: Das RWI macht für mangelnde Integration vieler Migranten in Deutschland vor allem deren mangelnde Bereitschaft zur Integration verantwortlich.

Gewiss verläuft die schulische Integration von Migrantenkindern in Deutschland zu häufig erfolglos. Schule allein wird dieses Problem aber nicht lösen, denn dieses Problem hat mit drei Jahrzehnten einer oft romantisierenden Einwanderungspolitik zu tun. Letztere hat Fakten geschaffen, die die Möglichkeiten der Schulen überfordern. Den Migrantenkindern ist auch nicht mit spektakulären Vorschlägen geholfen, etwa dem Vorschlag, an deutschen Schulen das Türkische zu lehren. Tatsache ist, dass die Integration türkischstämmiger Heranwachsender oft nicht an deren mangelnden Türkischkenntnissen, sondern an deren mangelnden Deutschkenntnissen scheitert.

Dem deutschen Schulwesen wegen der schwachen Schulleistungen von Migranten, wie 2008 in der *Süddeutschen Zeitung* geschehen, Xenophobie zu unterstellen, ist jedenfalls Ideologie.

Nicht hilfreich, sogar integrationsfeindlich sind auch die Äußerungen des türkischen Ministerpräsidenten Erdoğan, der Anfang Februar 2008 in der Köln-Arena 15 000 türkischen Landsleuten zugerufen hatte, Assimilation sei ein Verbrechen gegen die Menschlichkeit. Das wäre zulasten der Migranten der Weg in Parallelgesellschaften und – mitgeprägt durch den Konsum des türkischen Satellitenfernsehens – der Weg in die Selbst-Ghettoisierung. In einem Gutachten des Berliner Instituts für Bevölkerung und Entwicklung mit dem Titel *Ungenutzte Potentiale – Zur Lage der Integration in Deutschland* bestätigt sich dies: Während im Durchschnitt am besten die rund zwei Millionen Menschen aus anderen EU-Staaten sowie Aussiedler eingegliedert sind, bleiben Türken vielfach unter sich.

Für eine Kultur des Respekts

Auch in der Bildungspolitik sollte wieder vermehrt das Subsidiaritätsprinzip gelten. Die Bürger müssen die ihnen gebotenen Chancen eigenverantwortlich nutzen, bevor der Staat eingreift. Darüber hinaus sind, so ein Postulat von John Rawls, soziale Ungleichheiten so zu gestalten, dass sie jedermanns Vorteil dienen (John Rawls, 1975). Insofern kann Ungleichheit gerecht sein – nämlich dann, wenn das Handeln von Eliten zu einem Mehrwert führt. Allein aus diesem Grund dürfen die Stärkeren nicht gebremst werden, denn man macht die Schwächeren nicht stärker, indem man die Stärkeren schwächt. Allen Mitgliedern einer Gesellschaft, auch den gutsituierten, ist indes eine Kultur des Respekts gegenüber jedermann abzuverlangen – auch gegenüber den Klienten des Sozialstaates (vgl. Richard Sennett, 2002 und 2007). Der Mensch zählt nicht erst, wenn er Abitur hat. Ähnlich meint es Udo di Fabio (2005): »Gleichheit heißt, dass jeder gleich viel zählen soll, nicht, dass jeder gleich viel bekommen soll.«

4 Der Wahrheit wegen: ein gutes Dutzend Fakten

Gute Nachrichten sind schlechte Nachrichten, denn gute Nachrichten erscheinen als langweilig; deshalb finden sie nicht statt. Für alle gesellschaftlichen Bereiche und deren mediale Repräsentanz gilt zugleich ein Vers aus Schillers Gedicht *Das Mädchen von Orleans*: »Es liebt die Welt, das Strahlende zu schwärzen und das Erhabne in den Staub zu ziehn«. In der Folge emanzipieren sich mediale Berichterstattung und öffentliche Debatte immer mehr von den Realitäten. Letztere sind aber nun einmal vielfach andere als die im Sensationsjournalismus dargestellten; es ist dies sozusagen die Rache der Realitäten an Theorie und Ideologie.

Die Bildungsdebatte ist – nicht erst seit PISA – ein Beispiel für diese Mechanismen. Über Deutschland geht seit etwa zehn Jahren (ausgelöst durch TIMSS, PISA, IGLU und OECD-Statistiken) eine empirische und bildungsökonomische Tsunami-Welle hinweg. Dass dadurch die Debatte um Bildung intensiviert wurde, ist grundsätzlich zu begrüßen. Höchst fragwürdig freilich ist die Art, wie in zentralen schulpolitischen Fragen unter Berufung auf »wissenschaftliche« Daten zum Teil manipulativ argumentiert wird. »Only bad news is good news« – das jedenfalls scheint das Motto so mancher Bildungspolitiker, Erziehungswissenschaftler und Journalisten zu sein. Tatsächlich aber sind es Täuschungen, bisweilen Lügen, die verbreitet werden. Nachfolgend ein gutes Dutzend davon!

1. Es wird behauptet, weltweit – und angeblich dokumentiert in den PISA-Studien – habe sich die Gesamtschule als überlegen durchgesetzt.

Faktum ist: Die Gesamtschule in Deutschland hat Jahrzehnte durchschlagender Erfolglosigkeit hinter sich. Die Tatsache, dass bei PISA mit Finnland ein Gesamtschulland gut abgeschnitten hat, sagt wenig aus. Immerhin sind es auch Gesamtschulländer, die am Ende der PISA-Rankings stehen: Brasilien und Mexiko. Viel naheliegender ist die Tatsache, dass die deutsche Gesamtschule seit den 1970/80er-Jahren in allen einschlägigen Studien schlecht abgeschnitten hat. Besonders eindrucksvoll ist die Studie *Bildungsverläufe und psychosoziale Entwicklung im Jugendalter* (BIJU) des Max-Planck-Instituts für Bildungsforschung (MPIB). Für NRW etwa wird als Hauptergebnis festgehalten: Am Ende der 10. Klasse liegen Gesamtschüler in Mathematik im Vergleich mit Realschülern um zwei, im Vergleich mit Gymnasiasten um mehr als zwei Jahre zurück – und das trotz einer Schülerklientel der Gesamtschule, die sich von der Schülerklientel der Realschule weder hinsichtlich sozialer Herkunft noch hinsichtlich intellektueller Fähigkeiten unterscheidet. Zugleich wird festgestellt, dass die Gesamtschüler hinsichtlich sozialen Lernens nicht mit den Schülern der anderen Schulformen mithalten können. Nicht minder eindrucksvoll sind die Ergebnisse von PISA 2006 (Schwerpunkt Naturwissenschaften): Deutschland liegt bei PISA 2006 mit 516 Punkten international auf Platz 8 und damit keineswegs auf einem schlechten Platz. Es liegt um 8 Plätze vor den Gesamtschulländern Schweden (503) und 10 Plätze vor Dänemark (496). Die deutsche Gesamtschule rangiert mit 477 Punkten 48 Punkte (also gut ein Schuljahr) hinter der Realschule (525) und mit 121 Punkten (entsprechend drei Schuljahren) weit hinter den Gymnasien (598). Zudem sind Sachsen und Bayern eben ohne Gesamtschulen die einzigen deutschen Länder, die bei PISA ganz nahe an Finnland herankommen. Diese Erfolglosigkeit der deutschen Gesamtschule ist den Steuerzahler zudem teuer zu stehen gekommen. Man weiß, dass das Gesamtschulwesen in Deutschland um rund 25 bis 30 Prozent teurer ist als das gegliederte Schulwesen. Eindrucksvoll ist auch, in welcher Deutlichkeit die Bevölkerung gegen die Einheitsschule votiert. Gemäß einer Forsa-Umfrage vom November 2007 sprach sich eine überwältigende Mehrheit von 89 Prozent aller Bundesbürger für den Erhalt der Gymnasien aus. Selbst in Ostdeutschland und bei den Anhängern der Grünen und der Linken gibt es eine satte 80-Prozent-Mehrheit für deren Erhalt.

2. Es wird behauptet, ein gegliedertes Schulwesen sei nicht durchlässig.

Hinsichtlich Durchlässigkeit sind zwei Aspekte voneinander zu unterscheiden: die horizontale und die vertikale Durchlässigkeit. Horizontale Durchlässigkeit ist gegeben, wenn Schüler in den Jahrgangsstufen 5 bis inkl. 10 zwischen verschiedenen Schulformen wechseln können. Vertikale Durchlässigkeit ist gegeben, wenn jeder Schulabschluss zugleich einen Anschluss an weiterführende Bildung im Oberstufen- und im beruflichen Bildungsbereich darstellt. Insgesamt haben wir in Deutschland in den vergangenen Jahren eine eindeutige Entkoppelung von besuchter Schulform einerseits und dem höchsten, formal erreichten Bildungsabschluss andererseits. Das heißt: Der Anteil der Studienanfänger, die nicht über den Weg des herkömmlichen Gymnasiums an die Hochschule kommen, ist immer größer geworden. Die horizontale Durchlässigkeit ist also sehr wohl gegeben, sie hat ihre Grenzen freilich dort, wo es um den Erhalt der eigenständigen Profile der Schulformen geht. Unbegrenzte horizontale Durchlässigkeit nämlich würde eine völlige Einebnung der Schulformprofile voraussetzen.

3. Es wird behauptet, das gegliederte Schulwesen sei vor allem sozial undurchlässig.

Die stets von OECD, SPD, LINKE/PDS, Grünen und Gewerkschaften behauptete soziale Disparität des deutschen Bildungswesens ist ein PISA-Artefakt. Man kann soziale Disparität bzw. Parität nämlich nicht mit PISA messen, weil PISA Fünfzehnjährige testet und damit unterschlagen wird, dass rund die Hälfte der Studierberechtigten kein Gymnasium besucht hat. Selbst in Bayern sind dies 43 Prozent. Eine Langzeitstudie von Prof. Dr. Helmut Fend (Universität Zürich und Universität Konstanz) hat zudem 2008 nachgewiesen: Der Besuch einer Gesamtschule schafft keineswegs verbesserte soziale Aufstiegsmöglichkeiten. Basis dieser Untersuchung mit dem Titel *LiFE = Lebensverläufe Kindheit ins frühe Erwachsenenalter* war die Analyse der Lebensläufe von 1527 Personen vom 12. bis zum 35. Lebensjahr im Großraum Frankfurt. Diese hatten in den 1980er-Jahren entweder eine Schule des gegliederten Schulwesens, eine Förderstufe oder eine Gesamtschule besucht. Zentrales Ergebnis der LiFE-Studie ist: Die soziale Selektivität bei den verschiedenen Stufen des Bildungs- und Berufsweges wird weder durch Förderstufen noch durch Gesamtschulen reduziert, wiewohl diese Schulformen diesen Anspruch seit Jahrzehnten erheben. In der ELEMENT-Studie 2008 (Prof. Dr. Rainer H. Lehmann, Humboldt-Universität Berlin) heißt es hinsichtlich sozialer Durchlässigkeit einer vierjährigen versus sechsjährigen Grundschule: »Die ELEMENT-Studie hat keine Anzeichen dafür geliefert, dass der gemeinsame Unterricht in den Klassenstufen 5 und 6 soziale Disparitäten abschwächt.«

4. Es wird behauptet, die skandinavischen Länder seien schulisch vorbildlich.

Richtig aber ist: Dänemark und Norwegen liegen deutlich hinter Deutschland. Selbst Schweden schneidet seit PISA 2006 deutlich schlechter ab als Deutschland. Zudem knirscht es im schwedischen Schulwesen gewaltig. Beklagt wird, dass viele Kinder in den Schulen intellektuell unterfordert sind; dass die Kernfächer zu kurz kommen; dass nur 70 Prozent der Gymnasiasten den Abschluss des Gymnasiums (= schwedische Oberstufe der Gesamtschule) erreichen; dass ein Viertel der Lehrer an der Oberstufe und ein Sechstel der Lehrer an der Gesamtschule keinen pädagogischen Abschluss hat; dass die Benotung zu spät einsetzt und das Leistungsprinzip vernachlässigt wurde; dass das Nebensächliche zentral wurde und Schulen im Kampf um Schüler mit Führerscheinkursen, Reisen, Mitgliedschaften in Sportstudios etc. lockten; dass die berufliche Bildung (die bislang schulisch stattfand) zu wenig praxisbezogen ist. Nach einer Studie der Friedrich-Ebert-Stiftung aus dem Jahr 2007 verliert das »schwedische Erfolgsmodell« an Boden. (Titel der Studie: *Eine Schule für alle – verschläft das schwedische Erfolgsmodell seinen Innovationsvorsprung?*) Als Problembereiche wird in der Studie u. a. die soziale Segregation durch einen Boom bei der Gründung von Privatschulen genannt. Außerdem berichtet die Studie davon, dass es wegen erheblicher Probleme bei der schulischen Integration von Migrantenkindern zu Schulschließungen kam.

Speziell zu Finnland ist festzuhalten: Finnische Schulen haben Umstände, die auf deutsche Verhältnisse nicht übertragbar sind. Zum einen hat Finnland eine ethnisch sehr homogene Bevölkerung, also keine Probleme mit der schulischen Integration von Migrantenkindern: Mit Stand vom Juli 2003 hatten von den finnischen Schülern nur 1,2 Prozent Eltern, die beide im Ausland geboren sind. Zum anderen sind die Rahmenbedingungen für finnische Schulen optimal. Die durchschnittliche Klassenfrequenz liegt laut PISA 2003 bei 18,2 Schülern (in Deutschland bei 23,9). Ein herausragendes Merkmal des finnischen Systems ist sodann sein Fördersystem. Schwächere Schüler werden in Spezialkurse aufgenommen (ca. ein Sechstel der Schüler). Nicht vorbildhaft stehen die Finnen allerdings da, wenn es um die Zufriedenheit ihrer Schüler mit Schule geht. Die Weltgesundheitsorganisation WHO (World Health Organisation) hat dazu im Sommer 2004 die Studie *Health Behavior in School-aged Children* (HBSC-Study) veröffentlicht. In 35 Ländern Europas und Nordamerikas wurde unter anderem die Freude der 11- bis 15-jährigen Schüler an der Schule erfragt. Ergebnis: Hier rangiert Finnland auf Platz 35, also dem letzten. Bekannt ist auch, dass Finnland eine der international höchsten Quoten an jugendlichen Arbeitslosen, an Alkoholikern und an Suizidanten hat. Auf die Tatsache, dass Finnland in den Bereichen Physik, Chemie, Medizin bislang einen einzigen Nobelpreisträger (nämlich 1945 in Chemie) hervorgebracht hat, während es in diesen Fächern in Deutschland bislang 79 (Stand 2008) waren, sei ebenfalls hingewiesen.

5. Es wird behauptet, eine verlängerte Grundschulzeit sei sinnvoll.

Was den Zeitpunkt der Differenzierung betrifft, so sagen die Fakten und alle namhaften Studien eindeutig aus: Sechsjährige Grundschule bringt nichts – weder kognitiv noch sozial. Deutsche Länder mit einer längeren gemeinsamen Schulzeit wie Berlin und Brandenburg mit einer sechsjährigen Grundschule gehören zu den innerdeutschen PISA-Verlierern. Der Lernrückstand von Grundschülern in Berlin nach der 6. Klasse gegenüber Schülern, die grundständige weiterführende

Schulen besuchen konnten, beträgt bis zu einem Lernjahr. Prof. Kurt Hellers (1996; Ludwig-Maximilians-Universität München) Fazit lautet: »Eine Verlängerung der vierjährigen Grundschule würde keine erkennbaren Vorteile, wohl aber mit Sicherheit Nachteile für viele Grundschüler mit sich bringen ... Bislang existieren keine Studien, die höhere Trefferquoten nach einer fünf- oder sechsjährigen Grundschulzeit nachweisen konnten. Prof. Peter Roeders (1997; Max-Planck-Institut für Bildungsforschung Berlin) Fazit heißt: »Die Leistungen nach sechsjähriger Grundschule liegen erheblich unter denen von Schülern, die den Wechsel aufs Gymnasium bereits nach der 4. Grundschulklasse vollzogen haben. Für Englisch und Mathematik beträgt der Unterschied etwa eine Standardabweichung.« Das ist mehr als ein Schuljahr. Von ebensolcher Eindeutigkeit ist sodann die Studie mit dem Titel *ELEMENT* von Prof. Rainer Lehmann (Humboldt-Universität Berlin) von 2008. Danach werden Kinder durch eine sechsjährige Grundschule gebremst: Der Rückstand am Ende der 6. Grundschulklasse betrage im Lesen eineinhalb Jahre, in Mathematik und Englisch zwei Jahre – im Vergleich mit Schülern, die nach der 4. Klasse in eine weiterführende Schule gehen könnten. Vor allem leistungsstärkere Schüler würden zu wenig gefördert, so Lehmann. Die ELEMENT-Studie hat im April 2009 allerdings den PISA-Forscher Jürgen Baumert auf den Plan gerufen. Anhand einer Re-Analyse der ELEMENT-Studie behauptet er, Lehmann habe die Ergebnisse seiner Studie falsch interpretiert. Freilich räumt auch Baumert Ende Mai 2009 in einem Interview mit *Spiegel online* ein, dass es keine belastbare Studie gebe, die bestätigen könne, dass ein längeres gemeinsames Lernen sinnvoll sei.

6. Es wird behauptet, die Schulstudien IGLU bzw. PISA hätten bewiesen, dass Deutschland in der Grundschule international vorne stehe (weil Grundschule ja Gesamtschule sei) und mit den weiterführenden Schulformen des gegliederten Schulwesens zurückfalle.

Diese Behauptung ist grundfalsch. Ein PISA-IGLU-Vergleich ist nämlich erst zulässig, wenn man nur diejenigen 27 Länder berücksichtigt, die sich 2006 an PISA *und* an IGLU beteiligt haben. Dann sieht man: Bei PISA liegt Deutschland hier auf Platz 9 und bei IGLU auf Platz 8. Daraus Schlussfolgerungen zu den Vorzügen oder Nachteilen eines weiterführenden Schulwesens zu ziehen ist eine Farce. Außerdem sind die untersuchten Kohorten nicht vergleichbar. Bei PISA wurden Fünfzehnjährige unabhängig von der besuchten Klasse getestet, bei IGLU Viertklässler unabhängig vom Lebensalter. Da deutsche Schüler im internationalen Vergleich deutlich später eingeschult werden, hängen die bei PISA getesteten deutschen Schüler schulisch hinterher, während die bei IGLU getesteten älter sind als ihre Kameraden in anderen Ländern. Wäre bei PISA ebenfalls nach Klassen getestet worden, hätten die Deutschen besser abgeschnitten, und wäre bei IGLU nach Alter getestet worden, hätten die Deutschen schlechter abgeschnitten.

7. Es wird behauptet, Hauptschule sei eine Restschule.

Dagegen ist zu setzen: Es ist menschenverachtend, die Hauptschule zu einer Restschule herunterreden zu wollen. 30, 40 und mehr Prozent Hauptschüleranteil, selbst 20 Prozent sind kein Rest. Die Hauptschule gibt durchaus Anlass zur Sorge, allerdings nicht als Hauptschule, sondern weil sie von der Politik zum Teil heruntergewirtschaftet und von der Öffentlichkeit in eine Schmuddelecke gestellt wurde. Ein Anteil von 20 oder 30 Prozent stellt zudem eine Schülerschaft mit besonderen Förderbedürfnissen dar. Diese Population droht in integrierten Schulformen auf der Strecke zu bleiben. Ihr hilft nur eine möglichst individualisierende Hauptschulpädagogik. Zugleich haben Hauptschüler der beiden großen süddeutschen Länder aufgrund ihres Ansehens und der regional dort günstigen Umstände gute Aussichten auf eine Lehrstelle und auf eine nachfolgende berufliche Beschäftigung. Dass Hauptschule in sehr vielen Einzelfällen fachlich und sozialpädagogisch Hervorragendes leistet, zeigt seit 1999 der Deutsche Hauptschulpreis, der alle zwei Jahre im Beisein des Bundespräsidenten verliehen wird. Laut Forsa-Umfrage vom November 2007 meinen auch nur 16 Prozent der Befragten, die Hauptschule solle aufgelöst werden. 71 Prozent sind der Überzeugung, dass die Politik die Hauptschule mehr unterstützen müsse. Selbst bei Anhängern von SPD, der Grünen und der Linken sind die Unterstützer der Hauptschule in der deutlichen Mehrheit.

8. Es wird behauptet, Deutschland habe im internationalen Vergleich eine viel zu niedrige Abiturienten- und Studierquote.

Das ist falsch. Vielmehr sollte zu denken geben, dass Länder mit höchsten Abiturientenquoten teilweise zugleich die höchsten Quoten arbeitsloser Jugendlicher haben. Man darf außerdem annehmen, dass das, was andere Länder als Abitur oder als Studium deklarieren, bei uns nicht einmal einer Fachschulausbildung entspräche. Die Akademikerquoten sind nun einmal international nicht vergleichbar, in Finnland und in den USA sind auch Krankenschwestern und Kindergartenerzieherinnen Akademikerinnen. In Großbritannien etwa hat eine Friseurin einen Bachelor-Abschluss. Im Übrigen gilt: Bei der Abiturientenquote verhalten sich Quantität und Qualität reziprok. Ein Abitur *light* ist noch lange kein Attest für Studierfähigkeit. Eine »Verhochschulung« unserer Gesellschaft wird der Forderung nach Höherqualifizierung jedenfalls nicht gerecht. Auch in Zukunft werden mindestens zwei Drittel der jungen Menschen über die berufliche Bildung den Einstieg in einen Beruf finden. Diese jungen Menschen dürfen nicht als Außenseiter betrachtet und bildungspolitisch vernachlässigt werden. Interessant ist zudem: Dort wo man in Europa die niedrigsten Abiturientenquoten hat, hat man zugleich die besten Wirtschaftsdaten; nämlich in Österreich, in der Schweiz sowie in Baden-Württemberg und Bayern. Außerdem sollte man berücksichtigen, dass die Steigerung der Quote der Studierberechtigten binnen 40 Jahren von sechs auf über 40 Prozent die deutsche Wirtschaft keineswegs auf das Siebenfache verbessert hat.

9. Es wird behauptet, das Wiederholen einer Jahrgangsstufe sei sinnlos und viel zu teuer. Zudem wird gesagt, die jährlich rund 200 000 »Durchfaller« in Deutschland seien ein Armutszeugnis.

Zu bedenken ist dabei: 200 000 mag eine große Zahl sein, diese Zahl relativiert sich aber erheblich, wenn man berücksichtigt, dass sich ein gutes Drittel davon dem Wiederholen durch einen Wechsel an eine andere Schulform entzieht. Vor allem relativieren sich die 200 000, wenn man sie in Beziehung zur Gesamtschülerschaft in Deutschland setzt. Dann sind es von zwölf Millionen Schülern 1,7 Prozent. Sehr gering ist die Wiederholerquote in den Grund-, Haupt- und Gesamtschulen; ebenfalls sehr gering ist sie bei Mädchen der untersten und der obersten Klassen der Realschulen und Gymnasien. Der statistisch typische »Durchfaller« ist der pubertierende Realschüler und Gymnasiast. Untauglich ist die Durchfallerstatistik auch für die Berechnung von angeblichen Einspareffekten, die man hätte, wenn es kein Sitzenbleiben gäbe. Es mag ja sein, dass der Durchschnittsschüler pro Jahr etwa 4500 Euro kostet, man laut Milchmädchenrechnung also pro Wiederholerjahr eben diesen Betrag einsparen könnte. Aber das stimmt schon bei vielen gymnasialen Sitzenbleibern deshalb nicht, weil sie über kurz oder lang in einem nach Jahren erheblich kürzeren Bildungsgang landen. Viele Durchfaller-»Karrieren« ließen sich durchaus vermeiden, wenn man gewisse Zeichen seitens der Schüler, Eltern und Lehrer richtig zu deuten wüsste. Ansonsten ist ein Sitzenbleiben kein Stigma, man kann es damit – wie Beispiele beweisen – in höchste Ränge der Politik, Wirtschaft und Wissenschaft bringen. Zudem hat das Rheinisch-Westfälische Institut für Wirtschaftsforschung (RWI) 2004 in einer Untersuchung von 2500 ehemaligen Schülern der Geburtsjahrgänge 1961 bis 1973 festgestellt, dass die meisten Schüler von einer Ehrenrunde profitieren.

10. Es wird behauptet, neue Unterrichtsformen seien effektiver als ein vermeintlich antiquierter Frontalunterricht.

Dagegen ist zu setzen: Was einen effektiven Unterricht betrifft, so haben wir maß- und grenzenlose Visionen von angeblichen Vorzügen eines schülerzentrierten und fachübergreifenden Unterrichts. Alle Studien des Max-Planck-Instituts für psychologische Forschung (München) aber widerlegen solche Erwartungen. Vielmehr ist ein besonders effektiver Unterricht durch folgende Merkmale charakterisiert: Der Lehrer stellt hohe Anforderungen und geschickte Fragen, er hält einen streng organisierten Unterricht, er aktiviert möglichst viele Schüler und gibt ihnen klare Rückmeldung, er sorgt dafür, dass es nur wenige Störungen gibt. Franz Weinert (ehemaliger und 2001 verstorbener Direktor des Max-Planck-Instituts für psychologische Forschung) schrieb dazu: »Zum Entsetzen vieler Reformpädagogen erwies sich (…) eine Lehrform als überdurchschnittlich effektiv, die als ›direkte Instruktion‹ bezeichnet wird (…) Direkte Instruktion verbessert die Leistungen fast aller Schüler, erhöht deren Selbstver-

trauen in die eigene Tüchtigkeit und reduziert ihre Leistungs-
ängstlichkeit« (vgl. Josef Kraus, 1998).

Lügen Nummer 11, 12 und 13

Es stimmt nicht, dass Privatschulen in Deutschland bei PISA
besser abschneiden als öffentliche Schulen. Das trifft nur auf
Länder wie England und die USA zu. Es stimmt nicht, dass die
Ganztagsschule zu besseren *PISA*-Ergebnissen führt; dann
hätten Frankreich und England bei PISA ja hervorragend
abschneiden müssen. Es stimmt nicht, dass eine Wiesbadener
Gesamtschule die beste PISA-Schule Deutschlands sei; vielmehr wird dieses Ergebnis von allen deutschen Gymnasien
und von vielen Realschulen übertroffen. An dieser Tatsache
ändert auch der 33 000 Euro teure Film *Auf der Suche nach der
Schule der Zukunft* der Hamburger Schulbehörde nichts, in
dem diese hessische Gesamtschule wahrheitswidrig als deutscher »PISA-Sieger« bezeichnet wird.

Also: Man bleibe bei der Wahrheit, selbst wenn sie noch so
desillusionierend und gewissen Wahlkampfstrategien abträg-
lich sein mag!

5 Der neue Mensch wird gemacht

Der Mensch spielt gerne den Schöpfer seiner selbst. Es scheint dies ein archaischer Wunsch zu sein. Bereits die griechische Mythologie kündet davon: Sehr zur Verärgerung von Zeus formte Prometheus die Menschen aus Ton. Platon hat diesen Mythos aufgegriffen, und nach ihm taten dies die »Stürmer und Dränger« (der junge Goethe, der junge Schiller), die Erfinder des Frankenstein, Karl Marx (»Der Mensch ist der Schöpfer seiner selbst und seiner Welt«), der Materialismus, der Sozialismus, der Behaviorismus usw. Heute tun es die Gentechnologie, die Hirnbiologie und der Gender Mainstream. Eine Präimplantationsmedizin verspricht ein Designer-Kind. Wunschkind, das war gestern, da konnten angehende Eltern allenfalls den Zeitpunkt der Zeugung bzw. der Geburt in etwa bestimmen. Heute offeriert das Internet Tausende an »Genshopping«-Adressen von Samenbänken. Der eugenischen Züchtung des Über-Kindes steht (fast) nichts mehr im Weg.

Der Mensch als programmierbares Gerät, das ist ein uralter Traum. Mitte des 18. Jahrhunderts dann etabliert sich ein französischer Materialismus, der Psychologie und Pädagogik mit seinen mechanistischen Vorstellungen vom Menschen bis zum heutigen Tag nicht mehr losgelassen hat. Maßgeblicher Vertreter dieser Richtung ist Julien de Lamettrie (1709–1751). Er entwirft in seinem Hauptwerk *L'homme machine* (1748) die Sicht einer Mensch-Maschine, deren psychische Vorgänge und geistige Verfassungen angeblich vollkommen von den Umständen abhängen.

Auf den Hund gekommen

Gut hundert Jahre später etabliert sich eine »objektive« Psychologie, die dieses Gedankengut aufgreift. Um 1900 entwickelt Iwan Petrowitch Pawlow (1849–1936) seine Reflexologie, für die er 1904 den Nobelpreis für Physiologie erhält. Im Kern besagt seine Theorie, die auf der Basis von Experimenten mit Hunden entwickelt wurde, dass nicht nur Reflexe, sondern auch bewusste Reaktionen »konditioniert« werden können. Die lateinische Vokabel »conditio« heißt »Bedingung«; »Konditionieren« bedeutet also: bestimmte Voraussetzungen (Konditionen) schaffen, aus denen sich zwangsläufig ein bestimmtes Verhalten ergibt.

Die amerikanischen Behavioristen, allen voran John Watson (1878–1958) und Burrhus F. Skinner (1904–1994), folgen Pawlow. Anhand von Experimenten mit Ratten, Tauben und Katzen meinen sie darlegen zu können, dass alles Verhalten und Erleben abhängige Variable der unabhängigen Variable »Umwelt« sei. Im Land der unbegrenzten Möglichkeiten wurde vor allem folgender Leitspruch Watsons euphorisch aufgenommen: »Gebt mir zehn Babys, ich mache daraus einen Verbrecher, einen Politiker, einen Musiker …« Will sagen: Aus jedem könne durch Konditionierung alles werden, nichts sei angeboren und vererbt. Skinner versteigt sich sogar in literarische Höhen, wenn er 1948 seinen utopischen Roman *Walden Two* veröffentlicht (auf Deutsch: *Futurum zwei*). Darin schildert Skinner, wie das Leben einer durch Konditionierung geformten, konflikt-, aggressions- und frustrationsfreien Gemeinschaft aussehen und wie dies durch eine sozialisierte Erziehung geschehen könne. Der Titel *Walden Two* geht zurück auf das 1854 erschienene Buch *Walden oder Leben in den Wäldern* des amerikanischen Schriftstellers Henry David Thoreau (1817–1862). Darin beschreibt Thoreau, wie er sich in den Wäldern von Massachusetts ein Blockhaus errichtete, zwei Jahre in dieser Einsiedelei lebte und ein Leben in vermeintlicher Unabhängigkeit von der Zivilisation genoss.

Dass solche Ideen das Science-Fiction-Genre beflügeln, ist klar. Und es ist gut so, wenn Aldous Huxley in seinem Roman *Brave New World* (1932; deutsch: *Schöne neue Welt*) die Horrorvision eines »betriebssicheren Systems der Eugenik, darauf berechnet, das Menschenmaterial zu normen«, entwirft (Huxley im Vorwort). In der »schönen neuen Welt« geschieht dies mittels künstlicher Fortpflanzung, mechanischer und chemischer Konditionierung, Suggestionstechniken und Hypnopädie, Indoktrinierung, Befriedigung durch Konsum, Sex und die aphrodisierende Droge Soma sowie mittels Kastensystem (Alpha-Plus-Menschen, Epsilon-Minus-Menschen usw.). Bildung ist nicht gewünscht, da sie den Menschen nachdenklich macht, und »Geschichte ist Mumpitz« (»History is bunk«; ein bekannter Ausspruch Henry Fords).

Solches Gedankengut hat in der Pädagogik trotz der Warnungen Huxleys den naiven Optimismus gezeugt, dass der Mensch von außen her grenzenlos determinierbar sei. Jerome Bruner, ein Zeitgenosse Skinners, später einer der Vertreter der konstruktivistischen Lerntheorie, derzufolge jeder Mensch sich seine eigene Repräsentation von Welt schaffe, behauptet sogar, jedes Kind könne auf jeder Entwicklungsstufe jeder Lehrgegenstand gelehrt werden. Man glaubt, den Nativismus, die Annahme von der genetischen Determiniertheit psychischer und geistiger Dispositionen, niedergerungen zu haben. Mit Pawlows Nachweis der Manipulierbarkeit eines Versuchstiers sind Psychologie und Pädagogik aber im wahrsten Sinn des Wortes »auf den Hund« gekommen. Die Vorstellung von einem Lernen als »materieller« Tatsache kommt freilich dem Marxismus-Leninismus mit seinen Machbarkeitsutopien entgegen.

Schließlich ist die Generation der 68er von solcher Planungseuphorie maßlos beeindruckt. Friedrich H. Tenbruck dagegen konnte mit seinem Bändchen *Zur Kritik der planenden Ver-*

nunft (1972) nichts ausrichten. Tenbruck warnte vor dem Glauben, immer mehr über unser Dasein verfügen und mittels Planwirtschaft Glück herstellen zu können. Vor allem sah er mit Sorge, dass das Bildungssystem in einen Zustand der Dauerplanung gestürzt werde, der Planungswahn vor nichts mehr haltmache, der Mensch quasi ein zweites Mal erschaffen und die soziale Wirklichkeit einem *social enginee-ring* als neuer Heilsreligion unterworfen werden solle.

Ähnlich kritisch setzt sich Joachim Fest in *Der zerstörte Traum* (1991) mit solchen Bestrebungen auseinander. Folgerichtig betrachtet er die Zeit seit dem späten 18. Jahrhundert als eine Epoche, die sich von jeder anderen durch den Glauben unter-schied, »dass der Mensch die Unvollkommenheit seiner Bedin-gungen überwinden und die Welt gleichsam neu erschaffen könne«. Fest weiter: »Im Grunde ist die Vorstellung des lei-denschaftslos agierenden, durch Züchtung und Erziehung abgerichteten Neuen Menschen nur ein anderer Ausdruck des Allmächtigkeitswahns der Epoche«, die sich bis weit hinein ins 20. Jahrhundert fortgesetzt habe und ihren parolenhaften Aus-druck in der Losung der russischen Revolution »Der Mensch wird umgebaut«, später in Blochs »Hohn auf die Realität« sowie in dessen Ausfällen gegen den »Tatsachenfetischismus« und gegen den »platten Empirismus« gefunden habe.

Bleiben wir trotzdem bei den Tatsachen: Dieter Neumann von der Universität Lüneburg mit Forschungsschwerpunkten in den Bereichen Evolutionäre Anthropologie und Idee- und Wissenschaftsgeschichte der Pädagogik sieht all dies sehr nüchtern. Aus seiner Sicht ist die Pädagogik geprägt von einem Mangel an Empirie und wissenschaftlicher Kontrolle; dieses Defizit ersetze sie durch eine spekulative und romantisierende Anthropologie. Aus den Zwillings- und Adoptionsstudien ergibt sich laut Neumann (2008) aber, dass die Umwelten, ein-schließlich des Erziehungsfaktors, bei Weitem nicht den Ein-fluss besitzen, wie ihn eine »optimistische« pädagogische

Anthropologie seit den 1960/70er-Jahren behauptet. Es sei, so Neumann, überhaupt eine interessante wissenschaftssoziologische Frage, wie unter der Dominanz der »Tabula-rasa«- bzw. »White-Paper«-Annahmen des Behaviorismus die Validität der Zwillingsforschung übersehen werden konnte. Rund 50 Prozent des intellektuellen Potenzials seien jedenfalls genetisch determiniert und etwa 30 bis 40 Prozent seien das Resultat von Prägungs- und Erlebnisprozessen in den ersten fünf Lebensjahren. Nur rund 20 Prozent sind damit offen für spätere elterliche und schulische Erziehungseinflüsse sowie für Eindrücke durch *peer groups*, die sogar stärker wirken als Prozesse einer intentionalen Erziehung.

Umso mehr wundert es, wenn die Pädagogik anfällig ist für die Vision, das Kind sei als Produkt möglich. Alles könne – die *Yellow Press* und die Lifestyle-Blätter verkünden es – schließlich perfekt sein: der »perfekte Urlaub«, das »perfekte Wochenende«, die »perfekte Figur«, der »perfekte Chef«, der »perfekte Mitarbeiter«, die »perfekte Ehe« – und eben das »perfekte Kind«. »Nobody is perfect« – das hatten wir bestenfalls noch in den 1960er-Jahren. Perfekt muss es sein, das lässt keinen Zweifel und keine Steigerung zu. Dafür tut man in narzisstischer Projektion alles, und zwar möglichst schon vor der Geburt des Kindes. Peter Sloterdijk hat hierfür den Begriff »Fötagogik« erfunden. In seinen *Regeln für den Menschenpark* (1999) schließt er nicht einmal mehr eine »Anthropotechnologie bis zu einer expliziten Merkmalsplanung« aus. Der Nachwuchs wird damit verdinglicht und zum »Humankapital« (Unwort des Jahres 2004), zur »Humanressource«, zu einer verwert- und verfügbaren Ware, zu einem »Mittel zum Zweck«, zum »Nützling«.

Immerhin hat diese pädagogische Hybris schon so manche Auswüchse gezeitigt. Und so prasseln auf verunsicherte und überehrgeizige Eltern Ratschläge in einer Art und Weise herunter, wie dies bei Arzneimittel-Empfehlungen nie und nimmer zulässig wäre: *Little-giants*-Kindergärten mit integrierten

Science-Labs; *Babytuning*; *FasTracKids*; Englisch für Säuglinge; *Early Learning Centers* für 1000 Euro pro Monat; Luxuskitas; Portfolios und Potenzialanalysen bereits bei Dreijährigen; Checklisten, was ein Kind bis zur Einschulung alles abgehakt haben muss; Berufsorientierung im Kindergarten – ja und dann die Turboschule (*Treibhäuser der Zukunft – Wie in Deutschland Schulen gelingen* heißt ein 2006 vom Bundesministerium für Bildung und Forschung zu Tausenden verteilter Film), auf dass das Kind doch so früh wie möglich fit für den globalen Wettbewerb gemacht werde. Das simple Grundschulenglisch ist einem solchen Beschleunigungswahn entsprungen. Weil man sich in der Schulpädagogik nie irren kann und noch alle Modellversuche zum Erfolg verurteilt waren, will man von diesem frühen Englisch-Immersions-Bad nicht lassen, da mögen noch so seriöse Wissenschaftler belegen, dass »der Effekt des Grundschulenglisch gleich null ist« (Wolfgang Klein, Direktor des Max-Planck-Instituts für Psycholinguistik im niederländischen Nijmegen).

Der Münchner Erziehungswissenschaftler Helmut Zöpfl bringt diesen Wahn auf den Punkt: »Wir wissen nicht mehr, wohin wir wollen, dafür versuchen wir immer früher anzukommen« (Helmut Zöpfl, 2008). Politik ist die Kunst des Möglichen, Pädagogik scheint zur Kunst geworden zu sein, Unmögliches zu erwirken. Trotzdem gilt: »Die Absicht, dass der Mensch glücklich sei, ist im Plan der Schöpfung nicht enthalten.« Sigmund Freud hat dies 1930 in seiner Schrift *Das Unbehagen in der Kultur* festgestellt. Man muss leider ergänzen: In sozialistischen Pamphleten bleibt diese Absicht weiter vorgesehen. Längst vergessen scheint Karl Poppers Warnung von 1971. Damals hatte er in einem ARD-Streitgespräch mit Herbert Marcuse gewarnt: »Von allen politischen Ideen ist der Wunsch, die Menschen vollkommen und glücklich zu machen, vielleicht am gefährlichsten. Der Versuch, den Himmel auf Erden zu verwirklichen, produzierte stets die Hölle.« Er hätte auch Nietzsche zitieren können: »Die schrecklichsten Leiden sind aus dem Gerechtigkeitstrieb ohne Urteilskraft über die Menschen gekommen.«

Alles »neuro« oder was?

Seit der Jahrtausendwende 2000 denken viele beim Stichwort Lernen nicht mehr nur an Pawlow und Skinner, sondern immer häufiger an Neurobiologie. Manche meinen gar, die Hirnforschung sei zur »neuen Leitwissenschaft« jeglicher Bildungsforschung geworden. Mit Hilfe der Neurobiologie will man rezeptologisch Lernprobleme beseitigen und das Lernen bei allen Zöglingen hocheffizient machen können. Weil bald angeblich die letzten Rätsel des menschlichen Gehirns gelüftet seien, sind eine wahre Neuro-Folklore und eine Synapsenpflege-Hysterie ausgebrochen. Früher löste das Präfix »öko« Begeisterung und Kauflaune aus, heute ist es die Vorsilbe »neuro«. Worterfinder haben daraus bereits eine »Neuropädagogik« und eine »Neurodidaktik« gezimmert. Eine »Neuro-Orthografie« wird nicht lange auf sich warten lassen. Vieles aber, was Hirnforscher in Vorträgen vor dürstendem Publikum und in hoher Buchauflage unter die Leute bringen, ist trivial. Oder es sind Allerweltsweisheiten, zum Beispiel dass Frühförderung sinnvoll ist; dass Lernen umso effektiver ist, je mehr der Lernende über mehrere Lernwege aktiviert ist; dass intelligente Schüler beim Denken weniger Energie verbrauchen als »dumme«.

Vermessen geben sich so manche Apostel einer Neuropädagogik trotzdem. Besonders häufiger Zitation erfreut sich ihre These, dass durch das bestehende deutsche Schulsystem die linke, rationale Hirnhälfte permanent überfordert und die rechte Hirnhälfte mit ihren kreativen Potenzialen unterfordert werde. Dieser Hemisphären-Hokuspokus ist allerdings in nichts bewiesen. Ebenso wenig wie der in gewissen Sektenkreisen beliebte Mythos, dass der normale Mensch nur einen Bruchteil seiner Hirnkapazitäten nutze. All dies ist bodenloser Quatsch, denn MRI- und PET-Untersuchungen sowie biochemische Verfahren zeigen, dass es inaktive Bereiche im Gehirn nicht gibt. Schier ins Verfassungspolitische schwingen sich andere Adepten der Hirnforschung auf. Letztere habe angeblich bewiesen, dass die Hirnareale für die Moralentwicklung erst in der Oberstufe ausreiften, der Grundgesetzartikel, demzufolge Religion ein ordentliches Lehrfach sei, also gehirnwidrig sei. Das Buchkapitel passt dazu: »Vom Frontalhirn zur Grundgesetzänderung«.

Die Hirnforschung selbst nährt ihre eigene Überschätzung. So meinen manche ihrer Exponenten, eines Tages erklären zu können, was das Bewusstsein ausmacht. Hier sind allerdings Zweifel angebracht. Vergessen wir nicht: Individualität und individuelle Lernbiografie sind schon rein rechnerisch nicht mess- und machbar. Denn ein einzelnes konkretes Individuum hat rund 120 Milliarden Nervenzellen, jede von diesen Nervenzellen interagiert mit bis zu 15000 anderen Nervenzellen. Die Gesamtzahl der Verbindungen liegt bei rund 1 000 000 000 000 000 (1 Billiarde; eine 1 mit 15 Nullen). Insgesamt übertrifft diese Zahl die Anzahl der Atome im gesamten Universum. Dazu kommt: Das Gehirn lernt täglich und stündlich hinzu und verändert sich damit wiederum sehr individuell.

Kaum weniger bescheiden scheint die Neurobiologie zu sein, wenn es um die Frage geht, ob der Mensch über einen freien Willen verfüge. Manche Hirnforscher sagen nein. Für sie folgt der Wille den neuronalen Vorgängen im Gehirn. Der freie Wille gilt ihnen als leerer Wahn. Das Erlebnis des Willenaktes trete auf, nachdem Gehirnmechanismen bereits angeordnet hätten, was zu tun sei. Wir würden sehr viel aus Motiven tun, so Hirnforscher, die uns nicht bewusst seien. Deshalb erfänden wir nachträglich Motive für etwas, was wir getan hätten.

Weil der Mensch aber über Billionen an Nervenverbindungen verfügt, ist er nicht unfrei, sondern frei. Hüten wir uns also vor einem Reduktionismus – nämlich dem Reduktionismus, der Gehirnfunktionen auf Physik und Chemie reduzieren will. Denn es wird zum Beispiel hirnorganisch nie zu erklären sein, was die Neunte von Beethoven oder ein Gemälde von Caspar David Friedrich zu einem besonderen Erlebnis macht.

Zurück zu den Tatsachen: Die blanke Beschreibung einfachster Lernvorgänge, wie sie die Neurobiologie unter Einsatz hochkomplizierter Technik liefert, hilft zwar, dieses oder jenes pädagogisch besser zu verstehen, konkrete Lernrezepte lassen sich daraus aber nicht ableiten. Begriffe wie Neuropädagogik und Neurodidaktik sind eher Marketingbegriffe denn echte neue Lernkonzepte.

Der Glaube aber gerade der Bildungspolitik, mit Hilfe der Hirnforschung ein Bildungssystem zu ungeahnten Höhen führen zu können, ist Aber- und Wunderglaube zugleich. Die Lernforscherin Elsbeth Stern hat diesen Versuch mit dem Plan verglichen, mittels einer neurophysiologischen Beschreibung von Hunger die Unterernährung in der Welt zu bekämpfen.

Einen neuropädagogisch konstruierten Nürnberger Trichter nach dem Vorbild des Poetischen Nürnberger Trichters der Barockliteratur wird es – gottlob – nicht geben. In den allermeisten Fällen ist das, was die Neurobiologie liefert, nicht mehr und nicht weniger als die Bestätigung von Erfahrungen von Millionen Pädagogen, die diese ohne Elektroencephalografie (EEG), funktionelle Magnetresonanztomografie (fMRT), Magnetic Resonance Imaging (MRI) oder Positronen-Emissions-Tomografie (PET) gewonnen hatten.

Wir sollten trotzdem nicht übersehen, dass Lernen primär immer schon mit dem Hirn und sekundär mit »Sitzfleisch« zu tun hatte. Wir sollten ganz bescheiden zur Kenntnis nehmen, dass das Gehirn des *homo sapiens* sich seit dessen erstem Auftreten am Ende der Altsteinzeit nicht wesentlich verändert hat. Das heißt: Würden wir ein Kind der späten Altsteinzeit unmittelbar nach seiner Geburt in eine durchschnittlich bildungsnahe Familie des eben begonnenen dritten Jahrtausends nach Christus aufnehmen, so wären seine Chancen, Abitur und Diplom bzw. Bachelor und Master zu machen, nicht schlechter als die Chancen eines x-beliebigen Kindes des 21. Jahrhunderts.

Drastisch verändert freilich hat sich in den vergangenen 4000 Jahren das zur Verfügung stehende Wissen und Können. Von jungen Leuten erwartet man heute in den ersten eineinhalb Jahrzehnten ihrer Vita intellektuelle Schübe, die sich in der Menschheits- und Kulturgeschichte unter Beteiligung großer Denker, Dichter, Künstler, Tüftler, Erfinder, Entdecker und Forscher über Jahrtausende hinweg vollzogen.

Es war von der Phylogenese des menschlichen Gehirns die Rede. Pädagogisch interessanter ist es zu wissen, wie die Ontogenese des Gehirns, also dessen Individualentwicklung, aussieht. Beim Neugeborenen sind die Nervenzellen wie ein gleichmäßiges, dichtes Netz verbunden, das Impulse in alle möglichen Richtungen weiterleitet. Bis zum zweiten Lebensjahr nimmt die Zahl dieser Verbindungen zu. Vor allem durch wiederholtes Wahrnehmen und Lernen, das heißt durch die Häufung von neuronalen Impulsen in bestimmten Bahnen, bilden und verstärken sich Synapsen. Weniger genutzte Verbindungen dagegen verkümmern. Dieser Verlust an Synapsen ist sogar wichtig und Voraussetzung für die Fähigkeit, wichtige und unwichtige Reize voneinander unterscheiden zu können.

Die Entwicklung des Gehirns erinnert bereits in der frühen Entwicklung an Auslese à la Darwin. Kontakte zwischen den Neuronen sind im Überschuss angelegt; solche, die angeregt werden, bleiben, die anderen verschwinden. Anders ausgedrückt: Das Gehirn braucht für seine Ausdifferenzierung Informationen und Sinneseindrücke. Grundsätzlich gilt: Je vielfältiger die Anregungen, desto komplexere neuronale Strukturen bilden sich. Dabei sind die Plastizität und die Vulnerabilität der neuronalen Architekturen zu Beginn der kritischen Phasen am höchsten und nehmen dann mit der Zeit kontinuierlich ab. Jede Wahrnehmung veranlasst das Gehirn zugleich, das Gedächtnis nach Informationen zu durchsuchen, die zur aktuellen Wahrnehmung passen. Laufen Signale immer wieder mit demselben Muster ein, dann senkt die empfangende Zelle ihre Empfindlichkeit und damit Empfänglichkeit.

Der Begriff des »Zeitfensters« spielt hier eine Rolle, auch wenn manche die Fenster-Theorie nicht ganz zu Unrecht für einen Mythos halten. »Zeitfenster« besagt, dass es für bestimmte Lernprozesse bestimmte Zeiträume gibt, in denen Lernen stattfindet bzw. stattfinden muss und außerhalb derer ein Lernen weniger leicht vonstatten geht.

Unersättlich sucht das Kinderhirn jedenfalls nach Neuem. Ein Dreijähriger graviert täglich bis zu 30 neue Wörter in sein Nervengeflecht ein. Es ist allerdings nutzlos und womöglich sogar schädlich, Kindern Lernreize anzubieten, die sie nicht adäquat verarbeiten können, zum Beispiel weil die entsprechenden neuronalen Fenster nicht offen sind. Es sollte demnach ausreichen, wenn Eltern und Erzieher darauf achten, wofür sich das Kind jeweils interessiert. Kinder sind in der Regel genügend neugierig, um sich das zu holen, was sie brauchen. Entscheidend ist aber nicht, was Eltern wollen, sondern was das Kind will und braucht. Dabei ist alles ganz einfach, wenn auch vielleicht nicht so einfach, wie es der US-amerikanische Neurobiologe Steve Petersen darstellte: »Ziehen Sie Ihr Kind nicht in einem Schrank auf, lassen Sie es nicht verhungern, und schlagen Sie es nicht mit der Bratpfanne auf den Kopf.«

Wenig hilfreich aber dürfte es sein, die Kleinen mit Überangeboten zuzuschütten: Mozart im Mutterleib, im ersten Lebensjahr dann Malerei aller Epochen, Lernpuzzles, vielleicht sogar Gedankenlyrik oder Philosophie vorlesen? Das kann es nicht sein. Im dümmsten Fall stört auch ein Herumzappen durch alle Fernsehkanäle diesen Prozess. Eine filmische Berieselung etwa, die ständig ablenkende Reize anbietet, kann den Aufbau synaptischer Verbindungen hemmen; sie provoziert eine Art neuronale Verdrängung.

Das Gehirn will gefordert sein – und das gelingt am besten, wenn man an das anknüpft, was es schon weiß. Das bereits vorhandene Wissen stellt quasi ein Netzwerk für Neues dar. Wenn man also eine solide Erfahrungs- und Wissensbasis hat, dann ist das die Grundlage für deren Erweiterung und Aktualisierung. Je mehr man weiß, desto leichter eignet man sich Neues an. Und vor allem: Das Lernen wird immer klug geplant sein müssen und nur unter Zufuhr von Energie (sprich: Zeit und Anstrengung) erfolgen können.

Wer dem Menschen solches ersparen möchte, der müsste in ihn hineinmanipulieren. So ganz weit weg sind wir nicht mehr davon. Erst Ende 2008 haben Autoren des Fachblatts *Nature* die Freigabe von *cognitive-enhancing drugs* gefordert. Das sind Mittel, die das Erinnerungsvermögen und die Vigilanz fördern. Als *cognitive enhancers* sind folgende Medikamente jetzt schon bei Gesunden (!) auch im Kindesalter in Gebrauch: Ritalin – eigentlich ein Medikament gegen das Aufmerksamkeits-Defizit-Syndrom (ADS); Donepezil – eigentlich ein Medikament gegen den Morbus Alzheimer; Provogil – eigentlich ein Medikament gegen Narkolepsie. Die Umsätze der Hersteller sind weitaus größer, als es aufgrund gezielter Medikation gerechtfertigt wäre. Damit verbreitet sich hier etwas wie bei den massenhaften sogenannten Schönheitsoperationen: Man greift in einen gesunden Körper ein, weil man einen Turbo-Menschen schaffen möchte. Auf dem Reißbrett war er immer schon da, jetzt gibt es dafür mehr und mehr die technischen Möglichkeiten der Umsetzung. Bertolt Brechts *Dreigroschenoper* wäre also zumindest in einer Passage neu zu fassen, wo er nämlich deklamiert: »Ja mach nur einen Plan / Sei nur ein großes Licht / Und mach dann noch 'nen zweiten Plan / Gehen tun sie beide nicht.« Da war Brecht ziemlich ahnungslos. Pläne »gehen« immer häufiger.

6 Gendergerechte Bildung

Früher hieß GM General Motors. Heute heißt GM »Gender Mainstream«. Ja – es »gendert« gewaltig in den USA, in England und in diesem unserem Lande. Seit seiner 24. Auflage von 2006 kommt Gender Mainstream sogar im *Duden* vor. Außer den Mainstreamern weiß zwar keiner so recht, was mit GM gemeint ist, aber ohne »gender« geht nichts mehr. Die Beispiele sind Legion: Anfang 2009 finden sich im Internet unter dem Suchbegriff »gender« über 200 Millionen Treffer. Gender ohne Ende! Eine kleine Auswahl an verbalen Verrenkungen: Gender Identity, Queering gender, Trans-gender, Cross-gender, Gender awareness, Gender gap, Gender budget, Gender-Kompetenz, Doing Gender, Undoing Gender, Gender-Genuin-Education, gender-branding, Gender-Boom, Gender Studies, de-gendering, Managing gender and diversity, Gendertraining, GenderKompetenzZentrum (GKZ), Gender-Budgeting.

Wer meint, all dies könne er als durchsichtige Rache von ein paar militanten FeministInnen abtun, der täuscht sich gewaltig. Die Schaffung eines neuen GM-Menschen ist jetzt regierungsamtliche Politik. Offenbar soll via GM ein neuer Gipfel des Egalisierungs- und des Machbarkeitswahns erklommen und ein »rosa Sozialismus« geschaffen werden. Seit der Weltfrauenkonferenz von 1995 in Peking ist GM-Arbeit jedenfalls Teil der Arbeit der UNO und seit dem Amsterdamer Vertrag von 1999 Teil der Arbeit der EU und damit verpflichtende Aufgabe der EU-Mitgliedsstaaten. Dabei heißt es in der EU sogar ausdrücklich: »Ungleichbehandlung und Fördermaßnahmen (positive Aktionen) könnten sich daher als notwendig erweisen, um die Diskriminierungen der Vergangenheit und Gegenwart auszugleichen.« Zudem dürfen zukünftig laut EU-Parlament kochende und waschende Mütter nicht mehr zu Werbezwecken gezeigt werden.

Die Bundesregierung kann da nicht zurückstehen. Rund sieben Millionen Euro hat sie bis 2008 »vergendert«. Das Ressort für Familie, Senioren, Frauen und Jugend ist dabei das federführende, es fördert zum Beispiel seit 2003 ein »GenderKompetenzZentrum«, das ist ein »anwendungsorientiertes Forschungsinstitut« an der Humboldt-Universität zu Berlin. Grundsätzliches Anliegen ist es, »die gleichstellungspolitischen Kompetenzen und Chancen der verschiedenen Fachressorts genauer herauszuarbeiten und damit den fachlichen Mehrwert einer übergreifend querschnittlich ausgerichteten gleichstellungsorientierten Arbeitsweise zu verdeutlichen«. Was in der Folge an Erkenntnissen verbreitet wird, musste jedenfalls endlich mal gesagt werden. Zum Beispiel: »Frauen und Männer haben unterschiedliche Fortpflanzungsorgane.« Solche Erkenntnisse lässt das Bundesfamilienministerium via Internet verbreiten. Das Bundesverwaltungsamt hat ein 30-seitiges Merkblatt über die »sprachliche Gleichbehandlung von Frauen und Männern« verfasst, es lässt aber Ausnahmen zu. »Sprayer und Scratcher« zum Beispiel wird als genderpolitisch korrekt angesehen, denn dies sei »ein berechtigter ausschließlich männlicher Begriff«, da hier Frauen und Mädchen »nach Datenlage eine deutliche Minderheit« sind. Und auf das Projekt »Gender Mainstreaming im Nationalpark Eifel – Entwicklung von Umsetzungsinstrumenten« hat die Welt auch schon sehnsüchtig gewartet. Immerhin 27 000 Euro hat man dort ausgegeben, um so wichtige Erkenntnisse zu gewinnen wie die, dass die Bilder von der Hirschbrunft möglichst aus Werbebroschüren zu streichen seien, denn so etwas fördere stereotype Geschlechterrollen. Oder Beispiele aus Österreich: Das Bildungsministerium hat sogenannte Gender-Mainstreaming-Clusterschulen und an Pädagogischen Instituten Gender-Mainstreaming-Beauftragte eingerichtet. Eine Fachtagung des Wiener Stadt-schulrats zu dem Thema »Schulqualität & Gender Mainstrea-ming« vom März 2003 wollte »Leitplanken (sic!) für die Zukunft« entwerfen. Ob die Veranstalter damit dokumentieren wollten, dass sie ins Schlendern geraten sind?

Ziele und Sprache des GM

Aber gehen wir ins Grundsätzliche: Gender ist das soziale Geschlecht im Gegensatz zum biologischen Geschlecht (Sex). Während letzteres genetisch angelegt bzw. allenfalls chi-rurgisch bzw. künstlich-hormonell veränderbar sei, müsse man/frau sich Gender als soziales Produkt vorstellen. In der Sprache des Konstruktivismus bzw. des Dekonstruktivismus ist Gender eine Konvention, ein Konstrukt, das aufgebaut oder eben gesprengt werden kann. Ja, mehr noch: Nach der GM-Theorie gibt es keinen kausalen Zusammenhang von biologischem und sozialem Geschlecht. Frauen und Männer sind nichts anderes als überholte soziale Konstrukte. Die Heterosexualität, so die Genderisten, sei ohnehin ein Repres-sionssystem.

Auf jeden Fall hat mit GM ein Kreuzzug gegen traditionelle Geschlechterrollen begonnen. Qua Sozialisation, Erziehung und Bildung soll ab sofort eine politisch korrekte Ge-schlechtsumwandlung stattfinden. Das Frauenbild des GM ist dabei maßgeblich geprägt von Simone de Beauvoir und ihrem feministischen Klassiker *Das andere Geschlecht* (1949, deutsch 1951). Dort beklagt sich de Beauvoir einerseits darü-ber, dass die Frau Opfer ihrer biologischen Funktion sei. Andererseits erklärt sie: »Man kommt nicht als Frau zur Welt, man wird es.« Das Männerbild des GM und des Radikal-feminismus freilich scheint von einer höchst biologistischen

Betrachtungsweise beeinflusst: Männer hätten einfach ein falsches Chromosom, das für die Produktion von Testosteron verantwortlich sei. Testosteron aber bedeute Gewalt, Östrogen dagegen Friedlichkeit. (Siehe dazu auch die Titelgeschichte des *Spiegels* 2/2008: »Junge Männer: Die gefährlichste Spezies der Welt.«)

Wenn das soziale Geschlecht nun denn ein soziales Konstrukt ist, dann, so der GM, könne es mittels Sprachregelung dekonstruiert werden. Hier tobt sich der GM besonders heftig aus. Auf Teufel komm raus wird die Sprache feminisiert. Maskulina und sogar Neutra werden – ob es semantisch und grammatisch korrekt ist oder nicht – durch Feminina ergänzt oder völlig ersetzt. Selbst hierbei muss teilweise eine biologistische Erklärung herhalten. Der Mann sei ja das sekundäre Geschlecht, eine Abweichung des weiblichen Bauplans; er verdiene daher eine sprachliche Benachteiligung. Besonders beliebt ist die feministische Linguistik mit ihrem erigierten Binnen(Majuskel)-I. Von VerbrecherInnen, MörderInnen oder TerroristInnen ist zwar eher selten die Rede. Aber SchülerInnen, LehrerInnen, StudentInnen, ProfessorInnen, BürgerInnen, WählerInnen gibt es zu Millionen. Das Argument, dass das große I nicht aussprechbar ist, wird vom Tisch gewischt. »frau« schlägt vor, bei der Aussprache von »BürgerInnen« vor dem Binnen-I einen Glottisschlag (eine Art Zungenschnalzer) einzulegen.

Welcher Irrsinn mit der feministischen Linguistik herauskommen kann, zeigen folgende Beispiele: Der Satz »Mädchen sind die besseren SchülerInnen« ist Schwachsinn. Die Steigerung dieses »nicht-sexistischen« Sprachirrsinns ist die/der vorgeschlagene »ArztIn«/»ÄrztIn«, das angeblich geschlechtsneutrale »jedeR SchülerIn« und »das Lehrer«, »das Schüler«, »das Professor«.

Dass »man« und »Jedermann« zu »frau« und »Jedefrau« werden, dass aus Lehrern beiderlei Geschlechts Lehrkräfte, aus

Studenten beiderlei Geschlechts Studierende, aus Sängern beiderlei Geschlechts Singende werden, daran wird ebenfalls fleißig gearbeitet. Auf der nach unten offenen Richterskala aber rangieren als vorläufiger semantischer und grammatischer Tiefpunkt die MitgliederInnen. Aus einem grammatischen Neutrum wird hier ein Femininum gemacht, während (siehe oben) aus dem grammatischen Maskulinum »der Lehrer« ein grammatisches Neutrum (»das Lehrer«) gemacht wurde. Da fehlen nur noch die MenschInnen, EngelInnen, ZaunkönigInnen, VögelInnen, die HündInnen-Steuer …

Schillers bzw. Beethovens »Alle Menschen werden Brüder« wird eines Tages »MenschenInnen werden Schwestern« heißen. Damit der Rhythmus stimmt, wird frau Beethovens Neunte neu komponieren. »Gottlob« wird frau eines Tages nicht mehr sagen dürfen. Dafür »göttinlob« (oder »gottinlob«) oder so ähnlich. Die Vorstufe dazu ist die Bibel in gerechter Sprache. Es will dies eine Bibel sein, die unter anderem für Frauenaugen leichter lesbar sein solle – mit Hirtinnen und Hirten, Zöllnerinnen und Zöllnern, Apostelinnen und Aposteln (bzw. kaum noch lesbar: ApostelInnen). »Gott« ist tot, denn jetzt heißt er mal der Ewige, mal die Ewige, mal die Lebendige, mal der Lebendige, mal die Eine, mal der Eine. Sogar das wunderbare Wort »Herr« ist dahin. Und »Herrin« geht ja auch nicht, das wäre ja nur ein suffixgeneriertes Anhängsel des Herrn. Mit dem »Vater unser« ist ebenfalls Schluss, jetzt betet man: »Du bist uns Vater und Mutter im Himmel …« Und damit ja alle Lebensgemeinschaftsabschnittsformen erfasst werden und die nichtehelichen Gemeinschaften keine Diskriminierung erfahren, heißt das sechste Gebot demnächst nicht mehr »Du sollst nicht ehebrechen«, sondern »Verletze keine Lebenspartnerschaft«. Die Engländer sind uns da bereits weit voraus. In manchen Kommunen gibt es dort einen Leitfaden für Lehrer: Man darf nicht mehr von »Mum and Dad« sprechen. Es könnte ja schließlich

Kinder geben, die statt »Mum and Dad« eben »Dad and Dad« oder »Mum and Mum« als Bezugspersonen kennen. Ein englischer Uni-Kindergarten will ebenfalls Eltern, Mütter und Väter nicht mehr erwähnt haben, um nicht gleichgeschlechtlich orientierte Erziehende von Adoptierten zu diskriminieren.

GM-Pädagogik

Bei so viel Sprachregelung kann die Pädagogik nicht abseitsstehen. Gender-sensible Erziehung und Bildung sowie Gendertraining sind jetzt angesagt. Vor allem geht es um Umerziehung qua *Undoing Gender*. Heranwachsende sollen endlich die Möglichkeit erhalten, die starren Vorstellungen von dem, was die Geschlechter ausmacht bzw. unterscheidet, zu sprengen. Manche nennen das »queere« Bildung. Jetzt nämlich geht es darum, zum Beispiel aus einem sensiblen Jungen ein knallhartes Mädchen zu machen. Wenigstens einmal im Leben soll sich ein Junge bzw. ein Mädchen wünschen, anders zu sein. Falls sie nicht wollen und bereits (hetero-)sexistisch geprägt sind, kann man nachhelfen. An der TU Berlin sind wir längst so weit. Dort schlossen sich 1989 Pädagogen aus einer Männergruppe zusammen und gründeten »Dissens«, einen Verein für eine »aktive Patriarchatskritik«. Hauptanliegen war es, Jungs früh zu Kritikern des eigenen Geschlechts zu erziehen. Von Dissens-Mitarbeitern geleitete Rollenspiele für Jungen gehören dazu. Da kann gegenüber einem besonders selbstbewussten Jungen schon einmal die Bemerkung fallen, dass er eine Scheide habe und nur so tue, als sei er ein Junge (*Spiegel online* vom 30.12.2006). Das heißt dann »nicht-identitäre Jungenarbeit«, in Österreich »nicht-identitäre Burschenarbeit«. Gerne bietet man Jungen Nagellack und Prinzessinnenkleider an. Der neue Mann wird gemacht – ein androgyner Softie. Das Gendertraining für Mädchen ist viel einfacher, es besteht vor allem darin, dass sich zukünftige »Alpha-Girls« eben nicht »weiblich« verhalten, zum Beispiel im Stehen pinkeln und Motorsägenkurse besuchen.

Die Koedukation wird zum Auslaufmodell erklärt. In der Diktion der feministischen Linguistik (siehe *Emma* 1989) ist Koedukation »K.O.Education«. Harte Fakten können da nur stören. Zum Beispiel, dass die Mädchen unter Gymnasiasten bereits 54 Prozent, unter Hauptschülern 44 Prozent und unter Sonderschülern 36 Prozent ausmachen; dass Mädchen mit einem Anteil von 6,5 Prozent ohne Schulabschluss, Jungen mit 10,4 Prozent ohne einen solchen bleiben; dass unter Mädchen 2,3 Prozent, unter Jungen 3,2 Prozent durchfallen; dass Mädchen signifikant bessere Abiturzeugnisse als Jungen haben, und zwar durch die Bank im Schnitt um 15 bis 20 Hundertstel; dass Mädchen bzw. junge Frauen ihr Studium in weniger Semestern und zudem mit mehr Auslandsaufenthalten und Praktika machen.

Trotzdem wird »frau« nicht müde, das Ende der »Zwangsheterosexualität« anzusagen. Die Notwendigkeit solcher De-Konstruktion ist natürlich wissenschaftlich nachgewiesen. So gibt es mittlerweile Dissertationen mit dem Titel *Doing Gender im Chemieunterricht.* Im Jahr 2002 erschien ein Buch mit dem Titel *Undoing Gender in der Schule: Eine empirische Studie über Koedukation und Geschlechtsidentität im Physikunterricht.* Darin wird tatsächlich die Annahme geprüft, dass in monoedukativen Lerngruppen »geschlechtsbezogenes Selbstwissen weniger salient« ist als in koedukativen Gruppen. Im Januar 2009 kam das Buch *Wissen und Geschlecht: Zur Problematik der Reifizierung der Zweigeschlechtlichkeit in der feministischen Schulkritik* in die Kataloge. Die Zusammenfassung dieses Buches liest sich wie folgt: »Wie kann man den Erfahrungen nachgehen, die in der Schule mit den Praktiken der Zweigeschlechtlichkeit gemacht werden, ohne dieses binäre Einordnungsschema unkritisch zu reproduzieren? Die Forderung nach einem bewussten Umgang mit Geschlecht in der Schule führt in ein Dilemma. Diese Studie wirft die Frage auf, inwieweit in der feministischen Schulkritik ein Verständnis von Erfahrung dominiert, das von der Idee der Präsenz aus gedacht wird. In eingehender Auseinandersetzung mit feministischen, psychoanalytischen und dekonstruktiven Ansätzen skizziert sie, wie sich diese Problematik verschiebt, wenn man Geschlecht als ein Dasein begreift, das die Struktur der Präsenz notwendigerweise übersteigt.«

Noch Fragen? Falls ja, gehe man/frau auf ein Lehrerfortbildungsseminar, das sich so ankündigt: »Mit dem Seminar wird eine erste Einführung in die Gleichstellungsarbeit gegeben. Eine Bedarfsanalyse soll zu einem Austausch für eine weitere Planung und Entwicklung von Konzepten für die Lösung einzelner Problemfelder führen. Dafür werden modellhaft grundlegende Strategien mit versierten Coaches erarbeitet und erprobt sowie erste effektive Handlungs- und Kommunikationsweisen entwickelt (…) Der Lehrgang wird zu einem Teil als Führungsfortbildung im Rahmen des Gesamtkonzepts zur Qualifikation von Führungskräften anerkannt.«

Glücklicher Friedrich Nietzsche! Dein Glück ist, dass du solche Umerziehung nicht erleben musstest! Bedenklich aber, dass du einen bitterbösen Spruch hinterlassen hast: »Des Mannes ist hier wenig, darum vermännlichen die Weiber.« Heute dürftest du solches nicht mehr schreiben.

7 Die Ideologie des Nichtwissens

Schulpolitik zum Ende des 20. und zu Beginn des 21. Jahrhunderts ist maßgeblich geprägt von zwei Schlagworten – von »Beschleunigung« und von »Entrümpelung«. Beides hat miteinander zu tun: Damit die jungen Leute in kürzerer Zeit aus der Schule und schneller auf den Arbeitsmarkt kommen (siehe achtjähriges Gymnasium G8), sollen – so der schulpolitisch korrekte *mainstream* – die Lehrpläne »entrümpelt« werden. Manche Eltern hören das gern. Schließlich, so wird argumentiert, seien entrümpelte Lehrpläne kinderfreundlicher. Am Ende gab es im Jahr 2008 sogar gymnasiale Elternvertreter, die mit entrüsteter Miene die Frage stellten: Muss denn heute am Gymnasium noch Goethe und Shakespeare sein?

Die hohe Politik springt gerne auf solche Suggestionen auf. Insofern ist die aktuelle Entrümpelungs- und Erleichterungspädagogik der hohen Politik durchaus populistisch. Aber langsam! Die Lehrpläne sind über Jahrzehnte hinweg in mehreren deutschen Ländern bereits längst erheblich verschlankt, wenn nicht schier zu Leerplänen degradiert worden. Die Folgen eines solchen Nihilismus sind eigentlich unübersehbar. Betroffen ist sogar der curricular vorgegebene, aktive muttersprachige Wortschatz der Grundschulen, der binnen zwei Jahrzehnten von 1100 auf 700 Wörter reduziert wurde. Um ebenfalls rund ein Drittel wurde zur Implementierung des achtjährigen Gymnasiums (G8) der fremdsprachige gymnasiale Wortschatz so mancher Jahrgangsstufen gekürzt – und das in Zeiten fortschreitender Globalisierung.

Jetzt ist vor allem exemplarisches Wissen angesagt. Das klingt schön und gut, aber es klingt zugleich nach Häppchen-Bildung und nach inhaltlicher Beliebigkeit. Strukturen und Zusammenhänge (etwa historische) werden (das ist auch so ein bildungspolitischer Modernismus) auf »Module« zusammengeschrumpft. Nein, so geht das nicht, das ist verordnetes Vergessen. Leider aber wird Letzteres praktiziert. Zum Beispiel gibt es in den Lehrplänen der neuen gymnasialen Oberstufe in Bayern keine Weltkriege mehr.

Freilich irrt sich, wer meint, solche »Entrümpelungen« seien Ergebnisse der jüngsten Zeit. Nein, der Kahlschlag wurde schon vor drei Jahrzehnten eingeleitet. Gerade im Deutschunterricht hat eine Furie des Verschwindens gewirkt. Helmut Fuhrmann benennt das in seinem 1993 erschienenen Buch *Die Furie des Verschwindens – Literaturunterricht und Literaturtradition* so drastisch. Unter anderem schreibt Fuhrmann: »Alles spricht vom Waldsterben und vom Ozonloch; es wird Zeit, dass man auch vom Klassikersterben und vom Traditionsloch zu sprechen beginnt.«

Die »Entrümpelungen« begannen mit der 68er-Pädagogik. In den berühmt-berüchtigten hessischen Richtlinien für Deutsch des Jahres 1972 zum Beispiel ging es den Initiatoren darum, Sprache – selbst Rechtschreibung – als »Ausübung von Herrschaft« zu begreifen; dementsprechend müsse die »Unterwerfung der Schule unter herrschende Normen« überwunden werden. Von Literatur oder Hochsprache war kaum noch die Rede. Die Literatur insgesamt rangierte unter »Text« – in einer Kategorie mit Werbe- und Gebrauchstexten.

Wer meint, solche Beispiele seien überwunden, der sieht sich getäuscht. Wir schreiben das Jahr 2008, und in eben diesem Jahr erlässt die Hansestadt Hamburg einen neuen Rahmenplan für den Deutschunterricht des Gymnasiums. Darin wird der bisherige Literaturkanon, der rund 50 Werke enthielt, abgeschafft. Stattdessen solle »literarisches Basiswissen« vermittelt werden. Ob das aber bis hin zum Abitur mit Hilfe von Goethe und Schiller oder mit Hilfe von Rosamunde Pilcher geschehen soll, darüber lässt sich der Rahmenplan nicht aus. Heute scheint etwas anderes angesagt. Schlüsselqualifikationen und Kompetenzen, so heißt es, hätten Vorrang vor konkreten Inhalten. Überhaupt fällt auf, dass »Wissen« nicht zu einem Grundbegriff der Pädagogik und der Psychologie geworden ist. Man schaue sich Nachschlagewerke dieser beiden Fachwissenschaften an: Das Stichwort »Wissen« findet man selten, man findet es eher noch in einem politischen bzw. in einem Staatslexikon.

Leider wird dieser um sich greifende Anti-Inhalte-Affekt sogar außerhalb der Pädagogik propagiert. In einer bildungspolitischen Schrift einer banknahen Stiftung schwärmt man im Jahr 2002 von einer »Obsoletierung des Wissens« durch technische Mittel. Zugleich erleben wir tagtäglich, was herauskommt, wenn es nur um inhaltsleere Kompetenzen, nicht mehr aber um konkretes Wissen geht. Vor allem im öffentlichen Bereich scheint die wichtigste Kompetenz für die Eroberung herausgehobener Positionen eine ganz bestimmte Kompetenz zu sein, nämlich die »Inkompetenzkompensationskompetenz« (Odo Marquard).

Für eine Renaissance des Wissens

Es gibt keine Bildung ohne Inhalte. Wir brauchen deshalb wieder einen Primat der Inhalte vor den Methoden. Die blanke Forderung nach einer inhaltsleeren Vermittlung von Kompetenzen wäre wie der Vorschlag, ohne Zutaten zu kochen (Konrad P. Liessmann in seiner *Theorie der Unbildung* von 2006). In ein anderes Bild gekleidet, könnte man sagen: Das ist wie Stricken ohne Wolle.

Es ist also eine Renaissance des konkreten Wissens notwendig. Nach einer langen Phase der Egalisierung der Inhalte und der Entkanonisierung schulischer Bildung sind in so manchen deutschen Ländern dreißig Jahre inhaltlichen Vakuums zu füllen. Für eine solche Renaissance des Wissens gibt es eine Reihe stolzer Gründe.

Erstens: Unsere Gesellschaft wird vielfach als Informations-gesellschaft bezeichnet. Das ist eine zu enge Vorstellung. Man sollte sich besser eine Wissensgesellschaft wünschen. Wissen besteht zwar aus Informationen, aber Informationen ergeben noch lange kein Wissen. Information, das ist das Sterile, das Flüchtige. Wissen, das ist das Lebendige, das Beständige, das Gewichtete, das Bewertete. Wissen, das ist mehr als die Summe der zugrunde liegenden Informationen. Das bedeutet immer zugleich Synergiegewinn. Deshalb brauchen wir keine bloß informierten Menschen, sondern wissende.

Zweitens: Wir lassen uns leicht erschrecken von immer kürze-ren sogenannten Halbwertszeiten des Wissens. Es mag ja ein-drucksvoll sein, dass wir derzeit in der Computertechnik Halbwertszeiten von drei Jahren haben, das heißt, dass das Wissen des Jahres 1999 im Jahr 2002 zur Hälfte überholt ist. Es mag auch beeindrucken, dass die Naturwissenschaften nahezu in jeder Minute eine neue chemische Formel und alle fünf Minuten eine neue medizinische Erkenntnis finden. Und es mag Staunen erregen, dass in den nächsten zehn Jahren mehr gedruckt wird als in den fünfeinhalb Jahrhunderten seit der Erfindung des Buchdrucks (um 1440) zusammen. Aber: Es gibt sehr viel, ja unendlich viel Wissen, das sich nicht über-holt. Das kleine und das große Einmaleins hat eine unendli-che Halbwertszeit. Das Gleiche gilt für historische Fakten, für naturwissenschaftliche Grundgesetze, für die große Literatur, für anthropologische Grundtatsachen. Und sogar englische Vokabeln haben eine Halbwertszeit von ein paar hundert Jah-ren, lateinische ohnehin. Auf solche Dinge müssen wir uns konzentrieren in Bildung und Erziehung. Ansonsten ist eine

Lanze für das schulisch vermittelte Wissen zu brechen: Am längsten frisch hält sich tatsächlich das Schulwissen. Es hat eine Halbwertszeit von gewiss dreißig Jahren, das heißt, der Fünfzigjährige kann die Hälfte dessen, was er beim Abitur kannte und konnte, immer noch verwenden.

Drittens: Wenn man einen Begriff, einen Sachverhalt klären will, dann tut man oft gut daran, sich der Weisheit der Sprache zu erinnern, denn in der Sprache bildet sich der Erfahrungsschatz von Hunderten von Generationen ab. Was Wissen betrifft, lohnt sich ganz besonders eine sprachgeschichtliche Betrachtung. »Wissen« – das geht zurück auf die indogermanische Wortwurzel »weid«, was so viel bedeutet wie »erblicken, sehen«. Diese Semantik setzt sich fort im griechischen »idein« und im lateinischen »videre« (jeweils »sehen«), ebenso im gotischen »witan« (sehen). Das heißt nicht mehr und nicht weniger, als dass Wissen sehr viel zu tun hat mit genauem Hinsehen. Man denke nur an das Wort »Einsicht«, die höchste Stufe des Wissenserwerbs.

Viertens: Breites Wissen ist die unerlässliche Voraussetzung für die Fähigkeit zur Zusammenschau und zur Interdisziplinarität. Wer erfinderisch und innovativ sein möchte, der möge erst einmal enorm viel wissen. Franz E. Weinert, bis 1998 Direktor des Max-Planck-Instituts für psychologische Forschung, brachte es auf den Punkt: Breites Wissen ist die Voraussetzung für anspruchsvolles Denken, Urteilen und Handeln. Und breites Wissen in konkreten Wissensdomänen sei die unbedingte Voraussetzung für die fachübergreifende Zusammenschau. Der Begabungsforscher Kurt Heller von der Ludwig-Maximilians-Universität München kommt zu einem ähnlichen Ergebnis: Eine exzellente Wissensbasis sei eine unerlässliche Bedingung für Expertiseentwicklung; sie sei eine Bedingung für vernetztes Denken und die Entwicklung

von Schlüsselqualifikationen. Ist doch klar: Mit dem fachübergreifenden Wissen ist es wie mit dem Bauen eines Hauses. Das konkrete Wissen ist das Fundament und in fortge-
schrittenem Stadium das erste Stockwerk. Erst später kommt
das Übergreifende, das Dach darauf. Und was für den Bau
eines Hauses gilt, das gilt auch für den Erwerb von Interdisziplinarität: Man kann den Bau nicht mit dem Dach beginnen.
Sonst werden daraus ein Luftschloss oder die Überdachung
einer Nullmenge. Im Übrigen gilt: Je mehr ich weiß, desto
mehr ergibt das eine Struktur, in die Neues mit immer weniger Lernaufwand eingefügt werden kann.

Fünftens: Wissen ist das Erkennen von etwas Abwesendem.
Während das Tier einen Auslösemechanismus braucht, um
Gelerntes (Konditioniertes) abzurufen und um zu reagieren,
kann der Mensch sein Erinnern, sein Wissen selbst abrufen.
Der Mensch ist aufgrund dieser Fähigkeit zum Erkennen von
etwas Abwesendem fähig zur Theoriebildung, zum philosophischen Höhenflug, zum Moralkodex. Er ist damit befreit
vom Augenblick, vom Hier und Jetzt. Der im Augenblick
Gefangene, das wäre der Sklave des Zufalls, der Laune, seiner
Subjektivität. Wenn es so wäre, dann gäbe es tatsächlich kein
Wissen als gemeinsamen Besitz mehr. Dann wäre der Mensch
eingekerkert in ewiger Gegenwart – eingekerkert in einem
engen utilitaristischen Verständnis von Wissen, das er ausschließlich zum Zweck der Anwendung in Arbeit und Beruf
vermittelt bekommt. Doch Wissen, nicht zuletzt kulturelles
Wissen, ist wichtig, weil es Verlässlichkeit und Orientierung
bietet.

Sechstens: Wahrheit durch Wissen bzw. umfassendes Wissen
sind ein großes Stück Freiheit. Denn: »Wer nichts weiß, muss
alles glauben« (Marie von Ebner-Eschenbach). Man stelle sich
einen Menschen ohne Wissensfundus vor. Er wäre unfrei,

nicht mündig, weil er verführbar für jede Lüge und Halbwahrheit wäre; er wäre anfällig für jedes Angstmachen und für jedes Propagieren von Vorurteilen. Er müsste sich stets ein X für ein U vormachen lassen. Deshalb ist der unwissende, der mit Halbwissen oder gar Lügen manipulierte Mensch das Ziel totalitärer Systeme, die alles Mögliche weismachen wollen und die gänzlich alles vorgeben und reglementieren wollen, eben auch Vorurteile. Nicht umsonst nennt Orwell in seiner totalitären Vision *1984* folgende drei Wahlsprüche des Wahrheitsministeriums (des »Miniwahr«). Sie lauten: Krieg bedeutet Frieden; Freiheit ist Sklaverei; und: Unwissenheit ist Stärke! Und ebenso eindrucksvoll kennzeichnet Reiner Kunze in seinem *Selbstgespräch für andere* Indoktrination aus leidvoller DDR-Erfahrung, wenn er dichtet: »Unwissende – damit ihr unwissend bleibt – werden wir euch schulen.« Außerdem gilt, was wiederum Reiner Kunze leider zutreffend diagnostizierte: »Wer keine Ahnung hat, hat leider meist eine Meinung. Wer heute Ahnung hat, wagt sich kaum noch, eine Meinung zu haben.« Menschen aber, für die andere denken und die von anderen manipuliert werden, wissen objektiv kaum etwas, deshalb sind sie ausschließlich auf das Glauben und auf das Meinen verwiesen – zwei Phänomene, die sich von der Objektivität des Wissens durch ihre Interessenleitung, ihre Außensteuerung unterscheiden. Wer mündige Bürger möchte, der muss ihnen aber eine Menge Wissen beibringen und zumuten. Mündiger Bürger zu sein heißt, viel präsentes Wissen zu haben, damit man sich eigenständig ein Urteil bilden kann. Fehlt solides Wissen, wird aus Urteilen zu leicht pure Meinung, und die Gesinnung triumphiert über die Urteilskraft (vgl. dazu den höchst lesenswerten Essay *Politischer Moralismus. Der Triumph der Gesinnung über die Urteilskraft* von Hermann Lübbe aus dem Jahr 1987). Deshalb sind Wissensdefizite mindestens so gefährlich wie Moraldefizite, vor allem dann, wenn ein Zuwenig an Wissen durch ein mehr an Gesinnung ersetzt wird. In diesem Sinne ist Theodor W. Adorno mit seiner *Theorie der Halbbildung* (1959) zu verstehen. Dort wendet sich Adorno gegen eine bloße »ephemere Informiertheit«. Ferner hält er fest, das Halbverstandene sei nicht die Vorstufe der Bildung, sondern ihr Todfeind. Ideologien sind – im besten Fall – solches Halbwissen. Laut Dürrenmatt sind Ideologien Ordnungen auf Kosten des Weiterdenkens. Für die Protagonisten von Ideologien ist das sehr praktisch, denn dann hat man seine pflegeleichte Gefolgschaft. (Das Wort »Sekte« kommt übrigens vom lateinischen »sequi« = »folgen«.) Und für diese Gläubigen ist es bequem, denn man muss dann seinen Gehirnmuskel nicht strapazieren.

Siebtens: Es reicht nicht zu wissen, wo man etwas nachschlagen bzw. wie man bei Google oder Wikipedia – zumal manchmal falsche – Wissens-Wegwerf-Häppchen »downloaden« kann. Natürlich ist es wichtig zu wissen, wo man etwas findet. Deshalb ist es vonnöten, jungen Leuten beizubringen, wo man was nachlesen kann. Ansonsten: Man stelle sich eine politische, naturwissenschaftliche oder ökonomische Live-Debatte vor, in der auch nur drei Debattenpartner zwar wissen, wo man was findet, in der diese drei aber ständig zum Bücherregal rennen oder sich ins Internet einklinken, um sich Fakten und Argumente zu suchen. Eine solche Download-Gesellschaft wäre eine Gesellschaft ohne Vorrat, eine Gesellschaft der Mini-Kommunikation. Apropos »nachschlagen«: Im Lexikon oder im Internet »nachschlagen« kann nur der, der richtig zu fragen weiß. Richtig zu fragen weiß aber nur der, der bereits eine Wissensbasis hat. »Damit ein Mensch sich die Fülle der in Bibliotheken und im Internet gespeicherten Information nutzbar machen kann, muss er bereits über ein bestimmtes Wissen verfügen, denn wer nichts weiß, kann nichts fragen. Und die Erweiterung unseres Verständnisses kann nur gelingen, wenn wir bereits über ein angemessenes

Vorverständnis verfügen.« Dieser Satz bedarf keiner weiteren Erläuterung; geschrieben hat ihn Siegfried Wendt in seinem höchst anspruchsvollen Buch *Was Sokrates nicht wissen konnte – Eine Bildungsreise zu den Grundlagen unserer technischen Zivilisation* (2008).

Achtens: Wenn es keine Arroganz der Macht geben soll, dann darf es auch keine Arroganz des Wissens geben. Menschen mit großem Wissen neigen zu Bescheidenheit. Denn diese Menschen sind sich bewusst: Je mehr ich weiß, desto mehr weiß ich, dass ich wenig weiß. Wissen, großes Wissen, darf deshalb Anlass zur Demut sein, Demut vor dem Wissen von Hunderten von Vorgänger-Generationen, die seit der Erfindung der Keilschrift bei den Sumerern ihr Wissen aufzeichneten; vor dem Wissensschatz vieler Hochkulturen; vor dem eigenen Gewissen (Ge-Wissen als Inbegriff des Wissens um Maßstäbe). Das wussten die Römer längst: »Quo sapientior, eo modestior.« (Je weiser einer ist, desto bescheidener wird er.) Und schließlich hat Wissen – bereits sprachgeschichtlich – mit Witz zu tun. Man kann zwar mit Wissen brillieren, aber man kann noch mehr brillieren, wenn man das mit Witz und zum Beispiel mit einem Schuss Selbstironie tut. Dann erst ist man wirklich souverän.

Zum Schluss: Vor einigen Jahren kursierte der Kalauer: »Wissen ist Macht, aber nichts wissen macht auch nichts«. Schüler haben diesen Spruch längst vergessen. Dafür scheint er jetzt ernst gemeint die Runde in der Bildungspolitik zu machen. Hier ist schleunigst Umkehr nötig.

8 Historisch korrekte Bildung

Das Leben wird zwar nach vorwärts gelebt, aber nur nach rückwärts verstanden.« Diese Einsicht Kierkegaards scheint heute nicht mehr gefragt. Der Mensch meint, alles zu verstehen. Dabei ist er verhaftet im Hier und Jetzt, er lebt in einer ewigen Gegenwart, Zukunft interessiert ihn allenfalls, wenn er Visionär sein will oder wenn es um materielle Absicherung geht. Geschichte wird eher als Fessel empfunden, man will sie sich je nach Gemütslage ständig neu erfinden. Das ist wohl ein maßgeblicher Grund, warum Geschichte bei Ideologen in keinem besonders guten Ruf steht. Geschichte ist unbequem, weil sie – ohne Klitterung betrieben – Skepsis gegen Utopien zu vermitteln vermag. Darum hat der Archivar Winston Smith in George Orwells *1984*-er Wahrheitsministerium die Aufgabe, Geschichte ständig umzuschreiben, damit sie sich den jeweils aktuellen politischen Wünschen fügt. Geschichtspolitik nennt man so etwas und *1984* ist ein Beispiel für deren totalitäre Version.

Geschichtspolitik findet aber in allen Nationen und Gesellschaften statt. Kein Gemeinwesen bzw. kein Staatswesen verzichtet darauf, bestimmte Vorgaben der »richtigen« Interpretation der Geschichte zu machen. Eine oft historische hergeleitete Staatsräson gilt zumindest als allgemeines Orientierungs- und Handlungsprinzip bzw. als oberster Maßstab staatlichen Handelns. Manche meinen sogar, alleiniger Kernbestand deutscher Staatsräson müsse der Holocaust sein.

Geschichtspolitik wirkt sich in jedem Fall auf Schulpolitik aus. In der Folge ist speziell der Geschichtsunterricht immer zugleich verlängerter Arm von Geschichtspolitik. Welche

Schwerpunkte hier curricular gesetzt werden, wie viele Stunden dieses Fach in welchen Jahrgangsstufen unterrichtet wird, ob es überhaupt ein eigenes Fach Geschichte oder nur integriert in Gemeinschaftskunde gibt, das ist alles auch eine Frage der Geschichtspolitik.

Solche Politik ist mit am besten daran erkennbar, welche Inhalte und Themen besonders intensiv, welche nicht und welche nur sehr ausgedünnt vorkommen. Besonders intensiv geht es curricular um den Holocaust. Keine Epoche der deutschen Geschichte wird schulisch so intensiv behandelt wie der Nationalsozialismus. Zudem gibt es regelmäßig Studienreisen zu ehemaligen Konzentrationslagern. Kein Schüler in Deutschland verlässt die Schule, ohne nicht mindestens zehnmal, an dem um drei bis vier Jahre länger dauernden Gymnasium zwanzigmal sehr konkret unterrichtlich mit dem Nationalsozialismus konfrontiert gewesen zu sein – in den Fächern Geschichte, Politik/Sozialkunde, Religionslehre/Ethik und in der Literatur. Gleichwohl verlangen manche, zum Beispiel der Zentralrat der Juden, nach einem eigenen Schulfach Nationalsozialismus. Bei der Vermittlung des Nationalsozialismus wäre es aber viel wichtiger, ein vernünftiges Maß zu finden und aufzupassen, dass die Schüler nicht die Jalousien herunterlassen. Zu viel NS-Geschichte kann kontraproduktiv sein. Paul Spiegel, der frühere Vorsitzende des Zentralrates, hat im vertrauten Gespräch gelegentlich diese Befürchtung einer »Überfütterung« mit NS-Themen geäußert.

Das Ergebnis solcher Politik kann man am defizitären Wissen der Bevölkerung und im Besonderen der Heranwachsenden in noch viel einfacheren und zeitgeschichtlich näheren Bereichen ablesen. Zumeist ist es ein ausgeprägter historischer Analphabetismus. Laut Emnid-Umfrage zum Beispiel weiß im Juli 2008 fast jeder dritte Deutsche (exakt 29 Prozent) nicht, wann die Bundesrepublik Deutschland gegründet worden ist.

Dieser Analphabetismus wird sich zukünftig noch verschär-

fen, denn derzeit grassiert die Vokabel von der angeblich notwendigen »Entrümpelung« der Lehrpläne. Ganze Epochen
wurden curricular entsorgt. Teile der Öffentlichkeit hören das
gern. Insofern ist die Entrümpelungsstrategie der hohen Politik durchaus populistisch. Wer hat schließlich als Exschüler
kein Beispiel aus Fächern wie Biologie, Geschichte oder Geo-
grafie parat, mit dem er nicht stringent glaubt beweisen zu
können, welches »Gerümpel« man in den Schulen lernen
muss: Würmer beispielsweise oder Schmetterlinge, Erbfolge-
kriege, angebliches Stadt-Land-Fluss-Wissen.
Stattdessen sei exemplarisches Wissen angesagt. Aber heißt
das ein Weltkrieg statt zwei, eine Revolution exemplarisch für
fünf? Zwei Revolutionen würden reichen, meint sogar ein
Lehrervertreter, um im gleichen Atemzug zu monieren, dass
es doch keine fünf sein sollten. Welche der Revolutionen aber
lassen wir dann weg? 1789, 1848, 1917, 1918/1919, 1989?
Völlig unterbelichtet ist zum Beispiel die Repräsentanz der
Geschichte Mittelost- und Osteuropas in den Lehrplänen der
deutschen Länder: die Ostsiedlung im 12./14./17. Jahrhundert; die Geschichte konkreter mittel- und osteuropäischer
Staaten, z. B. Polens; die Vertreibung nach 1945; die Situation
deutscher Volksgruppen und Integration von Aussiedlern in
Deutschland. All diese ostgeschichtlich relevanten Themen
sind in den insgesamt rund 300 Geschichtslehrplänen aller
Bundesländer, aller Schulformen und aller Jahrgangsstufen in
insgesamt defizitärer Weise repräsentiert. Zahlreiche ostgeschichtlich relevante Namen und Begriffe kommen nicht vor:
Baltikum, Donauschwaben, Königsberg, Pommern (vgl. Jörg-
Dieter Gauger, 2001 und 2008).
Von »linken« Gräueltaten will man ansonsten nichts wissen,
und seien sie noch so monströs gewesen: von den 40 Millionen
Opfern eines Mao, von den 1,6 Millionen Toten der chinesischen
Kulturrevolution, von den 1,5 Millionen Toten Pol Pots, von den
insgesamt seit 1917 rund 100 Millionen Toten kommunistischer

Diktaturen. Sogar eine vormalige Kandidatin für das Amt des Bundespräsidenten, Luise Rinser (1911–2002; 1984 von den Grünen nominiert), gehörte zu den Unverbesserlichen, die an die Segnungen des Sozialismus bzw. Kommunismus glaubte. Als sie Anfang der 1980er-Jahre durch Nordkorea pilgerte, glaubte sie dort ein sozialistisches Paradies entdeckt zu haben. All dies war kein Wunder, hatte sie sich doch in den Jahren zuvor für die RAF, gegen Pershing, für Ajatollah Chomeini, gegen den Paragraphen 218 und anderes mehr stark gemacht.

Paradies DDR

Und geradezu skandalös zu kurz kommt zwanzig Jahre nach dem Mauerfall die Behandlung des Themas DDR im Geschichtsunterricht. Laut einer Studie des Forschungsverbundes SED-Staat der Freien Universität Berlin (Titel: *Soziales Paradies oder Stasi-Staat?*; 760 Seiten; wissenschaftlicher Leiter: Professor Klaus Schroeder) ist das Wissen deutscher Schüler um die Zustände in der DDR höchst defizitär.

Jedes einzelne Detailergebnis dieser Studie ist für sich bedrückend. Zum Beispiel: Bayerische Schüler können die Verhältnisse in der DDR – auf niedrigem Niveau – noch am ehesten einschätzen; bayerische Hauptschüler wissen über die DDR sogar mehr als Brandenburgs Gymnasiasten. In Brandenburg und in Ostberlin dagegen findet geradezu eine Verklärung der DDR statt. Und auch sonst herrscht zeitgeschichtlicher Analphabetismus vor: Mehr als die Hälfte der Schüler kennt das Jahr des Mauerbaus nicht. Nur jeder Dritte weiß, dass die DDR die Mauer gebaut hat. Ebenfalls jeder dritte Schüler hält Konrad Adenauer und Willy Brandt für DDR-Politiker, und Honecker ist angeblich demokratisch legitimiert gewesen. Die Stasi sei ein ganz normaler Geheimdienst gewesen. Schüler aus Ostberlin sehen die DDR mit einem Anteil von 48 Prozent nicht als eine

Diktatur. Nur 27,1 Prozent der west- und 17,2 Prozent der ostdeutschen Schüler hatten Kenntnis von der Todesstrafe. 71 Prozent aller Schüler finden es gut, dass in der DDR jeder einen Arbeitsplatz hatte. Außerdem sei es den Rentnern dort besser als in der Bundesrepublik gegangen, und selbst die Umwelt sei in der DDR sauberer gewesen als in der Bundesrepublik. So weit die erschreckendsten Ergebnisse der Studie, an der insgesamt 5000 Schüler im Alter von 16 und 17 Jahren aus Berlin, Brandenburg, Nordrhein-Westfalen und Bayern beteiligt waren.

Dieser Skandal hat eine Vorgeschichte, die dreißig Jahre zurückreicht. Rekapitulieren wir: Am 23. November 1978 hatte die Kultusministerkonferenz (KMK) ihren Beschluss *Die Deutsche Frage im Unterricht* gefasst. Dort heißt es: »Das Bewusstsein von der deutschen Einheit und der Wille zur Wiedervereinigung in Frieden und Freiheit ist wachzuhalten und zu entwickeln (…) Im Rahmen dieser umfassenden Aufgabe haben die Bildungseinrichtungen, vor allem die Schulen, einen besonderen Beitrag zu leisten.« Dieser KMK-Beschluss ist seinerzeit aus einer bestimmten politischen Ecke heftigst kritisiert worden. Es war die Rede von »Deutschtümelei« und Schlimmerem. Dabei hatte dieser Beschluss nur vollzogen, was das Gebot des Grundgesetzes war, nämlich – so die damalige Präambel – dass das gesamte Deutsche Volk aufgefordert bleibt, »in freier Selbstbestimmung die Einheit und Freiheit Deutschlands zu vollenden«.

Zehn Jahre später, 1988, galt es, erstmals Bilanz zu ziehen. Das Ergebnis war niederschmetternd: Überall herrschte ein Vakuum an deutschlandpolitischem Bewusstsein und an deutschlandpolitischen Kenntnissen unter Jugendlichen. Damaligen Untersuchungen zufolge war nur noch ein Viertel der Jugendlichen der Auffassung, dass beide Staaten in Deutschland eine Nation darstellten. Die Hälfte der Jugendlichen hielt die DDR gar für Ausland. 60 Prozent hatten keine Vorstellung vom Unterschied etwa zwischen einem Volkskammer- und einem Bundestagsabgeordneten. 70 Prozent konnten keine Aussage über den unterschiedlichen Umgang der Bundesrepublik und der DDR mit der Menschenwürde machen.

Damit rächte sich, dass der KMK-Beschluss von 1978 nur auf dem Papier existierte. Manchem damaligen SPD-Kultusminister war die unterrichtliche Behandlung der Zweistaatlichkeit und der Verletzungen der Menschenrechte in Südamerika oder in Südafrika wichtiger als die Einheit der Nation oder als Menschenrechtsverletzungen in der DDR. Hinzu kam: Nicht nur ein guter Teil der bundesdeutschen Medien, sondern auch viele Schulbücher zeichneten sich durch ein schöngefärbtes Bild der DDR aus. In manchen Schulbüchern SPD-regierter Länder wurde die DDR mit Glacéhandschuhen angefasst, zugleich wurde der demokratische Verfassungsstaat der Bundesrepublik unzureichend, ja gar höchst systemkritisch dargestellt. Die Folge solcher Schulbuchproduktionen war, dass manch wache ostdeutsche Schule nach der Wende gerade in den Fächern Geschichte und Sozialkunde/Politik einen westdeutschen Schulbuch-Import nicht haben wollte und so manches gespendete Buch zurückschickte. Wundern musste man sich darüber nicht, hatte die SPD doch in einem am 27. August 1987 veröffentlichten gemeinsamen Papier ihrer Grundwertekommission und der Akademie für Gesellschaftswissenschaften beim SED-Zentralkomitee (Titel: *Der Streit der Ideologien und die gemeinsame Sicherheit*) festgehalten: »Keine Seite darf der anderen die Existenzberechtigung absprechen. Unsere Hoffnungen richten sich nicht darauf, dass ein System das andere abschafft. Sie richtet sich darauf, dass beide Systeme reformfähig sind und der Wettbewerb der Systeme den Willen zur Reform der beiden Seiten stärkt.«

Ende September 1995, fünf Jahre nach der deutschen Einigung, hätten die Kultusminister bzw. die KMK erneut die Chance gehabt, sich als deutschlandpolitisch mündig zu erweisen. Die KMK konnte sich aber auf ihrer Sitzung vom 28./29. September 1995 in Halle/Saale nicht auf die Verabschiedung einer Empfehlung mit dem Titel *Darstellung Deutschlands im Unterricht* verständigen. Der vierzehnseitige Entwurf dazu, der ein Jahr nach der Einigung im Oktober 1991 in Auftrag gegeben und danach ohnehin reichlich rundgeschliffen worden war, wurde von der KMK nur »zur Kenntnis genommen«. Flankiert war das Nicht-Zustandekommen eines KMK-Beschlusses unter anderem von Äußerungen Reinhard Höppners, des damaligen SPD-Ministerpräsidenten Sachsen-Anhalts, dass die Ex-DDR im KMK-Entwurf zu schlecht wegkomme und die KMK es versäumt habe, »das Recht der Ostdeutschen auf ihre Selbstdarstellung zu fördern«. Ja mehr noch: Die PDS meinte gar verlauten lassen zu müssen, dass »eine Beschäftigung mit Diktaturen künftig kein Schwerpunkt im Geschichtsunterricht« sein solle. Letztlich ist das KMK-Papier also am Widerstand der PDS-geduldeten Minderheitsregierung von Sachsen-Anhalt gescheitert. Der dort zu dieser Zeit amtierende Kultusminister, Heinz Reck (SPD), erklärte, die neuen Länder könnten sich in diesem Papier nicht wiederfinden. Es passte Reck nicht, dass in dem KMK-Entwurf ein Blick auf das Unrecht in der DDR, auf die Verfolgung in der DDR und auf die Massenflucht aus der DDR geworfen wurde. Das KMK-Papier, so Reck, erinnere ihn an »SED-Propaganda, nur mit veränderten Vorzeichen«, und er verwahrte sich dagegen, dass die DDR darin als »System politischer Unfreiheit« bezeichnet werde. Wenigstens waren einzelne Länder wie Baden-Württemberg, Bayern, Sachsen und Nordrhein-Westfalen bereit, die Empfehlung im Herbst 1996 in den eigenen Schulen umzusetzen.

Zurück zur Studie der Freien Universität Berlin: Deren Ergebnis kann vor dem Hintergrund des dargestellten Versagens zahlreicher Kultusminister gar nicht überraschen. Verblüffen kann da auch nicht, dass die Zahlen junger ostdeutscher Besucher im Stasi-Gefängnis Hohenschönhausen dramatisch rückläufig sind. Statt aber wenigstens jetzt Konsequenzen zu ziehen, ist sich Berlins Schulsenator Jürgen Zöllner (SPD) nicht zu schade, die Seriosität der Studie anzuzweifeln. Man vergegenwärtige sich: Berlin wird rot-rot regiert. Zöllner hat jedenfalls einen Hamburger Geschichtsdidaktiker namens Bodo von Borries beauftragt, die Schroeder-Studie zu begutachten. Denn: Es kann nicht sein, was nicht sein darf. Tatsächlich ließ sich Herr von Borries mit der Aussage vernehmen, die Schroeder-Studie sei »wahnsinnig selbstsicher« wegen ihres »Hangs zur Eindeutigkeit«. Außerdem meint er, eine zu intensive Behandlung der DDR-Geschichte würde Schüler eventuell »in Konflikte mit ihren Familien treiben«.

Von Jahr zu Jahr wird die DDR schöner

Was steckt dahinter? Die einfachste Erklärung für dieses Desaster ist noch, dass nicht wenige junge Leute ihr Wissen um den SED-Staat aus lustigen Filmen und Anekdötchen über die DDR beziehen. Vater Staat DDR war ansonsten ja angeblich ein Staat der Geborgenheit. Dass sich die soziale Sicherheit auf einem niedrigen Niveau bewegte und dass die vielfach berühmte nachbarschaftliche Hilfsbereitschaft oft nur eine Notgemeinschaft war, wird verdrängt.

Damit ist aber nur ein kleines Stückchen Legende erklärt. Außer dass die Kultusminister bereits in den 1990er-Jahren versagt haben, spielt vor allem die aktuelle Geschichtspolitik bzw. die Geschichtsklitterung krypto-kommunistischer Kreise eine Rolle. Der Kandidat der LINKEN des Jahres 2009 um das Amt des Ministerpräsidenten in Thüringen – ein Westimport übrigens – will die DDR Anfang 2009 nicht als Unrechtsstaat bezeichnet wissen; er bezweifelt öffentlich, dass es an der Grenze einen Schießbefehl gab. Damit wird erneut deutlich, dass die im Namen mittlerweile viermal gewendete PDS/LINKE nicht bereit ist, sich von ihrer Vorgängerpartei SED zu distanzieren. Im Gegenteil: Mit der Verharmlosung der DDR verhöhnt sie nach wie vor die Opfer des SED-Regimes. Wo die LINKE steht, ist freilich die SPD oft nicht weit entfernt. Der Ministerpräsident von Mecklenburg-Vorpommern (Erwin Sellering, SPD, ebenfalls Westimport) findet es ebenso wie die zweimalige Kandidatin für das Bundespräsidentenamt, Gesine Schwan (gleichfalls »Wessi«), im Frühjahr 2009 falsch, die DDR als totalen Unrechtsstaat zu verdammen. Für Wolfgang Thierse, den ehemaligen Bundestagspräsidenten (SPD), sind die Kindergärten, die Schulen und das Gesundheitswesen die »sympathischen Elemente« der DDR.

Eigenartig! Während sich der Widerstand gegen ein Vergessen der Gräuel des Nationalsozialismus mit der zeitlichen Entfernung vom »Tausendjährigen Reich« immer engagierter formiert, rankt sich mit zunehmendem Abstand vom Jahr 1989 immer mehr Legendenbildung um die DDR. Wahrscheinlich haben viele DDR-Nostalgiker ihr persönliches »68« und die Fragen der Jungen (»Was habt ihr in der DDR gemacht«) noch vor sich. Es ist fast zu wünschen.

Dazu passt – und damit ist man wieder bei Geschichtspolitik, wenn nicht gar bei einem Geschichtsrevisionismus angelangt –, dass selbst enttarnte ehemalige Spitzel ein »Recht auf Vergessen« reklamieren; dass in Berlin die Todesmauer fast restlos abgebaut wurde; dass es immer noch nicht in allen ostdeutschen Schulen einen Pflichtbesuch in einem Stasi-Gefängnis gibt; dass »Karl und Rosa« (Karl Liebknecht und Rosa Luxemburg) gefeiert werden wie eh und je. Unvermindert gerne wird Rosa Luxemburgs Satz zitiert: »Freiheit ist immer die Freiheit des Andersdenkenden«. Verschwiegen wird freilich, dass sie diese Freiheit explizit im Rahmen einer »Diktatur des Proletariats« praktiziert wissen wollte und dem Feinde das Wort gelten sollte: »Daumen aufs Auge und Knie auf die Brust!« Das hinderte das rot-rot regierte Berlin nicht daran, seit Beginn des Jahres 2009 bereits elf Gedenkstätten für Rosa Luxemburg zu haben.

Dass die DDR ein Staat hinter Gittern war; dass an der Grenze zwischen Deutschland und Deutschland eintausend Menschen ihr Leben lassen mussten; dass DDR-Billigarbeiterinnen aus Vietnam und Mocambique unter Abtreibungszwang standen – all dies hält einen späteren Nobelpreisträger Günter Grass 1995 nicht davon ab, die DDR als eine »kommode Diktatur« zu bezeichnen, hält einen Geschichtswissenschaftler namens Sabrow nicht davon ab, die DDR zur »Konsensdiktatur« zu deklarieren. Die Bürgerrechtlerin Freya Klier schreibt dazu: Seit dem Abgesang der Diktatur vergehe kein Jahr, in dem die DDR nicht in einem noch milderen Licht erscheine als im Jahr zuvor. Wörtlich: »Die DDR ist wieder da – und schöner noch als einst.«

Das scheint in der Retrospektive vieler bewegter Schulpolitiker und Bildungsideologen auch für die Wahrnehmung des DDR-Schulsystems zu gelten. Seit PISA tun manche sogar so, als habe Finnland hier deshalb so gut abgeschnitten, weil es in den 1970er-Jahren das DDR-Schulsystem nachgebaut habe. Nicht nur Zweifel sind hier angebracht, denn DDR-Schule, das hieß: Durchideologisierung der literarischen, historischen, politischen Inhalte; gezieltes »Ausbremsen« von Kindern aus »bürgerlichen« Häusern; geschönte Notenbilanzen; nur schwache Kenntnisse der Schüler in puncto Fremdsprachen, denn das Russische wurde monopolisiert; andere Fremdsprachen führten ein Randdasein; *Dropout*-Quote von ca. 14 Prozent vor Erreichen der 10. Klasse; noch Ende der 1980er-Jahre eine Abiturientenquote von allenfalls 12 Prozent.

Schließlich: Politische Mündigkeit hat viel mit geschichtlicher Wahrheit zu tun. Wer mündige Bürger möchte, der muss ihnen eine Menge historischen Wissens beibringen und abverlangen. Oder will man den wissensmäßig entrümpelten Bürger deshalb, weil George Orwells Big Brother als einen seiner Leitsprüche hatte: »Unwissenheit ist Stärke.« Stärke für die Machthaber?

9 Weltanschaulich korrekte Bildung

Wer sich mit Religion und religiöser Bildung befasst, kommt an der Frage nicht vorbei: Hat diese Gesellschaft Gott verabschiedet? Ludwig Feuerbach (1804–1872) wüsste diese Fragen eindeutig zu beantworten. Er würde sagen: »Was heißt hier Verabschiedung? Gott war nie da. Gott war immer nur die Projektion menschlicher Begehrlichkeiten.« Spätestens mit dieser Feuerbachschen Umkehrung der Schöpfungsgeschichte (vgl. Ludwig Feuerbach: *Das Wesen des Christenthums*, 1841) dynamisiert sich die mit der Aufklärung begonnene Säkularisierung und die Verdrängung des Schöpfers aus seiner Welt. Das Religiöse wird mehr und mehr säkularisiert, das Profane mehr und mehr sakralisiert (siehe Zivil- und Ersatzreligionen). Der Mangel an innerer Sammlung wird mit äußerer Zerstreuung kompensiert. Die Folgen sind in vielen Bereichen zu erkennen.

Im Jahr 1987 gehörten in Deutschland (West) je 44 Prozent der Bevölkerung der katholischen oder der evangelischen Kirche an; in der Summe also 88 Prozent. Im Jahr 1996 bekannten sich im geeinten Deutschland 72 Prozent zu einer der großen christlichen Glaubensgemeinschaften: 39 Prozent zur evangelischen und 33 Prozent zur katholischen Kirche. 2009 war der Anteil der einer der großen christlichen Kirchen zugehörigen Mitglieder auf 69 Prozent der Bevölkerung zurückgegangen (davon 34 Prozent als Mitglieder der evangelischen und 31 Prozent als Mitglieder der katholischen Kirche).

Diese Entwicklung hatte nicht nur mit der Wiedervereinigung zu tun, sondern mit stattlichen Zahlen an Kirchenaustritten. So erklärten allein im Jahr 1992 deutschlandweit 550 000

Menschen (360 000, die der evangelischen Kirche, und 190 000, die der katholischen Kirche den Rücken zuwandten) den Austritt aus ihrer Kirche. Im Jahr 2007 gab es rund 220 000 Austritte (evangelische Kirche: 130 000; katholische Kirche: 90 000). Im Osten Deutschlands bekennen sich überhaupt nur 20 Prozent der Menschen zu einer der großen Konfessionen. Im Ergebnis bedeutet das tatsächlich eine Entwicklung, die ein Spötter zur Wendezeit auf den Nenner brachte: Deutschland wird mit der Vereinigung nicht nur sozialistischer und östlicher, sondern auch atheistischer. Wie konnte es anders kommen? Der militante DDR-Atheismus hatte in Deutschlands Mitte und Osten seine Spuren hinterlassen.

Trotz Weltjugendtag 2005 in Köln: Die Jugend insgesamt steht auch nicht für eine Renaissance des Religiösen. Laut Shell-Studie 2006 glauben nur 30 Prozent an einen persönlichen Gott, weitere 19 Prozent an eine unpersönliche höhere Macht. 28 Prozent der Jugendlichen stehen dagegen der Religion völlig fern, der Rest (23 Prozent) ist sich in religiösen Dingen unsicher. In den neuen deutschen Ländern hat die große Mehrheit der Jugend kaum einen Bezug zu Religion und Kirche; die meisten westdeutschen Jugendlichen haben sich aus Versatzstücken eine Art Patchwork-Religion zusammengebastelt. Für ihre Lebensführung ist ein ausgesprochen weltliches Wertsystem ausschlaggebend.

Emanzipation von Religion ist »in«

Religiöse Abstinenz und/oder antiklerikales Ressentiment sind »in«. Das höchste deutsche Gericht moniert am 16. Mai 1995 das Anbringen von Kruzifixen in Schulen. Seit Anfang 2009 muss die Gemeinschaftsgrundschule Korschenbroich in Nordrhein-Westfalen darauf verzichten, mit den Kindern zu Beginn des Unterrichts Verse eines Bonhoeffer-Gedichtes zu sprechen. Es handelt sich um die Strophe »Von guten Mächten wunderbar geborgen, erwarten wir getrost, was kommen mag. Gott ist bei uns am Abend und am Morgen, und ganz gewiss an jedem neuen Tag.« Das erregte Anstoß in einem Elternhaus, das ein eigenes Kind durch dieses Gebet ausgegrenzt oder psychisch beeinträchtigt sieht. Das zuständige Schulamt Neuss schritt ein. Seither müssen die Schüler auf das Gebet verzichten.

»Künstler« und »Komiker« berufen sich zuhauf auf Meinungs- und Kunstfreiheit, um massenhaft Gotteslästerung und Verunglimpfung kirchlicher Würdenträger vom Stapel zu lassen. In Filmen wie *Dogma* wird Gott in karierten Unterhosen dargestellt, die Apostel treten als verrückte, versoffene oder geile Gesellen auf. Der Bayerische Rundfunk gefällt sich 1999 in der Prognose, dieser Film habe überhaupt keine Chance, kein Kultfilm (sic!) zu werden. Über allem schwebt die Weigerung der großen Mehrheit der EU-Mitgliedsländer, einen Gottesbezug in der EU-Verfassung aufzunehmen. Eine Kanzlerin rügt 2009 unter Berufung auf deutsche Staatsräson den deutschen Papst, wiewohl dieser in der Frage des Holocaust nie auch nur den geringsten Zweifel hat aufkommen lassen (siehe seine Rede vom Mai 2006 in Auschwitz). Ihr Vorgänger als Kanzler verzichtete nebst zahlreichen Ministern 1998 auf die religiöse Formel bei seiner Vereidigung. Man braucht Gottes Hilfe offenbar im Glauben an die Machbarkeit aller Dinge nicht mehr.

Zugegebenermaßen wurden hier vielerlei Belege in einen Topf geworfen. Das ist nicht unbedingt repräsentativ. Aber großklimatisch hat alles einen vergleichbaren Hintergrund. Vorsichtig ausgedrückt, könnte man davon sprechen, dass sich die Moral immer mehr ins Private zurückgezogen hat. Öffentlich ist das Selbst angesagt – das Ego, das sich freimacht von religiösen, weil angeblich repressiven Bindungen.

Brandenburgs und Berlins DDR-Recycling

Am 28. März 1996 beschloss der Landtag von Brandenburg mit den Stimmen der damals mit absoluter Mehrheit regierenden SPD ein neues Schulgesetz. Bundesweite Beachtung fand dieser Akt wegen der Einführung des Faches Lebensgestaltung–Ethik–Religionskunde (LER), das von 1992 bis 1995 zunächst Lebensgestaltung–Ethik–Religion geheißen hatte. Manche sprechen von LER als einem »Versatzstück marxistischer Antireligionspolitik« oder zumindest von einem späten Sieg der SED-Religionspolitik. Nicht wenige warfen Brandenburg vor, es wolle mit getarntem Quasi-Religionsunterricht selbst Sinnstifter spielen. Die *Frankfurter Allgemeine Zeitung* kommentiert (14. Oktober 1998): LER sei die »Institutionalisierung des religiösen Desinteresses«. Der aus der ehemaligen DDR stammende CDU-Politiker und Pfarrer Rainer Eppelmann sah in diesem Gesetz ein »kulturelles antireligiöses Restteilchen DDR«.

Gut zehn Jahre später, 2009, schwenkt Berlin in der Frage des Religionsunterrichts ebenfalls endgültig auf diese Linie ein. Berlin hatte 1947 – damals politisch noch geeint – mit den Stimmen von SPD und SED ein Schulgesetz beschlossen, demzufolge Religion kein schulisches Pflichtfach darstellt und der Religionsunterricht ein freiwilliges Angebot in der Obhut der Kirchen bzw. Weltanschauungsgemeinschaften ist. Mit Inkrafttreten des Grundgesetzes am 23. Mai 1949 wurde in Artikel 7, Absatz 3, zwar festgelegt: »Der Religionsunterricht ist in den öffentlichen Schulen mit Ausnahme der bekenntnisfreien Schulen ordentliches Lehrfach.« Zugleich aber galt und gilt die sogenannte Bremer Klausel des Artikels 141 des Grundgesetzes: »Artikel 7 Abs. 3 Satz 1 findet keine Anwendung in einem Lande, in dem am 1. Januar 1949 eine andere landesrechtliche Regelung bestand.« Das heißt: Berlin ist – wie Bremen – nicht daran gebunden, Religion als ordentliches

Lehrfach zu führen. Nun aber hatte sich im Laufe des Jahres 2008 eine Berliner Bürgerinitiative »Pro Reli« formiert und dazu die Unterstützung der großen Kirchen gehabt. Anliegen war es, per Gesetz eine Wahlfreiheit zwischen Religion und Ethik als gleichberechtigten Wahlpflichtfächern zu erreichen. Schüler, die den konfessionellen Religionsunterricht besuchen wollen, müssen nämlich eine zusätzliche schulische AG besuchen. Ethik ist dagegen Pflichtfach.

Die für einen Volksentscheid notwendigen 170 000 Unterschriften kamen rasch zusammen, am Ende der Unterschriftenaktion waren es 266 000 gültige Unterschriften – genug für einen Volksentscheid. Entschiedene Gegner dieser Initiative waren selbstredend der rot-rote Senat, die rot-rote Mehrheit im Berliner Abgeordnetenhaus sowie manches rot-rote Fußvolk aus Pädagogen-, Atheisten- und bezeichnenderweise sogar Kirchenkreisen. Unter anderem warb man gegen »Pro Reli« reichlich sophistisch damit, dass man Eltern den »Wahlzwang« (sic!) einer Entscheidung zwischen Religion und Ethik ersparen wolle. Das erinnert doch sehr an den Spruch »Freiheit ist Sklaverei« eines George Orwell bzw. seines Big Brothers! An vorderster Front der Bewegung »Pro Ethik« marschierte gegen den Religionsunterricht der Humanistische Verband, dessen Werteunterricht nach eigenen Angaben 47 000 Berliner Schüler besuchen. Der Humanistische Verband hatte sich übrigens bis 1993 »Verband der Freidenker« genannt. Er war 1993 unter anderem aus Mitgliedern des 1988 von DDR-Politbüro und DDR-Staatssicherheit gegründeten Pankower Freidenker-Verbandes und dem West-Berliner Landesverband des Deutschen Freidenker-Verbandes hervorgegangen. Argument des HDV gegen »Reli« war unter anderem: Kommunions- und Konfirmationsunterricht seien »Kinder-Dressur«. Am Rande: Parallel dazu feiert die DDR-Jugendweihe – mit sakralem Touch – Wiedergeburt.

Pikant waren die Tricksereien um die Terminierung des Volksentscheides. CDU und FDP hatten gefordert, dass der Volksentscheid mit der Wahl zum Europaparlament (7. Juni 2009) oder zum Bundestag (27. September 2009) stattfinden sollte, damit die Wahlbeteiligung möglichst groß sei. Dem regierenden Berliner Senat hatte dies aber nicht gepasst, er hatte den 26. April 2009 für den Volksentscheid festgesetzt. Das ergab Mehrkosten in Höhe von 1,4 Millionen Euro für den Termin im April, aber angesichts der üppig ausgestatteten öffentlichen Finanzen in Berlin spielt das ja keine Rolle. Im Endeffekt scheiterte »Pro Reli« am 26. April 2009 mit 345 004 (48,4 Prozent) gegen 366 721 (51,4 Prozent) Stimmen. Von der mächtigen Hürde des 25-Prozent-Quorums (entsprechend 611 425 Stimmen) blieb man weit entfernt. Gleichwohl drängt sich ein Vergleich auf: Der rot-rote Berliner Senat hatte bei der Wahl zur Abgeordnetenkammer vom 17. September 2006 bei einer Wahlbeteiligung von 58,0 Prozent zusammen gerade eben 609 239 Stimmen für SPD und LINKSPARTEI.PDS erringen können. Karl Marx dürfte also zumindest in Brandenburg und in Berlin erneut einen Etappensieg erzielt haben, wenn er forderte: »Durch die (…) Verbannung des Religionsunterrichts aus allen öffentlichen Schulen (…) sollte das geistige Unterdrückungswerk gebrochen werden.«

»Lieber Gott, ich danke dir, dass du mich Atheist sein lässt!« Dieser Kalauer hat es in sich. Richard Wagner (2008) sieht das ähnlich: »Das Paradoxe besteht darin, dass der Atheist zunächst einmal das Christentum verteidigen muss, um Atheist bleiben zu können.«

Ersatzreligiosität

Auf der anderen Seite boomt trotz angeblich fortschreitender Säkularisation der Markt der Pseudo-Religionen, der Esoterik und der Psychokulte. Diese »Branchen« machen zehn Prozent des gesamten Buchmarktes aus.

Genannt sei speziell die New-Age-Bewegung, die geradezu eine vorgeschichtliche Naturreligiosität vertritt. Genannt sei der Ökologismus als Ersatzreligion – ein Ökologismus, mit dem sich Hedonisten und Nihilisten dieser Zeit offenbar ein gutes Gewissen verschaffen wollen. Genannt sei der Konsumismus als Ersatzreligion, der Waren zu Götzen macht (vgl. den Begriff »Konsum-Tempel«). Genannt sei der Narzissmus als Ersatzreligion, der den eigenen Körper zum Götzen macht (vgl. den Begriff »Fitness-Tempel«). Genannt sei die boomende Kommerzialisierung von Sinngebung in Form des »rent a friend« und in Form der Inflation des *Consulting* für alles. All dies sind Surrogate für eine verloren gegangene Religiosität. Besser: Das sind Formen neuer, sehr ichgebundener Religiositäten. Die Motive für solche Erscheinungen, Trends und Moden seien dahingestellt. Angst und ein gewaltiges Defizit an Sinn spielen sicher eine große Rolle. Zu einem erheblichen Teil handelt es sich dabei um eine Flucht ins Irrationale – eine Flucht, die ihrerseits zumindest teilweise als Reaktion auf die Entmythisierung des Religiösen verstanden werden könnte.

Inwieweit die Kirchen an solchen Entwicklungen ursächlich beteiligt sind, bleibt ihrer kritischen Selbstreflexion überlassen. Jedenfalls ist es für Religiosität nicht unbedingt förderlich, wenn Kirche sich wie politische Opposition im kirchlichen Gewande versteht und wenn sie Aufrufe verbreitet, die hinsichtlich sozialpolitischer Diktion ebenso aus der Feder von Gewerkschaftssekretären stammen könnten.

Bedeutung religiöser Bildung

Religion und Religiosität sind anthropologische Grunddimensionen. Der Mensch ist darauf angelegt, nach dem Sinn des Lebens zu forschen und sein Ich zu transzendieren. Sonst wäre er kein Mensch. Religionen, so Jacob Burckhardt (1818–

1897), sind der Ausdruck des ewigen und unzerstörbaren metaphysischen Bedürfnisses der Menschennatur. Viele Menschen wollen sich davon emanzipieren, um schnurstracks zu anderen Glaubenssystemen, zu Ideologien aufzubrechen.

Egal wie sich der Begriff »Religion« etymologisch herleitet, in allen drei Interpretationen der Sprachwissenschaften drückt die Sprache mit »religio« sehr weise aus, warum Menschen auf Religion angelegt sind. Gründet »religio« auf dem Verbum »relegere« (wiederholt lesen), so bringt der Begriff das Bedürfnis des Menschen zum Ausdruck, sich immer wieder zu versichern. Gründet »religio« auf dem Verbum »re(e)ligere« (wieder wählen), so bringt der Begriff den Wunsch des Menschen zum Ausdruck, zu Vertrautem zurückzukehren. Gründet »religio« auf dem Verbum »religari« (sich gebunden wissen), so bringt der Begriff zum Ausdruck, dass der Mensch Bindung braucht und Bindung will.

Wir kommen nicht umhin, der Religion und damit der religiösen Bildung vier große Bedeutungen zuzuschreiben:

Erstens: Religion und religiöse Bildung helfen gerade in der Moderne mit ihrer unüberschaubaren Komplexität, den Sinn des Lebens allgemein und des eigenen Lebens zu definieren. Die Texte der Bibel und des Evangeliums können dazu beitragen, denn sie beinhalten geronnene Erfahrung von vielen Generationen. Religion und religiöse Bildung können gerade in Zeiten einer Relativierung und Hinterfragung aller Normen ferner helfen, sich dem Wahren zu nähern. Hegel hat das so beschrieben: »Die Religion ist der Ort, wo ein Volk sich die Definition dessen gibt, was es für das Wahre hält.«

Zweitens: Religion und religiöse Bildung helfen, die eigene, ganz persönliche Identität zu finden. Persönliche Identität erwächst eben auch aus der Beschäftigung mit der Frage nach dem Sinn des eigenen Lebens, und sie erwächst aus einer gewissen biografischen Kontinuität, für die religiös geprägte Initiationsriten stehen.

Drittens: Religion und religiöse Bildung helfen, die eigene kulturelle Identität und eine Zukunftsperspektive zu finden. Diese Verwurzelung und diese Perspektive braucht der Mensch. Will sagen: Wir leben in einer Kultur, deren Entstehung ohne christliche Theologie, deren Kunst und Literatur ohne Kenntnisse des Christentums nicht zu verstehen sind. Ohne Religion, ohne Wissen um das Christentum mangelt es den Menschen an kultureller Identität. Wer diese Wurzeln kappt, der kappt die Wurzeln einer Rechtsordnung, deren »Geburtshelfer« (Manfred Spieker) schließlich das Christentum war. Dies bringt ja auch die Grundgesetz-Präambel mit ihrer Berufung auf Gott zum Ausdruck.

Viertens: Ohne religiöse Grundbildung entgehen den Menschen, zumal den jungen Menschen, wesentliche Dimensionen menschlichen Daseins. Wo sonst sind folgende Fragen anzusiedeln: Warum und wozu leben wir? Ist mit unserem Tod alles zu Ende? Was ist Gott, Schöpfung, Glück, Angst, Leid, Schuld, Sünde, Endlichkeit, Unendlichkeit, Ehe, Familie, Elternschaft, Gebet?

Natürlich haben solche Fragen vor allem im Religionsunterricht ihren prominenten Platz. Das schätzen Schüler durchaus, denn schließlich hat der Religionsunterricht ein besseres Image als die Mehrzahl der Fächer – hoffentlich nicht nur weil der Religionsunterricht gelegentlich in die Nähe eines Sozialkunde- und Psychologieunterrichts geraten ist. Und natürlich hat Religionsunterricht seine besondere Funktion, weil er über das rein Kognitive hinaus die »confessio«, das Bekennen impliziert; weil er verfassungsrechtlich – zu Recht – garantiert ist; weil er übrigens eine maßgebliche Garantie für die Religionsfreiheit ist; weil er den Staat vor der Versuchung bewahrt, in den Bereich der Werte einzugreifen.

Eine Bildung ohne diese Dimensionen, eine Bildung ohne Transzendenz und ohne das die sinnliche Erfahrung Überschreitende wäre eine Bildung der begrenzten, der amputierten Wirklichkeit. So gesehen, ist religiöse Bildung Teil der Welterklärung und Teil der Hilfe zur Lebensbewältigung. Und so gesehen, ist religiöse Bildung unverzichtbarer Teil der Allgemeinbildung.

10 Die selbstvergessene Sprachnation

Die Grenzen meiner Sprache bedeuten die Grenzen meiner Welt.« Dieses weithin bekannte Wort stammt von Ludwig Wittgenstein. Ein Zeitgenosse Wittgensteins, der US-amerikanische Linguist Benjamin Whorf, hat es ähnlich formuliert: Die Sprache bedingt, was der Sprecher denkt und wie er die Welt versteht. Dass diese Grenzen immer enger, dass das Denken und das Verstehen immer einfältiger werden in diesem unserem Lande, daran wird an allen Ecken und Enden eifrig gearbeitet. Wo aber die Sprache verödet, da verödet das Denken.

Sündenregister der Schulpolitik und der Schulpädagogik

Schulpolitik und Schulpädagogik in Deutschland schaffen es nicht mehr, den Nachwuchs solide in der Muttersprache zu schulen. Hier gab und gibt es viele Fehlentwicklungen: die geringe Stundenausstattung des Faches Deutsch als Schulfach zwischen der ersten und zehnten Klasse (nur ganze 16 Prozent der Wochenstunden); die Kürzung des Deutschunterrichts in der Grundschule zugunsten eines reichlich nutzlosen Unterrichts in Früh-Englisch; das Herunterfahren des curricular ausgewiesenen Grundwortschatzes auf nur noch 700 Wörter aktiven Wortschatzes am Ende der 4. Grundschulklasse; die selbst in gymnasialen Klassenstufen oft nur üblichen drei Deutschstunden pro Woche; ein bilingualer Unterricht, der eher auf eine zweifache Halbbildung hinausläuft; der Verzicht auf das Auswendiglernen von Gedichten; die mikrochirurgische Analyse kopierter Textauszüge als Leseverhinderungs-pädagogik; das Zustopseln von Lückentexten anstelle des Verfassens von zusammenhängenden Antworten; Deutschtests als Ankreuztests usw.

Es kommt hinzu, dass die »hohe« Literatur nur noch rudimentär zum Tragen kommt. Der ausgebürgerte russische Germanist Kopelew konstatierte dementsprechend 1989 – entsetzt über den literarischen Kahlschlag an deutschen Schulen und Universitäten – eine »Kulturrevolution ähnlich wie in China – nur ohne Mao«.

Vor diesen Hintergründen braucht der Deutschunterricht endlich eine Lobby, denn Sprache ist die »via regia« zur Kultur. Sprache und Literatur sind Speicher kultureller Erfahrungen sowie Vehikel zur Aneignung von Welt und zur Teilhabe an Welt. Ist das nicht der Fall, dann macht sich anstelle sprachlicher Kultur Geschwätzigkeit breit. Sie, die Geschwätzigkeit, wird dann zur großen Schlüsselqualifikation, die Ämter erschließt.

Eine Offensive zugunsten des Deutschunterrichts ist überfällig – auch deshalb, weil Sprache und Literatur Identität fördern. Teilhabe an Kultur lässt sich eben nur verwirklichen, wenn die Grundlagen für das Reden miteinander gemeinsame sind.

Ganz besonders brauchen wir eine Offensive für das Lesen. Das gilt zunächst für die Familien: Wenn die Eltern zu Hause nicht für Bücher, Zeitschriften und Zeitungen sorgen und in deren Nutzung Vorbild sind, dann lesen die Kinder eben kaum. Außerdem sind das Erzählen und das Vorlesen zu Hause die klugen Ammen zukünftig lesefreudiger Kinder. Eltern freilich, die bevorzugt erdnussmampfend und mit der »Blechsemmel« in der Hand vor der Glotze sitzen, können schlecht ins Kinderzimmer rufen: »Nun lies aber mal ein Buch!«

Nach den großen Anstrengungen von Bund, Ländern und Gemeinden bei der Ausstattung der Schulen mit Computern und neuen Medien sollten außerdem wieder die klassischen Printmedien an der Reihe sein. Man könnte sagen: Buch und Bibliothek statt Laptop und Computerlabor! Hier wäre – allein was die Ausstattung betrifft – mit vergleichsweise geringen Aufwendungen viel erreicht.

Sündenfälle der Wissenschaft und der Hochschule

Wenn man über die Rolle des Deutschen in einer weltweiten Wissenschaftlergemeinschaft nachdenkt, so muss man feststellen, dass das Deutsche – zumindest in den Natur- und Technikwissenschaften – keinerlei Rolle mehr spielt. Die Kommunikationssprache auf internationaler Ebene ist das Englische. Um Missverständnissen vorzubeugen: Ein solches Verständigungsmedium ist erforderlich, und die Rolle des Englischen soll nicht in Frage gestellt werden.

Während jedoch vor nicht allzu langer Zeit Publikationen in den Naturwissenschaften in mehreren Sprachen möglich waren, haben nun auch die deutschen Fachzeitschriften in vielen Bereichen ausnahmslos auf die Publikationssprache Englisch umgestellt. Die Entwicklung hin zur englischen Einsprachigkeit ist in Deutschland allerdings besonders weit vorangeschritten, denn in anderen Ländern, wie z. B. in Frankreich oder in Russland, legt man durchaus noch Wert darauf, auch in landessprachlichen Zeitschriften zu veröffentlichen, unbeschadet natürlich der Verpflichtung, zugleich in englischsprachigen Journalen zu publizieren.

Daneben beobachtet man in Deutschland seit einiger Zeit eine zunehmende Verdrängung der Landessprache selbst im internen Wissenschaftsbetrieb. Besonderes erbärmlich ist, dass oft sogar auf Fachkongressen in Deutschland mit 90 Prozent deutscher Beteiligung Englisch gesprochen wird. Viele Forschungsförderungsanträge, z. B. beim Bundesforschungsministerium, dürfen von deutschen Wissenschaftlern nur noch auf Englisch eingereicht werden. Begutachtungen der DFG müssen mitunter in englischer Sprache ablaufen, selbst wenn alle Antragsteller und das gesamte Gutachtergremium deutschsprachig sind. Immer mehr Lehrveranstaltungen für deutsche Studenten werden zudem von deutschen Dozenten auf Englisch abgehalten.

Es findet also – staatlich subventioniert – ein konsequenter Rückbau der deutschen Sprache in immer mehr Bereichen statt. Dass eine jede nationale Sprache auch Wissenschaftssprache sein muss, ist aber wichtig, denn dadurch werden Wissen und Wissenschaft demokratisiert. Die Verwendung der Nationalsprache als Wissenschaftssprache ist also keine Frage des Nationalstolzes, sondern eine Frage der Demokratie.

Selbst wenn deutsche Wissenschaftler wirklich über exzellente Fremdsprachenkenntnisse verfügen: Komplexe Sachverhalte können sie niemals so treffsicher, stilistisch so nuanciert und vor allem so bildhaft wiedergeben, wie das in einer Muttersprache möglich ist. Die Folgen wären Missverständnisse, eine Verflachung des inhaltlichen Niveaus sowie die Unterdrückung kontroverser Diskussionen, wenn neueste Ergebnisse auf Englisch besprochen werden.

Hierzu hat der Münchner Immunologe Ralph Mocikat (2005 Initiator der sieben Thesen zur deutschen Sprache in der Wissenschaft) eine kleine empirische Untersuchung angestellt. Es wurden insgesamt 14 Seminare mit ausschließlich deutschsprachigen Teilnehmern verfolgt und die Zahl der Diskussionsbeiträge durch die Teilnehmerzahl dividiert. Die Diskussion war hoch signifikant eingeschränkt (um den Faktor 6,3), wenn man gezwungen war, die Fremdsprache zu benutzen. Trotzdem greift ein »Academic pidgin English« um sich. Und: »The language of good science is bad English.« Das sagt einer der renommiertesten Anglisten in Deutschland, Ekkehard König. Eine wachsende Zahl von Wissenschaftlern jedenfalls

ist über die aktuelle sprachliche Entwicklung im Forschungs-
betrieb besorgt. So wurde z. B. 2005 ein Thesenpapier zur
deutschen Sprache in der Wissenschaft veröffentlicht, das von
mehreren hundert namhaften Persönlichkeiten mitunter-
zeichnet wurde (www.7thesenwissenschaftssprache.de).

Die Denglisch-Seuche

Ein berühmt-berüchtigter Banken-Peanuts-Mensch soll einmal in »broken English« gesagt haben: »Jeder muss im Job
permanently seine Skills so posten, dass die Benefits alle
Ratings sprengen und der Cash-Flow stimmt.« Die deutsche
Sprache scheint zumindest bei Herrschaften dieser Gattung
zwischen die Mahlsteine der Globalisierung geraten zu sein.
Denn: Der globalisierte Deutsche spricht Englisch bzw. das,
was er dafür hält: BSE (bad simple English) oder im gleich
schlimmen Fall Denglisch bzw. Engleutsch.
Führende Politiker marschieren – zumindest qua Empfehlung – vorneweg. Baden-Württembergs Ministerpräsident
Günter Oettinger etwa meinte Anfang 2006, eines Tages werde das Englische selbst in Deutschland die Arbeitssprache sein,
das Deutsche werde Sprache des Privatlebens bleiben.
Doch die Sündenregister wider das Deutsche reichen viel weiter – weit hinein in den Alltag: Die Gastronomie arbeitet mit
Catering, Fastfood, Shakes. In der Schönheitsbranche geht
nichts ohne *Age re-perfect, Relaxen, Wellness,* in der Unterhal-
tungsindustrie nichts ohne *Backstage, Highlight, Performance.*
Mit der Kommunikationsterminologie samt *Browser, Fire-
wall, Freeware, Headset, Scanner, Tools, Touchscreen* und mit
der Sportterminologie samt *Coach, Hattrick, Mountainbike,
Playoff* wird man sich mehr oder weniger angefreundet haben.
Aber die aggressivste Sprachbarbarei geschieht derzeit in der
Psychologie (*Brain up, Burnout, Councelling, Feedback, Fee-*

ling, Flow, Mindmapping) und in der Wirtschaft (*Benchmarking, Employability, Global Player, Lean Production, Outlet Center*).

Überhaupt wird das von Deutschen generierte Englisch von Engländern zum Teil nicht verstanden: Der *Shootingstar* ist Unsinn, denn im Englischen ist dies ein niederstürzender, verglühender Komet. Wie verirrt die Sucht nach dem Englischen ist, zeigt der Begriff *Public Viewing*, der im Englischen öffentliche Leichenschau bedeutet.

Wer nun meint, wenigstens der Bildungssektor würde sich dieser Anglomanie entziehen, wird bitter enttäuscht sein. Das Gegenteil ist der Fall: Die Sprache der Bildung gibt sich besonders »trendy«. Kultusministerien übertreffen sich gegenseitig mit: *Educ@tion, Learntec, knowledge-machines, Soft Skills* usw. Eine Schulministerin ist nicht mit den PISA-Ergebnissen aller ihrer Schulen zufrieden; auf die Frage, welche Schulen sie meine, lässt sie antworten, sie wolle kein »*naming and blaming*«.

Ist die Decke damit schon erreicht? Wie wäre es mit *New School*? Oder *Lean School*? Wir gründen einfach eine *Task Force* und geben den Grundsatz aus: *Simplify Your School*! Zu den *To Dos* und *Must Haves* einer solchen Schule gehören gewiss: *Brain Food* (anstelle von gesunder Pausenernährung), *Crashkurse* (anstelle der Schnellbleiche vor einer Prüfung) und *Clubwear* (anstelle von Schuluniform). Und bei Weihnachtskonzerten deutscher Schulen sucht man ohnehin vergeblich nach deutschen Weihnachtsliedern.

Die Hochschulen stehen diesem Protzgehabe nicht nach. Dass das Diplom und das Staatsexamen bald Vergangenheit sind, wissen wir; jetzt gilt: *Bachelor welcome*! Deutsche Fachhochschulen nennen sich *University of Applied Sciences* und – wenn sie besonders dick auftragen wollen – *Best practice Hochschule*.

Was weltmännisches Auftreten beweisen soll, ist im Grunde genommen Provinzialität. Tiefenpsychologisch handelt es sich um eine verbalerotische Hyperventilation zwischen Imponiergehabe und infantil staunender Gläubigkeit. Narzisstisch ist zudem der Dünkel zu meinen, mit dem Gebrauch dieser Sprache signalisiere man Zugehörigkeit zur Klasse der Global Player und des Jetsets. Politisch schließlich wird eine solche Sprache zum Politikersatz, das heißt zu einer Politik, die das Etikettieren bereits für politisches Handeln hält. Freilich übersieht eine solche Politik, dass man Substanzverlust nicht mit Sprechblasenproduktion kompensieren kann. Was ist also von all den verbalen Wind- und Pop-Corn-Maschinisten zu halten? Nun, es ist affig im Sinne des Nachäffens.

Ernsthaft aber: Diese denglische Verbalerotik hat zu tun mit Selbstverleugnung, zumindest mit Selbstvergessenheit. Die Londoner *Times* nennt die Anglomanie der Deutschen gar »linguistic submissiveness«. Gesellschaftspolitisch verrät sich in dieser Sprache zudem eine bestimmte Ideologie. Diese Sprache signalisiert nämlich den Kotau von immer mehr Lebensbereichen vor einem flachen Ökonomismus.

Aber es gibt Lichtblicke. Da gibt es doch tatsächlich große Unternehmen, die mit der Denglisch-Werbung ihr Saulus-Erlebnis hinter sich haben, die nämlich zur Kenntnis nehmen mussten, dass das Gros der Kunden (bis über 90 Prozent) ihre Werbesprüche nicht verstand: Bei McDonald's heißt es deshalb jetzt nicht mehr »*Every time a good time*«, sondern »Ich liebe es«; bei Sat.1 nicht mehr »*Powered by Emotion*«, sondern »Sat.1 zeigt's allen«; beim Energiekonzern RWE nicht mehr »*One group, multi utilities*«, sondern »Alles aus einer Hand«; bei Douglas nicht mehr »*Come in and find out*«, sondern »Douglas macht das Leben schöner«. Das ist doch schon mal was.

Ein paar Leute wollen noch mehr erreichen; sie wollen das Thema regelmäßig popularisieren. Im Februar 2006 wurde deshalb die Aktion Lebendiges Deutsch (ALD) aus der Taufe gehoben. Diese ALD versteht sich keineswegs als verbissener Sprachpurist. Es geht der Aktion also nicht um treffende

Importe, die im Idealfall noch dazu wie deutsche Wörter geschrieben und großteils deutsch ausgesprochen werden: Bar, Drops, fair, fit, Flirt, Flop, Grill, Hit, Hobby, Lift, Party, Sex, Slip, Sport, Spurt, Star, Start, Stop, Test, Tip, Toast, Trip. Die Aktion will vielmehr bewusst machen, dass viele deutsche Wörter kürzer, oft markanter sind als ihr englisches Pendant: Die deutschen Einsilbler Geld, Mut, nichts, weil, Berg usw. sind kürzer als die englischen Zweisilbler *money, courage, nothing, because, mountain*. Viel kürzer als die englischen Drei- und Mehrsilbler *in spite of, in front of, happiness* sind die deutschen Einsilbler trotz, vor, Glück. Entsprechendes gilt für Umwelt versus *environment*, Bahnhof versus *railway station*, Trödler versus *second-hand dealer*.

Nun ist diese Aktion seit 2006 tätig. Anfang 2009 ist die Zuschrift Nummer 50 000 zu den monatlichen Suchwörtern eingegangen. Auf diese Weise sind bislang beispielsweise folgende »Übersetzungen« zustande gekommen: *Homepage* = Startseite, *Shareholder Value* = Aktionärsnutzen, *Countdown* = Startuhr, *Junk Bonds* = Schrottanleihen, *Airbag* = Prallkissen, *Brainstorming* = Denkrunde, *Fastfood* = Schnellkost, *Bad Bank* = Giftbank. Es ist viel Kreatives und Witziges dabei. Allein *Brainstorming* erbrachte mehr als dreitausend verschiedene Vorschläge von mehr als 10 000 Einsendern, darunter Gripstreff, Hirnhatz, Synapsentango. Für *Fastfood* kamen als Alternativen Schmampf, Dampfmampf, Hatzfraß, für *Anti Aging* so lustige Übersetzungen wie Runzelblocker, Faltenbügler.

Die Rechtschreibreform

Seit 1998 ist die viel versprechende (nicht: vielversprechende) Rechtschreibreform in Kraft. Man muss daran erinnern. So als sei der Mensch ewig ein Schüler, kaufte man ihn ab 1993 für das Reformversprechen, dass jetzt hinsichtlich s-/ss-/ß-Schrei-

bung nicht mehr unterschieden werden müsse zwischen
»Schloß« und »Schlösser«. Dafür hat der Rechtschreibende
jetzt Probleme mit der allein stehenden Frau, weil er nicht
weiß, ob damit die Solofrau (»alleinstehend«) oder die einsam
an der Bushaltestelle stehende (»allein stehend«) gemeint ist.
Hätte man statt eines mehr als zehnköpfigen, jahrelang rin-
genden Professorenteams nur eine einzige Woche lang einen
Journalisten, einen Lektor und einen Deutschlehrer in ein
Kloster eingesperrt, es wäre ein Reformwerk aus einem Guss
geworden – und man hätte unendlich viel Geld gespart.
Seit es die Achtundsechziger gab, galt Rechtschreibung als
Herrschafts- und Selektionsinstrument, dem der Garaus zu
machen sei. Was Wunder, dass sich Reformer aufmachten,
diese Bastion zu schleifen. Dabei hätte es doch eine andere
Möglichkeit gegeben, nämlich die Rechtschreibung in den
Schulen wieder ernst zu nehmen und konsequenter zu üben,
anstatt sie zu diskreditieren. Kniefälle also vor einer fort-
schreitenden Legasthenisierung der Gesellschaft?
Vor zehn Jahren wollte man uns eintrichtern: Die Schüler
würden mit der neuen Schreibung zwischen 40 und 70 Prozent weniger Fehler machen. Falsch! Falls es überhaupt zu
einer Verringerung der Fehler kam, dann hat das vor allem mit
dem Prinzip Beliebigkeit zu tun. Beliebigkeit heißt zum Beispiel: Wenn ich ein Komma setzen kann, aber nicht muss,
dann passieren hier eben formell erheblich weniger Fehler.
Überhaupt ist der größte Kollateralschaden der Rechtschreibreform das um sich greifende Gefühl der Beliebigkeit: Immer
mehr Junge und Alte glauben, man könne in weiten Bereichen
so schreiben, wie man will. (Die Erleichterungspädagogik,
derzufolge jetzt die phonetische Schreibweise zulässig ist, tut
hier ein Übriges.) Vor allem aber hat durch die Rechtschreibreform die Lesbarkeit von Texten gelitten (siehe Kommaset-
zung, Trennung und weitgehenden Wegfall des »ß«, das ein
Lesegeländer – zum Beispiel in der Konjunktion »dass« –

war). Insofern war es der Kardinalfehler der Reformer, den schreibenden Grundschüler zum Maßstab für die Reform zu machen statt den schreibenden und lesenden Erwachsenen.

Die Situation des Deutschen im Ausland

Die deutsche Sprache verliert im Ausland immer mehr an Boden. Nur noch in kleineren Nachbarländern wie Dänemark (84 Prozent) und Luxemburg (100 Prozent) lernt das Gros der Heranwachsenden das Deutsche. In den sogenannten MOE-(mittel-ost-europäischen)Staaten hat es mehr und mehr ausgespielt. In Slowenien, Ungarn, Polen, in der Slowakei sowie in Tschechien sind es noch zwischen 35 und 49 Prozent der jungen Leute, die die deutsche Sprache erlernen, in Skandinavien (Ausnahme: Dänemark) nur noch zwischen 22 und 29 Prozent. Selbst die Franzosen, die sich im Deutsch-Französischen Kulturabkommen vom 23. Oktober 1954 in Artikel 7 eigentlich zur Förderung des Deutschen als erster oder zweiter obligatorischer Fremdsprache in ihrem Land verpflichtet haben, kommen nur auf 17 Prozent Deutschlerner.

Da haben dann doch viele geschlafen; auch die deutsche Politik hat geschlafen. Es fehlt schlicht und einfach an einer konsequenten Förderung des Deutschen im Ausland durch Politik und Wirtschaft. Da es aber keine Sprachpolitik in diesem Lande gibt, verliert das Deutsche auch weltweit an Boden. So hat sich die Zahl der Deutschlerner von 2000 bis 2005 um rund 16 Prozent reduziert, das heißt von rund 20 Millionen auf 16,8 Millionen.

Zudem beobachten wir: Auf EU-Ebene gibt es Dokumente oft nur in Englisch oder Französisch. Deutsche in Brüssel sprechen englisch, selbst wenn sie unter sich sind. Deutsche Konzerne kommunizieren im Ausland vor Ort am liebsten auf Englisch; sie honorieren selten gute Deutschkenntnisse der einheimischen Bevölkerung. Dabei wäre Sprachexport kein aggressiver Akt, sondern ein Akt der Öffnung einer Nation für andere Nationen.

Deutsch ins Grundgesetz!

Gegen die um sich greifende Selbstvergessenheit, ja Selbstverleugnung der Deutschen sollten wir einen aufgeklärten Sprachpatriotismus setzen. Mit Imperialismus, Nationalismus, Chauvinismus oder gar Zwangsgermanisierung hat das nichts zu tun. Helfen aber könnte die Verankerung der deutschen Sprache im Grundgesetz. Im Gegensatz zu Ländern etwa wie Österreich und Schweiz hat die deutsche Sprache in Deutschland immer noch keinen Verfassungsrang. Die deutsche Sprache als neuer Absatz 3 im Artikel 22 des Grundgesetzes (»Die Sprache der Bundesrepublik ist Deutsch.«) – es wäre dies schlicht und einfach ein Stück Normalität. Schließlich haben zwei Drittel der EU-Länder die Landessprache in ihrer Verfassung verankert.

Diese Verankerung der deutschen Sprache im Grundgesetz könnte zudem helfen zu vermeiden, dass wir auch sprachlich auf Parallelgesellschaften zustreben. Berlin-Kreuzberg und Neukölln sind fast schon autarke Gebiete. Vom Gemüsehändler bis zum Zahnarzt spricht dort alles türkisch.

Die Festlegung auf Deutsch als Landessprache wäre insofern ein wichtiger Schritt zur Integration. Selbst individuell bringt das manchen Vorteil mit sich: In einem Rechtsstreit beispielsweise oder bei Vertragsverhandlungen ist der Kontrahent bzw. der Partner im Vorteil, der sich in der Muttersprache bzw. der Landessprache exakt ausdrücken kann. Für Zuwanderer ließe sich aus einem Verfassungsrang der Landessprache ein gewisser Anspruch ableiten, nämlich dass dieser Staat alles tut, um das Erlernen seiner Sprache zu fördern.

Wer aber auf die verfassungsrechtliche Festlegung der deutschen Sprache verzichtet, erzeugt Parallelgesellschaften. Zuwanderer sollten ansonsten schon qua Verfassung merken, was dieser Staat und dieses Gemeinwesen erwarten. Das Beherrschen unserer Landessprache ist nun einmal das A und O der Integration, das entscheidende Vehikel für die schulische, wirtschaftliche und gesellschaftliche Einbindung von Zuwanderern.

Im Übrigen hat Sprache sehr viel mit Identität zu tun. Gerade die Deutschen könnten sich über ihre Sprache wieder ihrer Identität als Kulturnation besinnen. Eine Esperanto-Identität wäre keine Identität. Die Menschen spüren das. Immerhin zeigen die jüngsten Meinungsumfragen, dass ein überwältigender Teil der Bevölkerung die deutsche Sprache im Verfassungsrang sehen möchte. Somit bleibt zu hoffen, dass – angeführt von Bundestagspräsident Norbert Lammert – der größere und selbstbewusste Teil der CDU, der die deutsche Sprache verfassungsrechtlich verankert sehen möchte und der sich beim Stuttgarter Parteitag Anfang Dezember 2008 mit einem entsprechenden Antrag gegen den Willen von Kanzlerin Merkel durchsetzte, am Ende erfolgreich bleibt.

11 Demokratie braucht gebildete Eliten

Eigentlich müsste man auch in Deutschland unverkrampft über Elite diskutieren können. Man kann es aber nicht. Während Franzosen oder US-Amerikaner mit dem Begriff »Elite« sowie mit Eliten selbst keinerlei Probleme haben, ist »Elite« in Deutschland immer noch ein Reizwort – ganz in der Nähe von »Privileg«, »Arroganz«, gerne assoziiert mit reaktionär-repressiver, gar kryptofaschistischer Haltung. Hinter dieser Negation aller Unterschiede zwischen Menschen lauert, so mutet es an, eine schier parareligiöse Heilserwartung einer klassenlosen Gesellschaft, in der jede Art von Elite überflüssig sei.

Was nicht alle sind, darf keiner sein. Was nicht alle haben, darf keiner haben. Was nicht alle können, darf keiner können. Also soll es offenbar – außer im Sport und in der Musik – keine Elite geben. Dass übrigens alle *egalitären* Visionen von *elitären* Denkern stammen, sei am Rande erwähnt. Ja selbst marxistische Kader verstehen sich als eine Elite, die meint, sogar historische Gesetzmäßigkeiten zu kennen und in sie eingreifen zu können.

Nach Jahren und Jahrzehnten eines reichlich verkrampften Anti-Elitismus durfte man hoffen, dass Deutschland seine Anti-Elite-Reflexe hinter sich gelassen hat. Diese Hoffnung trog. Das Fehlverhalten einiger Top-Manager etwa bei Post, Siemens und in der internationalen Bankenwelt reichte aus, um alte Affekte zu reanimieren: Elite ist schlecht, Attacke gegen Elite ist gut. Ein sonntägliches TV-Talk-Ersatzparlament titelt im April 2008: »Gierig, maßlos, arrogant – die Elite am Pranger«. Dort tritt eine dynamische Journalistin auf, die tatsächlich ein paar private, angeblich elitäre Kindergärten und Schulen besucht hat und die nun meint, der Begriff »Elite« hätte eigentlich mit den Begriffen »Führer« und »Rasse« untergehen sollen. Angeführt wird die Anti-Elite-Elite von einem Forscher aus Darmstadt, der Definitionen wie folgende zum Besten gibt: Elite sind die, die eine Jacht kaufen, am Starnberger See wohnen, golfen und segeln gehen und deren Kinder in Nobelbars mehrere hundert Euro für eine Flasche Champagner auf den Tisch legen. Überhaupt, so der Herr Elite-Forscher: Elite sei undemokratisch und anachronistisch. Schließlich begründe sich Elite nur durch bürgerliche Umgangsformen. Die Frage, was denn gegen gesittete Umgangsformen einzuwenden sei und ob nicht so manches Problem mit einem Zuwenig an Bürgerlichkeit zu tun habe, gehört aber wahrscheinlich nicht hierher. Für einen anderen Wissenschaftler aus Hannover ist der Ruf nach Elite gar die vornehmere Variante der Stammtischforderung nach dem »starken Mann«. Sind wir also wieder so weit – bei »Napolas« und Kaderrekrutierung à la DDR?

Viel Zerrbild also! Dass wir manchmal nicht nur ein Unterschichten-, sondern auch ein Oberschichtenproblem haben, wissen wir. Natürlich gibt es Problem-Eliten, Abzocker und Nieten in Nadelstreifen. Und natürlich gibt es die undurchsichtigen Karriere-Netzwerke zur Beförderung von mittelprächtigen Parteigängern. Gewiss gibt es die Steuerflüchtigen und die *Yellow-Press-Celebrities*, die nur strahlen, weil sie angestrahlt werden. In der Folge jedenfalls kommt das Gezeter um »die da oben« gut an. Ungemach droht dem Elite-Gedanken zudem durch seine Inflationierung. Wer im Internet »googelt«, der landet beim Stichwort »Elite« 160 Millionen Treffer. Computerspiele, Hotels, Sportgeräte heißen so, sogar ein Magazin für Milcherzeuger schmückt sich mit diesem Namen. Aber weder pseudoelitäres Gehabe noch der Missbrauch von Elite durch Faschismus und Kommunismus machen Eliten überflüssig.

Eliten statt Elite!

Vielmehr gilt: Der Dualismus Masse versus Minderheit besteht seit Urzeiten. Schon in der Bibel (Matthäus 20,16 und 22,14) heißt es: Multi vocati, pauci electi – Viele sind gerufen, wenige aber auserwählt. Die Geschichte der Völker und Staaten ist vor allem eine Geschichte ihrer Eliten (Kaltenbrunner, 1990). Heute gilt zudem: Je komplexer Gesellschaft, Wirtschaft und Wissenschaft, umso mehr sind wir auf Eliten angewiesen: auf wissenschaftliche, technologische, wirtschaftliche, künstlerische, intellektuelle, religiöse, pädagogische. Dass es etwa auch erotische und kriminelle Eliten gibt, sei nur der Vollständigkeit halber erwähnt. Und: Eliten gibt es in allen Systemen – seien sie aristokratisch, monarchisch, diktatorisch oder demokratisch. Nur Häuptlinge und keine Indianer – das funktioniert nirgends.

Deshalb geht es nicht ohne Eliten – nicht ohne Auswahl der Fähigsten, ohne eine Auswahl, wie sie ja im lateinischen Wort »eligere« (»auswählen«) zum Ausdruck gebracht wird. Vor diesem Hintergrund haben wir denn doch lieber demokratisch legitimierte Eliten, dann ist noch am ehesten garantiert, dass es sich hier um Eliten der zumindest näherungsweise Besten handelt.

Demokratie und Eliten – das ist kein unversöhnlicher Gegensatz, sondern wechselseitige Bedingung. Eine unmittelbare Herrschaft des Volkes *ohne* Eliten wäre eine weltfremde, zumindest naive Vorstellung. Demokratie darf nicht zum Diktat des Durchschnitts werden. Eine permanent wechselnde Kursbestimmung nach den Ergebnissen der Meinungsforschung wäre eine Vulgarisierung des Politischen; das Zählen von Meinungen ersetzt nun einmal nicht deren ideelle und intellektuelle Reflexion. In diesem Sinne hat Karl Mannheim auch heute recht: Der politische Kurs darf kein arithmetisches Mittel, sondern er muss die Frucht eines theoretischen Ringens um die richtige Richtung sein; und er muss die relativ richtigen Elemente rivalisierender Theorien integrieren. Das vermögen nur Spitzenleute zu leisten.

Radikal-demokratische Vorstellungen von der unmittelbaren Herrschaft des Volkes sind zumal in einer hochkomplexen Welt und in einer Welt des explodierenden Wissens eben nicht von dieser Welt. Aus Demokratie darf jedenfalls keine Versammlung gleich Mittelmäßiger oder gar ein »Konvent von ungefähr gleich Unwissenden« werden. In seiner Schrift *Die Verachtung der Massen* hat Peter Sloterdijk 1999 eindringlich vor dieser Gefahr gewarnt. Eine zur Gleichheit verurteilte Gesellschaft wäre zur Stagnation verurteilt. Demokratie kann deshalb auch im 21. Jahrhundert nur bedeuten: Die Mehrheit entscheidet, welche austauschbare Minderheit für eine bestimmte Zeit regiert. Das hat nichts mit geschlossenen Macht- oder Familien-Clans zu tun. Eine solche »Elite«, die sich abkapselte oder nur ihre Privilegien pflegte, wäre bald weg vom Fenster, weil es ihr an Gemeinsinn und an Akzeptanz im Volk fehlte.

Deshalb muss jede Gesellschaft – zumal eine demokratische – offen sein für neue Eliten, die hinsichtlich Mechanismen der Allokation transparent sind und die zugleich auswechselbar bleiben. Joseph Alois Schumpeter nennt gerade die Auswechselbarkeit in seinem 1942 in den USA erschienenen Klassiker mit dem Titel *Kapitalismus, Sozialismus und Demokratie* die »lebenswichtige Tatsache der Führung«. Der Vorteil der Demokratie dabei sei, dass sie den Austausch von Eliten ohne Blutvergießen ermögliche.

Wer legitimerweise die herrschende Minderheit ist, darüber gilt es zu streiten. Bloße Machtelite oder blanker Geldadel kann es nicht sein. Bloße Funktionselite darf es auch nicht sein, denn wertfreie Eliten sind keine Eliten; es fehlen ihnen sozusagen ein Menschenbild und eine Seele. Eine Leistungs- und Verantwortungselite muss es sein, die zugleich Reflexions- und Werteelite ist – Letzteres aber hoffentlich nicht als bloße Vetoelite.

Das ist kein abgehobenes Plädoyer für Platons Vorstellung, derzufolge eine Polis nur dann gut sein könne, wenn die Könige Philosophen sind oder die Philosophen Könige. Aber ein wenig mehr Intellektualität und Idealismus möge schon sein. Engagement allein reicht nicht als Merkmal von Elite, Erkenntnis und Weisheit sollen hinzukommen. Das ist ja die große Sünde vieler sogenannter Intellektueller, dass sie Engagement oder gar Gesinnung an die Stelle von Wahrheit setzen. Aber auch der dynamisch zupackende Pragmatismus einer Realpolitik macht noch keine Elite aus. Denn hier rangiert das Reflektieren oft genug hinter dem Handeln. Gefragt ist eine Verschränkung von »Wirklichkeits- und Möglichkeitssinn« (Robert Musil). Die politische Machtelite sollte zugleich Max Webers Unterscheidung zwischen dem Gesinnungsethiker und dem Verantwortungsethiker reflektieren. Während sich der Gesinnungsethiker nur dafür verantwortlich fühle, dass die Flamme der reinen Gesinnung nicht erlösche, bedenke der Verantwortungsethiker stets auch die Motive und Ergebnisse seines Handelns.

Ansonsten ließe sich mit dem Gegensatzpaar Gesinnung versus Verantwortung die gesamte Intellektuellenszene beschreiben. Gesinnungsintellektuelle als selbstgefällige Provokationselite gibt es zuhauf. Es sind dies diejenigen, die die Menschen nicht besser verstehen, sondern mit Gleichheit erlösen wollen. Wohl deshalb hat eine Egalitätselite in breiten Kreisen der Bevölkerung immer die Nase vorne, aber vermutlich auch deswegen, weil durch das andere gesellschaftspolitische Lager ein diffuser Antiintellektualismus wabert und weil dort – verkleidet hinter Pragmatismus und Realpolitik – das Denken hinter dem Handeln rangiert.

Nichts wäre also im Interesse der Pluralität intellektueller Eliten notwendiger als ein konservativ-liberaler Gegenbegriff zu linken Vorstellungen von intellektueller Elite. Freilich ist es erheblich schwieriger, konservativ-liberale Intellektuelle zu finden, denn konservativ-liberales Denken orientiert sich stärker am Konkreten als am Denkbaren, es will nicht verändern um der Veränderung willen, sondern es will kontrolliert zum Zwecke der Verbesserung der Umstände verändern. Konservativ-liberales Denken ist auch nicht geprägt von einem euphorischen Radikalismus, sondern von einem Skeptizismus gegenüber allen Visionen einer Perfektibilität des Menschen und seiner Gesellschaften. Skeptiker ist einer ja deshalb, weil er nicht um die eine Wahrheit zu wissen glaubt, sondern weil er um verschiedene Wahrheiten des Menschseins und um die Unvollkommenheit des Menschen im Diesseits weiß. Schwierig, konservativ-liberale Elite zu finden, ist es schließlich deshalb, weil konservativ-liberale Intellektuelle von interessierter Seite oft dem Generalverdacht des Antidemokratischen, wenn nicht gar des Faschistoiden ausgesetzt werden. Dafür hat das Klima einer spießigen *political correctness* gesorgt, der alles rechts von Angela Merkel bereits verdächtig ist. Deshalb sind bei konservativ-liberalen Regierungen konservativ-liberale Intellektuelle in der Regel weniger beliebt als progressiv-egalitäre Intellektuelle bei linken Koalitionen.

Vor dem Hintergrund einer Verpflichtung von Eliten auf eine Ethik der Verantwortung kann selbst Ungleichheit gerecht sein – nämlich dann, wenn Elite allen, gerade Schwächeren, nützt und das Handeln von Eliten quasi zu einem *inequality surplus*, zu einem Mehrwert führt. Dass zwanzig Prozent der Deutschen rund sechzig Prozent der Steuern zahlen, ist insofern korrekt. Denn Elite zu sein bedeutet schließlich Sozialpflichtigkeit des eigenen Handelns und des eigenen Status. Nicht umsonst steht in Artikel 14 des Grundgesetzes: »Eigentum verpflichtet. Sein Gebrauch soll zugleich dem Wohle der Allgemeinheit dienen.«

Das sind hohe Ansprüche, die nur erfüllbar sind, wenn Politik und Wirtschaft wieder mehr geprägt werden von der Macht des Geistes statt vom Ungeist der Macht. Ein diffuser Antiintellektualismus hilft keiner Demokratie weiter. Und umgekehrt ist eine Demokratie dann in größter Gefahr, wenn ihr die intellektuelle Elite die Loyalität entzieht. Nehmen wir die nur 14 Jahre während Weimarer Republik. Dort hatte es der Idee Demokratie und der real praktizierten Demokratie an der Loyalität der Intellektuellen gefehlt: vonseiten der Konservativen ebenso wie vonseiten der Linksintellektuellen. Und damals wie heute hat man den Eindruck, gerade so manch Intellektueller aus den Bereichen Kultur und Gesellschaftswissenschaften weidet sich an Krisen mit Genugtuung. Nein, Demokratie braucht die – durchaus kritische – Sympathie Intellektueller, aber nicht deren klammheimliche Genugtuung ob gesellschaftlicher Missstände. Mit ihrer intellektuellen Autorität sollten Intellektuelle eben auch Hüter der Demokratie sein. Andernfalls hat Demokratie auf Dauer keine Überlebenschance.

Für humanistisch gebildete Eliten

Eine Demokratie braucht jedenfalls Spitzenkräfte in allen Bereichen. Die renommierte Bildungsjournalistin der *Frankfurter Allgemeinen Zeitung* Heike Schmoll hat skizziert, welche Ansprüche an diese Spitzenleute zu stellen sind. Aus ihrem Buch *Lob der Elite – Warum wir sie brauchen* ist eine anspruchsvolle Konzeption einer humanistisch geprägten Elite geworden. Schmoll stellt sich unter Elite Leistungs- und Verantwortungsträger vor, die Ausnahmezustände sehr schnell begreifen und die aus ihrer historisch-kulturellen Unterkellerung heraus die Legitimität vorhandener oder zukünftiger Umstände reflektieren.

Dem ist uneingeschränkt beizupflichten, denn der real existierenden Funktionselite fehlt es zum Teil an einem solchen kulturellen, ethischen oder intellektuellen Anspruch. Deshalb kommt es ja immer wieder zu einer Entfremdung zwischen Funktionseliten und Reflexionseliten. Besser noch wäre es, Leistungsträger wären in Personalunion zugleich hochgebildete Reflexionseliten, die aus einer Gesamtschau heraus Orientierungen vorleben. Wir brauchen zudem ein Verständnis von Elite, bei dem die Gedanken des Dienens, des Respekts und des Takts eine maßgebliche Rolle spielen. Das gilt zumal für Machteliten, deren Spitzen nicht umsonst »Minister« (von lateinisch »ministrare« = »dienen«) heißen. Plakativ könnte man sagen: Elite heißt Verdientmachen durch »öffentlichen Dienst«, durch ein »Ethos des Dienstes am Gemeinwohl« (Max Weber); heißt, »Treuhänder« der Allgemeinheit (Kaltenbrunner) zu sein; heißt, Respekt zu haben vor anderen, die begründet anders urteilen; heißt, taktvoll umzugehen mit denen, die bestimmte Leistungen nicht erbringen können.

So gesehen, verbindet sich Elite mit charakterlicher Integrität. Denn solche Elite schert sich nicht um die Ausstrahlung des Machers, sondern sie fordert – an Selbstdisziplin und Askese der Allgemeinheit durchaus ein Vorbild – von sich selbst mehr als von den anderen. Für solche Leute gilt Theodor Adornos Spruch: »Elite mag man in Gottes Namen sein; niemals darf man als solche sich fühlen.« Solchen Leuten wäre das sogenannte Volk auch bereit zu folgen.

Wäre da eben nicht wieder der typisch deutsche Anti-Elite-Reflex! Gerade den Deutschen nämlich fehlt es – anders als Amerikanern, Engländern oder Franzosen – am Vertrauen in Eliten und auch in Institutionen. Das ist ein nicht ungefährliches Misstrauen, denn der berühmte Mann von der Straße kann die Chancen und Risiken etwa verschiedener Entwicklungen oder Innovationen, die in unterschiedlichen Lebensbereichen passieren und bewertet werden wollen, auch nicht annähernd einschätzen, weil ihm schlichtweg die Grundkenntnisse fehlen. Das heißt nicht, dass Spitzenexperten immer richtig liegen. Aber sie irren sich dank ihres Wissens und ihrer Erfahrung viel seltener als der Laie. Diejenigen, die solche Kenntnisse und Einsichten nicht haben, sollten also wenigstens erkennen, dass sie sich Einsichtigen anvertrauen sollten. Will sagen: Eliten – so sie legitime Eliten sind und so sie für ein Gemeinwesen wirken sollen – brauchen Vertrauen. Wie aber Eliten gewinnen? Eliterekrutierung durch Protektion wäre der falsche Weg, denn eine Elite, die damit unter sich bliebe, bringt nichts. Und abwegig wäre es, bei der Gewinnung von Führungskräften der uralten Praxis zu folgen: Spitzenleute holen sich Spitzenleute, zweitklassige Leute holen sich drittklassige, und drittklassige feuern Spitzenleute. Das kann es nicht sein. Vielmehr spielen hier Erziehung und Bildung hinein, selbst wenn man Eliten nicht bis ins Letzte planen kann. Man kann sie aber fördern. Das wache Auge von Lehrern an Schulen und Hochschulen ist hier ebenso gefordert wie das wache Auge von Wirtschaftskapitänen, Personalchefs, Spitzen der Staatsverwaltung, Publizisten und Parteiführern. Wenn diese Leute in vielerlei Hinsicht auch noch selbst Vorbilder sind, wird es ihnen sogar gelingen, angehende Spitzentalente an sich zu binden. Elite wird man jedenfalls nicht per Vertrag mit einer privaten, sogenannten Eliteschule am Bodensee, in Mecklenburg oder in England. Elitär daran ist nämlich nur das aufzubringende Jahressalär von 25 000 bis 30 000 Euro. Zuallererst aber müssen sich Bildungspolitik, Pädagogik und so manche Lehrer von dem Vorurteil frei machen, Elite und Hochbegabung seien etwas Unanständiges. Die Zeit, zu der ein Hamburger Schulsenator 1985 bei der 6. Weltkonferenz für hochbegabte und talentierte Kinder meinte, Hochbegabung erinnere ihn an die »Vergötzung von Hochleistung« durch Hitler, sollte jedenfalls vorbei sein. Die Förderung besonders Leistungsfähiger stellt schließlich keinen Ersatz, sondern eine Ergänzung einer breiten Bildung aller sowie einer besonderen Förderung Lernschwacher und Benachteiligter dar. Richtig ist zudem: Während in der breiten Bildung aller Vieles getan und erreicht wurde, wurde das Mögliche und Notwendige in der Hochbegabtenförderung nicht getan. Auch leidet unter der Förderung Hochbegabter die Förderung der anderen keineswegs, denn schon mit weniger als einem Promille eines öffentlichen Bildungsetats wären überzeugende Erfolge in der Hochbegabtenförderung zu erzielen – zum Nutzen der Gemeinschaft.

Andere Länder sind bzw. waren da zum Teil viel weiter. Das Land mit der längsten Tradition in puncto Hochbegabung sind die Vereinigten Staaten. In den USA gibt es Förderprogramme für Hochbegabte seit über 100 Jahren. Eine Vielzahl an Einrichtungen zur Förderung besonders begabter Kinder und Jugendlicher existierte im ehemaligen Ostblock. Die vormalige DDR mag hierfür als Beispiel, nicht als Vorbild dienen. Dort wurden circa drei bis fünf Prozent der Schüler besonders betreut, nämlich in Spezialklassen etwa für Musik, Artistik, Mathematik, Physik oder Technik.

In Deutschland-West bzw. im geeinten Deutschland hat sich Vergleichbares erst ab den 1980er-Jahren zögerlich entwickelt: An 50 von 2500 Gymnasien in Deutschland gibt es eigene Klassen für Hochbegabte. Unumstritten sind diese Klassen freilich nicht, denn ob in sich geschlossene Gruppen der Entwicklung der Minderjährigen guttun, ist fraglich. Immerhin haben Schüler solcher Klassen wie in einer Art Laborraum kaum noch mit »Normal«-Schülern und deren Anliegen zu tun. Ansonsten wurden – allerdings nicht flächendeckend – sogenannte Pluskurse, Ferienakademien und Einrichtungen des Frühstudiums für besonders begabte Schüler etabliert. Wirklich breit angelegt sind indes nur die Wettbewerbe, die sich ebenfalls als Maßnahme der Begabtenförderung verstehen, zum Beispiel: die Bundeswettbewerbe für Mathematik,

Informatik und Fremdsprachen; der Wettbewerb *Jugend forscht*; die Internationalen Mathematik-, Physik- und Chemie-Olympiaden; die Bundeswettbewerbe *Jugend musiziert* und *Jugend trainiert für Olympia*.

Dass Hochschulen Eliten fördern können, dass dies in Massenuniversitäten aber nicht immer Realität ist, dürfte bekannt sein. Frankreich etwa holt sich seine Eliten für Staatsverwaltung, Politik und Wirtschaft über die drei Grandes Écoles. Die bekannteste Eliteuniversität ist die 1946 gegründete École Nationale d'Administration (ENA). Vor allem naturwissenschaftlich-mathematisch ausgerichtet ist die 1794 gegründete École Polytechnique. Dritte der Kaderschmieden ist die École Normale Superieur (ENS). Vergleichbares in Deutschland haben wir nicht. Immerhin aber gibt es jetzt die sogenannte Exzellenzinitiative. Für neun deutsche Universitäten werden zum Zweck der Spitzenforschung bis 2011 knapp zwei Milliarden bereitgestellt. Das ist schon mal was, selbst wenn es sich im Vergleich mit US-Spitzenuniversitäten mager ausnimmt – allein die Harvard-Universität verfügt über ein Vermögen von 36 Milliarden. Zu Beginn sind bei der Exzellenz-Runde von 2006 die beiden Münchner Universitäten und die Universität Karlsruhe in die Förderung aufgenommen worden. Die zweite Exzellenz-Runde von 2007 kam der TH Aachen, der FU Berlin sowie den Universitäten Heidelberg, Konstanz, Göttingen und Freiburg zugute.

Es tut sich also etwas, und damit bleibt die Sentenz vom einzigen Rohstoff, den die Deutschen haben, nämlich dem Rohstoff Geist, nicht bloßes Sonntagsgerede. Ansonsten gelingt Begabten- und Eliteförderung am besten auf der Basis einer zunächst breiten und anspruchsvollen Förderung möglichst vieler. Jeder halbwegs vernünftig geführte Sportverein weiß das.

Karl Jaspers schrieb 1960: »Die Demokratie bedroht sich selber, wenn die Majorität sich gegen die Gerechtigkeit sträubt, die auch den Begabten zuteil werden sollte. Denn die Demokratie ist auf dem Wege, sich selbst das Grab zu schaufeln, wenn sie die Stärke der Selbstbehauptung des Ganzen dadurch mindert, dass sie in allen Aufgaben und Lebensbereichen, in allen menschlichen Möglichkeiten nicht die Besten zur Erscheinung und Geltung kommen lässt.« Richtig!

12 Europa als Bildungsauftrag

Europa« steht in der Bevölkerung in keinem guten Ruf. Das ist ungerecht, denn der Unmut der Menschen richtet sich eigentlich nicht gegen die Idee eines ideell und politisch geeinten Europas, sondern gegen die EU mit ihrem Zentralismus, ihrem Demokratiedefizit, ihrem offensiven Hineinregieren in die Gesetzgebung der Mitgliedsstaaten, ihren Bussi-Bussi-Gipfeltreffen – und gegen die Regelungswut der EU bei Sachen Bananengröße, Traktorensitzen, Gurkenkrümmung und anderen weltbewegenden Dingen mehr. »Europa« lässt sich aber nun einmal nicht aus ökonomischen Überlegungen ableiten, sondern es wirkte und wirkt als Idee kulturstiftend. Nur Europas historisch gewachsener Bestand ermöglicht es uns, europäische Kategorien zu denken. Die Zukunft Europas hängt jedenfalls nicht von seiner Ökonomie ab, sondern von seinem kulturellen Selbstverständnis.

»Europa« ist bzw. wäre somit von den Wurzeln her eine Frage der Bildung. Letztere versagte und versagt freilich; sie versagt damit bei der Vermittlung europäischer Identität, wie sie José Ortega y Gasset 1929 beschreibt: »Machten wir heute eine Bilanz unseres geistigen Besitzes (…), so würde sich herausstellen, dass das meiste davon nicht unserem jeweiligen Vaterland, sondern dem gemeinsamen europäischen Fundus entstammt. In uns allen überwiegt der Europäer bei weitem den Deutschen, Spanier, Franzosen (…); vier Fünftel unserer inneren Habe sind europäisches Gemeingut.«

Karl Jaspers übersetzt diese Aussage in konkrete Namen. In seinem Genfer Vortrag *Vom europäischen Geist* vom September 1946 sagt er: »Europa, das ist die Bibel und die Antike.

Europa ist Homer, Äschylus, Sophokles, Euripides, ist Phidias, ist Plato und Aristoteles und Plotin, ist Vergil und Horaz, ist Dante, Shakespeare, Goethe, ist Cervantes und Racine und Moliére, ist Lionardo (sic!), Raffael, Michelangelo, Rembrandt, Velázquez, ist Bach, Mozart, Beethoven, ist Augustin, Anselm, Thomas, Nicolaus Cusanus, Spinoza, Pascal, Kant, Hegel, ist Cicero, Erasmus, Voltaire. Europa ist in Domen und Palästen und Ruinen, ist Jerusalem, Athen, Rom, Paris, Oxford, Genf, Weimar. Europa ist die Demokratie Athens, des republikanischen Roms, der Schweizer und Holländer, der Angelsachsen. Wir fänden kein Ende, wollten wir alles aufzählen, was unseren Herzen teuer ist, einen unermesslichen Reichtum des Geistes, der Sittlichkeit, des Glaubens (…) Wir wählen drei Worte, um das Eigentümlichste Europas zu konstruieren: Freiheit, Geschichte, Wissenschaft.«

Der frühere griechische Staatspräsident Konstantinos Karamanlis (†1995) hat dieses Gemeingut anlässlich der Verleihung des Karlspreises in Aachen 1978 komprimiert so beschrieben: »Europäische Kultur ist die Synthese des griechischen, römischen und christlichen Geistes. Zu dieser Synthese hat der griechische Geist die Idee der Freiheit, der Wahrheit und der Schönheit beigetragen; der römische Geist die Idee des Staates und des Rechts und das Christentum den Glauben und die Liebe.« Das sind die Kraftwerke unserer Kultur. Das sind die Verhaltenscodices und die Deutungscodices, die Orientierung geben. Von ihnen schreibt Udo di Fabio in seinem 2005 erschienenen Buch *Die Kultur der Freiheit*: »Wer seine kulturellen Kraftquellen nicht pflegt, steigt unweigerlich ab.«

Europäische Geistesgeschichte zeigt sich vor allem in der Trias Ratio, Libertas, Humanitas. Oder auch in der Trias Judentum, Antike, Christentum. Würde man sie geografisch verorten, wäre sie in der Trias Jerusalem, Athen, Rom zu suchen. Vor diesem Hintergrund hat sich in mehr als 2000 Jahren

Geschichte das »Europäische« recht konkret herauskristalli-
siert. Wer dies vernachlässigt, der fördert ein geschichtsloses,
im Endeffekt gesichtsloses Europa.

Zum Grundbestand eines jeden Europäers müsste ein Wissen
um folgende Bestände, Ereignisse und Entwicklungen gehören: die europäische Sprachfamilie; die Ursprünge des Politischen und der Demokratie in der griechischen Antike; die
Grundlagen von Recht und Verwaltung in der römischen
Antike; der seit der Antike währende Erkenntnisdrang, welcher eine Welterklärung im Logos anstelle einer Weltdeutung
im Mythos anstrebt; das Christentum sowie die Kirchen als
Bildungs- und Kulturträger und als karitative Einrichtungen;
das im Auf und Ab der Nationalismen immer wieder erstark-
te europäische Bewusstsein in Phasen äußerer Bedrohung
(beginnend in den Perserkriegen 480/490 vor Christus;
sodann nach Christus die Abwehr der Araber 732 und der
Türken 1529 bzw. 1683); die Renaissance und der Humanismus mit ihren Bekenntnissen zur Individualität und
Rationalität sowie mit ihrer Autoritätskritik; die Reformation
und die Gegenreformation in ihren Auswirkungen auf politische, religiöse und soziale Freiheits- bzw. Erneuerungsbestre-
bungen; die »Europäisierung« der Erde seit dem Zeitalter der
Entdeckungen; die Aufklärung mit dem Postulat der Säkula-
rität und einem Verzicht des Staates auf transzendente Kompetenz, mit der Gewaltenteilung, dem Völkerrecht, der Volks-
souveränität, den Bürger- und Menschenrechten sowie mit
der Entstehung der ersten modernen Demokratie in den USA;
die führende Rolle von Stadt und Bürgern seit dem Mittel-
alter; die hohe Wertschätzung von Arbeit, Leistung und Wettbewerb als Grundlagen des staatlichen und gesellschaftlichen
Lebens; die Beherrschung von Naturgewalten sowie die Idee
des gesellschaftlichen Fortschritts in sozialer Gerechtigkeit;
die gemeinsamen Traditionen in bildender Kunst, Architek-
tur, Musik, Literatur und Philosophie; Europas Revolutionen

im politischen und technisch-industriellen Bereich; die Ablehnung politischer und geistiger Despotie sowie der gemeinsame europäische Widerstand gegen Hegemoniebestrebungen aus dem Kreis der europäischen Staaten, der nur vorübergehend Vormächte, aber nie eine Einheitsmacht zuließ (zum Beispiel gegen Napoleons Versuch einer revolutionär-zivilisatorischen Einigung von 1806 bis 1812, gegen Hitlers Versuch einer geopolitischen und rassistischen Neuordnung von 1939 bis 1945, gegen die sowjetische Hegemonialpolitik unter dem Vorzeichen des Kommunismus); die Überwindung der Ost-West-Blockbildung und der Teilung der Welt von 1945 bis 1989 durch das »Zurück nach Europa« der Länder des ehemaligen Ostblocks seit 1989.

Gerade Mittelost- und Osteuropa erleben seit 1989 eine europäische Renaissance. Die geistige Zugehörigkeit des mittleren und östlichen Europas hat Vàclav Havel anlässlich der Verleihung des Karlspreises 1991 treffend zum Ausdruck gebracht: »Indem wir uns heute zum Westen bekennen, bekennen wir uns vor allem zu einer bestimmten Zivilisation, zu einer bestimmten politischen Kultur, zu bestimmten geistigen Werten und universellen Prinzipien. Dabei geht es um eine Zivilisation, um eine Kultur und um Werte, die wir als die unseren empfinden, weil wir lange Jahrhunderte hindurch an ihrer Schaffung beteiligt waren (…) Es geht (…) um unsere Sehnsucht, nach Jahrzehnten auf den Weg zurückzukehren, der einst auch der unsere war.«

Europäische und nationale Identität ergänzen sich

Das 20. Jahrhundert drängte Europa – nach 1918 und mehr noch nach 1945 – aus dem Zentrum der Weltpolitik heraus. Europa wurde vom Subjekt der Weltpolitik zum Objekt einer

Außenlenkung. Kennzeichnend für Europa aber blieben sein Bild vom Menschen und von seinen Gemeinschaften sowie seine Vorstellung von Demokratie und Rechtsstaatlichkeit. Damit kann Europa auch zukünftig »einen exemplarischen Beitrag leisten zu der Verwandlung ungezügelter staatlicher Machtpolitik in demokratische und rechtsstaatliche Weltinnenpolitik« (Karl Dietrich Bracher, 1992). Insofern hat Europa erneut eine große geschichtliche Chance. Diese Chance besteht darin, Europa als einen Raum der verschiedenen nationalen Ausprägungen des »Europäischen« zu vereinen. Europa muss dabei vor allem als ein Synonym für die »freie Welt« und für die Idee der Freiheit gelten. Das erfolgreiche Werben für die Ideen der Demokratie und der Sozialen Marktwirtschaft ist zudem langfristig für Europa (und für die USA) die beste Sicherheitspolitik.

Europa muss über seine Wirtschaftskraft hinaus lernen, mit der Autorität seiner ideellen Kraft und Ausstrahlung zur Stimme der freiheitlichen Demokratie, der Selbstbestimmung und der friedlichen Lösung von Konflikten in der Welt zu werden. Europa kann keine bloße Freihandelszone sein. Europa muss sich stattdessen definieren als Friedens-, Freiheits-, Demokratie-, Stabilitäts- und Sicherheitsgemeinschaft, so wie Immanuel Kant bereits vor rund 200 Jahren Europa als Einheit von Freiheit, Demokratie und Frieden definierte. In diesem Sinne könnte man sogar von einem europäischen Patriotismus sprechen. Dazu gehört es, dass gerade die Jugend europäische Identität und nationale Identität nicht als Gegensatz, sondern als Ergänzung sieht und erlebt. Europäische Identität und aufgeklärter Patriotismus sind schließlich zwei Seiten ein und derselben Medaille.

Für ein europäisches (und westliches) Selbstbewusstsein

Gleichwohl ist Europa gefährdet. Viele wollen davon nichts wissen. Für sie gilt, was Reiner Kunze in seinem Gedicht *Teurer Rat* (2006) geschrieben hat: »Nicht ratsam ist's, verfall / Verfall zu nennen / Vor der katastrophe.« Der am 24. Dezember 2008 verstorbene Samuel P. Huntington hatte diesen Rat nicht im Kopf, als er Europa bzw. den Westen mit seinem erstmals 1993 erschienenen Aufsatz und seinem dann 1996 veröffentlichten Buch mit dem Titel *The Clash of Civilizations* (*Kampf der Kulturen*) aufrütteln wollte. Seine Grundthese aber ist: Dem Westen stehe ein Niedergang bevor, weil die Kraft seiner Kultur verblasse. Von anderer Warte aus betrachtet, kommt der große Altphilologe Manfred Fuhrmann zu einem ähnlichen Urteil. In dem Reclam-Bändchen *Bildung – Europa kulturelle Identität* schreibt er 2002: Unsere Zeit sei zu »narzisshaft« mit sich selbst beschäftigt und vergesse darüber das von den klügsten Köpfen ihrer Zeit Erdachte.
Für die Verfechter eines romantisierenden Multikulturalismus sind das Reizthemen. Trotzdem kommt man an Huntington nicht vorbei. Die Anzeichen der »inneren Fäulnis« des Westens sind für Huntington unübersehbar: Rezession, Geburtenrückgang, Überalterung, Zunahme der Asozialität, Auflösung der Familienbande, Zunahme egomanischer Attitüden, Schwinden der Autorität von Institutionen, Hedonismus, Verlust an umfassender Bildung und vieles mehr.
Hinzu kommt Europas permanenter Schuldkomplex. »Die ganze Welt hasst uns, und wir haben es verdient: Dies ist die feste Überzeugung der meisten Europäer, zumindest im Westen.« Diesen provokanten Satz schreibt der französische Philosoph Pascal Bruckner in seinem 2008 auf Deutsch erschienenen Buch *Der Schuldkomplex – Vom Nutzen und Nachteil der Geschichte für Europa*. (Die französische Originalausgabe ist

2006 übrigens anders überschrieben, nämlich mit *La tyrannie de la pénitance. Essay sur le masochisme occidental*; auf Deutsch also: Die Tyrannei der Buße. Essay über den westlichen Masochismus.) Bruckner müsste Europa und den Westen eigentlich im gleichen Maße aufrütteln wie Huntington. Europa, so Bruckner, sei nämlich geprägt von der »Eitelkeit des Selbsthasses«. So dürfe man in Frankreich, dem Land der antiklerikalen Tradition, »jederzeit das Judentum und Christentum lächerlich machen, den Papst und den Dalai Lama verspotten und Jesus und die Propheten in allen möglichen Haltungen, selbst den obszönsten, darstellen, man darf aber auf keinen Fall über den Islam lachen, wenn man sich nicht dem Vorwurf der Diskriminierung aussetzen will.« Dialogiker wie Günter Grass sehen das anders und meinen fordern zu müssen, dass man eine Kirche als Geste guten Willens in eine Moschee verwandeln solle. Wahrscheinlich sind Leute wie Grass der Meinung, die toleranteste Kultur sei überhaupt die, die sich einer anderen gar nicht mehr zumutet, indem sie sich abschafft. Dazu passt das Beispiel des Fußballvereins Eintracht Frankfurt. Dieser wollte sich 2008 ein neues Trikot zulegen – mit schwarzem Kreuz auf weißem Grund. Am Ende traute man sich nicht, denn beim Kreuz handle es sich um ein religiöses Symbol, das missverstanden werden könne.

Von Deutschland und den Ereignissen des Jahres 2008 und 2009 konnte Bruckner in seinem 2006 veröffentlichten Buch noch gar nicht schreiben: etwa davon, dass eine deutsche Bundeskanzlerin meint, Papst Benedikt XVI. in der Frage des Holocaust rügen zu müssen, es aber versäumt hatte, sich zu äußern, als antiisraelische Demonstranten 2009 auf Domplätzen in Deutschland Israel den Tod und den Juden Gas wünschten.

Europa und der Westen müssen endlich wieder wissen, was sie zu verlieren haben, wenn sie sich nicht verteidigen. Wenn »Sankt Pluralismus« (Helmut Zöpfl, 2008) der neue Schutz-

patron ist und alles gilt, dann gilt nichts mehr. Wer alles toleriert und alles zur Bereicherung erklärt, der gefährdet sich schließlich selbst, denn er verfrühstückt seine intellektuellen und mentalen Vorräte. Hier gilt leider immer wieder Ernst-Wolfgang Böckenfördes berühmter Satz: »Die moderne Gesellschaft lebt aus Voraussetzungen, die sie selbst nicht schaffen kann, ja schlimmer noch, die sie ununterbrochen verzehrt.«
Manche nennen eine solche Entwicklung Dekadenz. Jedenfalls steht der Verlust der Selbstachtung am Beginn der Dekadenz. Das *Merkur*-Sonderheft Nr. 700 vom August/September 2007 wird hier noch deutlicher: Eine Demokratie, die keinen Willen zur Macht, zur Wehrhaftigkeit, zur Vitalität lebe, sei dekadent. Karthago und Rom seien untergegangen, weil deren Bürger nicht mehr zur Selbstverteidigung bereit waren. Der britische Politologe Colin Crouch bezieht seine Sorge nicht nur auf Europa, sondern auf den Fortbestand der Demokratie insgesamt. In seiner Schrift *Postdemokratie* (2004, auf Deutsch 2008) sieht Crouch eine Postdemokratie heraufziehen; er sieht diese nicht als Nicht-Demokratie, sondern als ein Stadium des Verfalls der Demokratie. Postdemokratie sei ein Zustand, so Crouch, in dem die Demokratie institutionell zwar noch funktioniere, in dem sie aber ihre Vitalität eingebüßt habe, weil die Mehrheit der Bürger eine passive, ja apathische Rolle spiele.
Mit anderen Worten: Europa muss also endlich wieder ein vitales Interesse an seiner Selbstverteidigung haben. Freilich wird diese nur gelingen im Verein mit den USA. Nur historische Analphabeten können vergessen, dass es die USA waren, die den Westen mehrfach gerettet haben: nach 1918, nach 1945, im Kalten Krieg. Die USA mögen damit Eigeninteressen verbunden haben, aber vergessen sei nicht: Die Wurzeln Amerikas sind europäische. Außerdem gilt: Ein Scheitern Amerikas würde Europa nicht überleben. Das zu erkennen, muss man wahrscheinlich jenseits des Eisernen Vorhangs aufge-

wachsen und ohne SED-PDS-Parteibuch sein. Richard Wagner ist so einer. Er wurde 1952 im rumänischen Banat geboren; 1987 verließ er dieses Land. In seinem Buch *Es reicht – Gegen den Ausverkauf unserer Werte* schreibt er 2008: »Wem die Kritik an den Vereinigten Staaten wichtiger ist als die Bekämpfung des islamischen Fundamentalismus, der ist entweder kein Demokrat, oder er ist schlicht ein Idiot.« Ähnlich Henryk Broder: Allein der Titel seines Buches *Hurra, wir kapitulieren! Von der Lust am Einknicken* von 2006 sagt alles. Darin wettert Broder vor allem gegen eine Appeasement-Politik gegenüber dem Islamismus. Mit Churchill könnte man fast sagen: Manche füttern das Krokodil, weil sie hoffen, dann als letzte gefressen zu werden.

Leider aber verhält sich die politische Klasse in Europa bisweilen wie Jakob Biedermann in Max Frischs Einakter *Biedermann und die Brandstifter* von 1958. Darin nisten sich bei dem Haarwasserfabrikanten Jakob Biedermann der Ringer Josef Schmitz und der Kellner Eisenring im Dachboden ein. Biedermann will die Gefahr der Brandstiftung durch die beiden »Gäste« selbst dann noch nicht wahrhaben, als Schmitz und Eisenring Benzinfässer und Zündschnüre in den Speicher schleppen und bereits Nachbarhäuser brennen. Biedermann bietet den beiden sogar Streichhölzer an. Er will die Realität nicht wahrhaben: »Blinder als blind ist der Ängstliche, / Zitternd vor Hoffnung, es sei nicht das Böse, / Freundlich empfängt er's, / Wehrlos, ach, müde der Angst, / Hoffend das Beste … / Bis es zu spät ist.«

Für Europa erziehen!

All das sind Fragen, über die wir mit unseren jungen Leuten nachdrücklich und nachhaltig sprechen müssen. Ansonsten gilt: »Europa kann man nicht bauen, wie man ein Haus baut.

Europa muss wachsen wie ein Baum« (Konrad Adenauer). Dabei spielen Kultur, Bildung und Erziehung eine maßgebliche Rolle. Dies meinte Jean Monet, als er Bilanz zog: »Wenn ich heute den Aufbau Europas in Angriff nähme, würde ich mit der Kultur beginnen.« Die Zukunft Europas ist also vor allem eine Aufgabe von Bildung und Erziehung, denn es ist nur über die Jugend und ihren Austausch über die Grenzen hinweg zu realisieren. Die Jugend sollte lernen, Europa als gemeinsames, der Verteidigung bedürftiges Erbe zu betrachten und Europa als maßgebliche Bedingung eigener Identität zu verstehen.

Bislang jedoch hat das Thema »Europa« trotz der Empfehlung der Ständigen Konferenz der Europäischen Erziehungsminister *Die europäische Dimension im Bildungswesen* von 1991 immer noch zu wenig Eingang in Bildungspläne gefunden. Zwar weisen die Curricula der Fächer Geschichte, Politik/Sozialkunde, Erdkunde/Geografie oder Ökonomie/Wirtschaft das Thema »Europa« aus; es überwiegt aber die europäische Einigung nach 1945; die Kulturgeschichte der Nachbarländer bleibt unterbelichtet. Schulbücher in modernen Fremdsprachen beinhalten zu wenig den Vergleich mit anderen europäischen Sprachen sowie landes- und europakundliche Themen. Defizitär, da unkritisch, unreflektiert und auf die EU statt auf Europa zugeschnitten, sind auch viele Schulbücher der Fächer Geschichte, Politik/Sozialkunde, Erdkunde/Geografie und Ökonomie/Wirtschaft. Laut einer Studie der Universitäten Greifswald, Salzburg und Szczecin wird zum Beispiel der europäische Integrationsprozess in mehreren Geschichtsschulbüchern in Deutschland, Österreich und Polen zu einseitig dargestellt. In den insgesamt fünfzehn überprüften Büchern hätten sich eindeutige Pro-EU-Tendenzen gezeigt, so die Studie, die Anfang 2008 bekannt wurde.

Insbesondere ist eine stärkere europäische Ausrichtung des Geschichtsunterrichts erforderlich. Denn nur ein europäisches

Geschichtsbewusstsein kann – in Achtung aller nationalen Besonderheiten unter dem Dach des »Europas der Vaterländer« (de Gaulle) – die Basis für ein modernes europäisches Selbstbewusstsein und damit für eine europäische Mentalität sein. Auch wenn das in 23 Sprachen übersetzte *Europäische Geschichtsbuch* (1992 erschien die deutsche Fassung) Maßgebliches geleistet hat, ist das Thema »Europa« im Geschichtsunterricht nach wie vor überwiegend nationalgeschichtlich, zeitgeschichtlich sowie geografisch und teilweise zu sehr auf Spezialthemen wie Technik-, Sozial- und Wirtschaftsgeschichte verengt worden. Ähnliches gilt für den Literaturunterricht, der etwa die große Literatur europäischer Nachbarkulturen weitgehend ausblendet. Eine solche Betrachtung aber fördert geistigen Provinzialismus und Partikularismus.

Ein zweiter wichtiger Bereich einer Bildung für Europa ist der Fremdsprachenunterricht. Fremdsprachenkenntnisse öffnen das Tor nach Europa, mangelnde Fremdsprachenkenntnisse wären Europas Hemmschuh. Der Fremdsprachenunterricht muss deshalb in allen Bildungsbereichen gestärkt werden. Für die Gymnasien empfiehlt sich eine weitere Stärkung des Lateinischen als europäische Fundamentalsprache und als Brücke zu einer europäischen Mehrsprachigkeit.

Für dieses Verständnis von europäisch orientierter Bildung braucht man keinen Kulturzentralismus. Vielmehr sichert der Kulturföderalismus Wettbewerb und Qualität, und er fördert den Wettstreit um die bildungspolitisch besten Wege. Eine Schwächung des Kulturföderalismus wäre eine Verarmung der kulturellen Vielfalt. Föderalismus und Kulturföderalismus haben im Übrigen bei der Bevölkerung eine hohe Akzeptanz, weil sie Vielfalt, Bürgernähe und Verbundenheit garantieren.

13 Erziehung zu einem aufgeklärten Patriotismus

Wenigstens im Zusammenhang mit dem Sport scheint Patriotismus wieder erlaubt. 2006 war der Anlass dafür die Fußballweltmeisterschaft in Deutschland (wir wurden Dritter), 2007 die Handballweltmeisterschaft ebenfalls in Deutschland (wir wurden Weltmeister) und 2008 die Fußballeuropameisterschaft in der Schweiz bzw. in Österreich (wir wurden Zweiter). Es scheint, als habe hier eine lange unterdrückte patriotische Haltung einen Anlass gesucht, sich zu artikulieren. Dass die Deutschland-Fahne mehrere Wochen lang millionenfach geschwenkt wurde; dass deutsche Nationalspieler die Nationalhymne mitsangen, statt sie kaugummikauend über sich ergehen zu lassen; dass Millionen älterer Menschen in Stadien, Biergärten oder beim sogenannten *public viewing* in die Nationalhymne einstimmten …, all dies hatte es bis zu diesen Zeitpunkten in der Geschichte dieser Republik nicht gegeben. Übrigens hatte sich diese neue Haltung zum eigenen Land kurz zuvor schon angebahnt: Man erinnere sich an den Film *Das Wunder von Bern* (2003); an die überdimensionale Schlagzeile »Wir sind Papst« vom 20. April 2005 oder an das Buch *Das Beste an Deutschland – 250 Gründe, unser Land heute zu lieben*.

Aber es hat lange gedauert, bis es zu diesen Zeichen von Patriotismus kam. Deutschland, zumindest das offizielle, machte lieber auf Non- oder gar Negativ-Identität. 1988 hatte der *Spiegel*-Autor Erich Wiedemann in seinem Buch *Die deutschen Ängste* geschrieben: »Weil sie sich ständig davor fürchten, normales Selbstbewusstsein könnte ihnen bereits als nationalistische Hoffart ausgelegt werden, hören die Deut-

149

schen so was nicht gern.« Mitleidig-überheblich oder vielleicht auch maskiert neidisch schauten sie auf die Paraden der Amerikaner und Franzosen zu deren jeweiligen Nationalfeiertagen herab. Oder sie praktizierten als »Nationalallergiker« (Rolf Stolz, 1990) einen antideutschen Ekel.

Die hohe Politik spielte das mit und gab den Takt vor. Willy Brandt (SPD) erklärte in einer Rede am 14. September 1988 die Wiedervereinigung zur »Lebenslüge der zweiten deutschen Republik«. Oskar Lafontaine, SPD-Kanzlerkandidat von 1990, tat sich im Herbst 1989 angesichts des Massenexodus aus der DDR mit der Forderung hervor, man möge diese Deutschen doch zwingen, in der DDR zu bleiben. Gerhard Schröder (SPD) hielt in der *Hannoverschen Allgemeinen Zeitung* vom 27. September 1989 eine auf Wiedervereinigung gerichtete Politik für »reaktionär und hochgradig gefährlich«. Walter Momper (SPD), kurzzeitig »Regierender« in Berlin, sah es in der *taz* vom 6. Oktober 1989 als »eine Chance für Europa, wenn es zwei deutsche Staaten gibt«. All diese Genossen hätten da mal bei ihrem früheren Vorsitzenden Kurt Schumacher nachlesen sollen. Dieser schrieb 1946 in einer Broschüre mit dem Titel *Deutschlands Forderung: Gleiches Risiko, gleiches Opfer, gleiche Chancen*: »Ich bin der Meinung, dass das deutsche Volk jetzt endlich und besser und mehr als bisher ein selbstverständliches, ruhiges, ausgeglichenes, aber unerschütterliches nationales Selbstbewusstsein braucht, seinetwegen, aber auch der Völker Europas wegen.«

Ein Bekenntnis zum eigenen Land haben wir jedenfalls selbst am 9. November 1989 oder am 3. Oktober 1990 nur in Ansätzen erlebt. Noch 1989/90 fühlte man sich bei der Verwendung des Begriffs »deutsch« oder »Deutschland« unwohl (man sprach lieber von »BRD« oder »bundesrepublikanisch«). Und noch Anfang des 21. Jahrhunderts, also mehr als zehn Jahre nach der Wiedervereinigung, äußerten nur 20 Prozent der Deutschen, stolz auf ihr Land zu sein. Bei den US-Amerikanern sind es 80 Prozent. Die eher zwanghafte Frage »Sind wir wieder so weit!?«

oder das an Hauswände hingesprayte »Deutschland verrecke!«
ließen keinen Patriotismus aufkommen. Als der Bundestag am
9. November 1989 spontan die Nationalhymne anstimmte,
machte man sich in der deutschen Presse überheblich darüber
lustig. Und als Helmut Kohl und Willy Brandt zur Wiedervereinigung die Nationalhymne sangen, wurden sie ausgepfiffen.

Im antideutschen Delirium

Im Herbst 1989 bzw. am 3. Oktober 1990 wurde aus den ehemals zwei Staaten in Deutschland dennoch wieder eine deutsche Nation. Es ist »zusammengewachsen, was zusammenge-
hört«, weiß Willy Brandt nun doch. Trotzdem waren zum
3. Oktober 1990 in Berlin Kreuzberg und in Frankfurt/Main an
Wänden und auf Transparenten Schriftzüge zu lesen wie »Nie
wieder Deutschland!«. Sprüche wie »DM-Nationalismus«,
»Kapitalistische Landnahme« machten die Runde. Eine Mitbe-
gründerin der Grünen namens Jutta Ditfurth fand Deutschland »zum Kotzen« – so ist es im *Neuen Deutschland* vom
12. Oktober 1991 zu lesen. Mit solchen Äußerungen wird gerade jungen Leuten das Gegenteil von dem vorexerziert, was die
Schulen vermitteln sollten, was sie aber eben nicht vermittelt
haben, nämlich Liebe zum eigenen Land. Alle Verfassungen der
deutschen Länder formulieren dieses Gebot übrigens als eines
der obersten Bildungsziele. Zwei seien genannt: »Die Schüler
sind (…) in der Liebe zur bayerischen Heimat und zum deutschen Volk (…) zu erziehen« (Bayern). »Die Jugend soll erzogen werden (…) in Liebe zu Volk und Heimat …« (NRW).
Hinsichtlich Patriotismus war Deutschland jedenfalls mehrere Jahrzehnte ein Land von Analphabeten. Intellektuelle anderer Länder haben das immer für neurotisch gehalten. Nur die
deutsche Intelligenzia nicht. Wenn es nach ihr gegangen wäre,
dann hätte man sich über ein positives nationales Ereignis in

typisch deutscher Manier nie so richtig freuen dürfen, ehe man dies nicht zumindest tiefschürfend ausdiskutiert hätte. Ebenfalls nicht gerade von Patriotismus zeugt es, wenn Spitzenpolitiker Deutschland bei PISA schlechtrechnen; wenn Spitzenpolitiker Deutschland zum »Sanierungsfall« degradieren. Und das Gegenteil von patriotischem Selbstbewusstsein ist es, wenn die Deutschen permanent auf Selbstverleugnung und Selbstvergessenheit machen. Beispiel »3. Oktober«: Da hat man seit 1990 einen echten Tag zur nationalen Freude, dann kommt ein Finanzminister und möchte diesen Tag aus finanziellen Gründen abschaffen. Und weil all dies noch nicht ausreicht, haben die Deutschen auch noch ihr reproduktives Verhalten auf Sparflamme reduziert und sind bei einer Kinderzahl von 1,36 Kindern pro Paar angelangt. In Deutschland hat man es und sich eben gern klein.

Winston Churchill hatte nicht ganz unrecht, als er sagte: »Die Deutschen hat man entweder vor den Füßen oder an der Kehle.« Er erkannte offenbar die Neigung der Deutschen zum Extrem: Einmal strotzen sie vor chauvinistischer Überheblichkeit, ein anderes Mal verzehren sie sich in nationaler Selbstverleugnung. Mit anderen Worten: Die Deutschen wollen die Größten und Besten oder eben die Schlechtesten und Schlimmsten sein.

Natürlich sind in der dunkelsten Zeit deutscher Geschichte in deutschem Namen unauslöschlich unvorstellbare Gräuel geschehen. Der deutsche Papst Benedikt XVI. hat dies am 28. Mai 2006 in Auschwitz-Birkenau zum Ausdruck gebracht, als er sagte: »Ich stehe hier als Sohn des deutschen Volkes.« Und: »Ich konnte unmöglich nicht hierherkommen.« Ebenso ist es unmöglich, dass wir alle uns mit diesem Kapitel unserer Geschichte nicht befassen. Zugleich gilt im Sinne von Hannah Arendt: Der Nationalsozialismus hat zwölf dunkle und schreckliche Jahre hervorgebracht, aber deutsche Geschichte hat nicht zwölf, sondern bislang 1200 Jahre gedauert.

Man weiß um die Nöte der 68er mit ihren Vätern und um die schwierige Aufarbeitung der deutschen Vergangenheit gerade in den 1960er- und 1970er-Jahren. Aber es war ein Irrweg, dieser Bewegung zu glauben, Patriotismus könne auf Verfassungspatriotismus reduziert werden. Gewiss haben wir Grund, auf sechs Jahrzehnte Grundgesetz stolz zu sein. Aber ein bloßer Verfassungspatriotismus bleibt ein Notbehelf. Denn Verfassungspatriotismus (ein Begriff, der 1959 erstmals von Dolf Sternberger verwendet wurde) erfasst nur das Rationale, das bloße Bekenntnis zu einem Rechtssystem, zu Bürger- und Menschenrechten. Damit aber sind keine emotionalen Bindungen gestiftet. Nur Verfassungspatriotismus, das wäre so, wie wenn man das Fußballspiel nur wegen seiner klugen Regeln mögen dürfte. Die Verfassung ist im Übrigen seit je eine »unheroische« (Josef Isensee), die den Ernstfall im Sinne einer Bereitschaft zum Verzicht und zum Opfer nicht nur meidet, sondern die Möglichkeit des Ernstfalls überhaupt ausblendet und die vom Bürger keine andere als monetäre Leistung verlangt. Patriotismus braucht aber mehr als den Stolz auf eine Verfassung – braucht Bindung an Heimat, Kultur, Geschichte, Sprache. Wer das leugnet, beschwört Fehlentwicklungen herauf.

»Nicht die Nation, sondern den elitär-überheblichen Nationalismus gilt es (…) zu überwinden. Und das geschieht gewiss nicht durch Abwertung der eigenen Nation. Im Gegenteil: Wer eine solche Politik verfolgt, weckt eher jenen Nationalismus, den er bekämpfen möchte« (Irenäus Eibl-Eibesfeldt). Positiv ausgedrückt, bedeutet das: Patriotismus beugt allen Übersteigerungen, wie Nationalismus, Radikalismus und Extremismus, vor. Patriotismus und Nationalismus lassen sich jedenfalls klar voneinander scheiden: Nationalismus ist Hass auf andere, ist irrationales Freund-Feind-Denken; Patriotismus ist Liebe zum eigenen Land, zum Vaterland, zur Heimat – ohne nationale oder gar nationalistische Überheblichkeit, ohne »Hurra«, ohne Taumel und ohne Völkisches.

Deutschland – eine generalisierte Neurose?

»Es gibt kein gutmütigeres, aber auch kein leichtgläubigeres Volk als das deutsche. Keine Lüge kann grob genug ersonnen werden – die Deutschen glauben sie. Um einer Parole willen, die man ihnen gab, verfolgen sie ihre Landsleute mit größerer Energie als ihre wirklichen Feinde.« Gesagt hat dies Napoleon Bonaparte. Leichtgläubigkeit – das scheint für die Deutschen selbst dann zu gelten, wenn man ihnen sagt, sie hätten eine Negativ-Identität. An ihrem eigenen postnationalen Wesen sollen die Deutschen offenbar genesen. Dass es so kommen würde, hat Thomas Mann bereits wenige Tage nach Ende des Zweiten Weltkrieges geahnt. Am 6. Juni 1945, gerade eben vier Wochen nach Kriegsende, hielt er in der Library of Congress in Washington anlässlich seines eigenen 70. Geburtstages seinen Vortrag *Deutschland und die Deutschen*. Darin heißt es: »Der Hang zur Selbstkritik, der oft bis zum Selbstekel, zur Selbstverfluchung ging, ist kerndeutsch, und ewig unbegreiflich wird bleiben, wie ein so zur Selbsterkenntnis angelegtes Volk zugleich den Gedanken der Weltherrschaft fassen konnte.«

Geblieben scheint als einziger Identitätsfaktor der Deutschen deren historische Schuld. Bei dieser Betrachtung dürfte der US-amerikanische Philosoph und Didaktiker John Dewey mit seiner 1942 erschienenen Schrift *Deutsche Philosophie und deutsche Politik* eine große Rolle gespielt haben. Dewey sieht eine Identität zwischen der Philosophie, die Hitler an die Macht gebracht hat, und den großen deutschen Philosophen. Deren Gemeinsamkeit sei der »Glaube an die wesenhafte Überlegenheit des deutschen Volkes (…) und an dessen vorbestimmtes Recht, über das Schicksal anderer Völker zu entscheiden«. Unter anderem meint Dewey Hegels Staats- und Geschichtsauffassung. Wörtlich schreibt Dewey: »Hitler könnte mit gutem Recht in Anspruch nehmen, der Vollstrecker der von Hegel vorweggenommenen Mission zu sein.« Aber nicht nur den Staatsbegriff Hegels, sondern auch den Vitalismus Nietzsches und die Zwei-Welten-Lehre Kants macht Dewey verantwortlich für Deutschlands Schuld. Man darf vermuten, dass John Dewey bei der Entstehung des in den USA ab 1943 entwickelten Konzepts zur *re-education* der Deutschen nach dem Krieg eine große Rolle gespielt habe. Ferner sollte – beeinflusst von John Dewey – zur Demokratisierung Deutschlands ursprünglich die Einführung einer einheitlichen Sekundarschule gehören.

Die deutsche Schuld wurde zu einer Art Staatsreligion – umso intensiver, je länger die von Deutschen verursachten Gräuel zurückliegen. »Die deutsche Zivilbußfertigkeit ist inzwischen sehr ausgeprägt. Aber sie bläht sich gelegentlich sogar pharisäisch zu einigem Pflichterfüllungsstolz auf und macht geneigt, Subjekte geringer ausgeprägter Schuldbekenntnisfreudigkeit zu tadeln (…) Zurückhaltend bleibt man am ehesten noch gegenüber den Nachfahren der Großtäter des kommunistischen Terrors. Allzu intensive Beschäftigung mit diesem Terror gilt eher als unzulässiger Selbstentlastungsversuch durch Relativierung.« So schreibt Hermann Lübbe in seinem 2001 erschienenen Bändchen *Ich entschuldige mich – Das neue politische Bußritual*. Warum sich diese Zivilreligion den Namen »Antifaschismus« gibt, bliebe noch zu klären. Eigentlich müsste es ja Antinationalsozialismus heißen. Aber vermutlich steckt im Begriff »Nationalsozialismus« zu viel der Semantik von »Sozialismus«. Zugleich fällt auf, was der Chemnitzer Politologe Eckhard Jesse schon 1999 feststellte: »Die Tatsache, dass so stark vor einer Rechtsverschiebung gewarnt wird, ist ein Beleg für die Linksverschiebung.« Richtig, unter dem Deckmantel antifaschistischer, antinationaler Staatsräson ist die Abgrenzung zwischen linken Demokraten und Linksextremisten tatsächlich mehr und mehr erodiert.

Merkmale eines aufgeklärten Patriotismus

Wir sollten uns jedenfalls jenseits von »Antifa« und jenseits eines fußball- und handball-euphorischen »Partyotismus« gerade zusammen mit unseren jungen Leuten Gedanken machen, was Patriotismus ist.

Erstens: Aufgeklärter Patriotismus hat mit kultureller Identität zu tun.

Nation ist gemeinsames Gedächtnis und Verantwortungsgemeinschaft – auch gegenüber der eigenen Geschichte. Ohne nationale, kulturelle und sprachliche Identität verschwindet die Geschichte, ohne diese Identität wird ein Volk geschichts-, herkunfts- und gesichtslos. Mit dem Verschwinden der Völker verschwindet Kultur überhaupt, wusste bereits Herder. Jacob Burckhardt plädiert in seinen Baseler Vorlesungen von 1868 bis 1871, zu einer Zeit also, als schon einmal eine Einigung Deutschlands stattfand, für einen geschichtlich fundierten und weltoffenen Patriotismus: »Das wahrste Studium der vaterländischen Geschichte wird dasjenige sein, welches die Heimat in Parallele und Zusammenhang mit dem Weltgeschichtlichen und seinen Gesetzen betrachtet, als Teil des großen Weltganzen, bestrahlt von denselben Gestirnen, die auch anderen Zeiten und Völkern geleuchtet haben, und bedroht von denselben Abgründen und einst heimfallend derselben ewigen Nacht ...« Ein Gemeinwesen aber ohne ein solches Bewusstsein für Tradition wäre eine Verweigerung von Identität. »Ich schäme mich der Indifferenz, mit welcher Deutsche ihren spezifischen Beitrag zur Weltzivilisation behandeln«, hat Adolf Muschg zu dieser Frage gesagt. Zukunft ist eben auch Herkunft. Das sei bewusst mit Blick auf die großen Deutschen gesagt, die allein in den letzten Jahren große Jubiläen hatte: Goethe 1999, Nietzsche 2000, Schiller 2005 und 2009, Einstein 2005, Heine 2006,

Hegel 2006, womöglich Mozart 2006 (er sprach ja von seinem »deutschen Vatterland«).

Zweitens: Aufgeklärter Patriotismus ist quasi das Pendant zur Globalisierung – als Bindung nach innen, als Wir-Gefühl, als Gefühl der Geborgenheit.

Joseph Roth, 1933 emigrierter Jude und Verfasser der Romane *Kapuzinergruft* und *Radetzkymarsch*, schrieb 1931 in seinem Aufsatz *Bekenntnisse zu Deutschland* in der Frankfurter Zeitung: »Sich innerhalb einer Nation heimisch zu fühlen ist eine primäre Regung des zivilisierten europäischen Menschen …« Das heißt: Patriotismus ist mehr als eine Standortdebatte, mehr als Wirtschafts- und Sozialpatriotismus. Patriotismus ist nicht ersetzbar durch *one-world*-Visionen. Ein *global village* ist allenfalls Medienrealität, es liefert keine Identität. Das Besinnen auf unsere globale wirtschaftliche Wettbewerbsfähigkeit reicht nicht aus, weil diese anfällig für konjunkturelle Schwankungen ist. Deshalb sollten die meinungsbildenden Kräfte in diesem Lande darauf achten, anderes, Nichtmaterielles zum Bestandteil eines breiten Zusammenhalts zu machen. Man könnte sagen: Je internationaler die Welt, desto notwendiger patriotische Gefühle. Der jüdisch-deutsche Soziologe und Philosoph Norbert Elias hat es so gesagt: Ein Land braucht »den Zement des Empfindens einer gemeinsamem Identität«. Hier kommt der Begriff »Heimat« ins Spiel. Der Mensch bedarf wegen seiner »informationellen Unzulänglichkeit« einer Heimat: Heimat ist notwendiges Gegenstück gegen großflächige Zentralisierungen auf allen Gebieten. Schließlich sind Bindung nach innen und Wir-Gefühl Voraussetzungen für Gemeinsinn: »Allein die Nation kann die innere Bereitschaft der Menschen wecken, sich solidarisch und selbstlos für das Gemeinwesen einzusetzen« (Max Weber). Gut eine Generation später, im Jahr 1961, hat ein US-amerikanischer Präsident es auf die Formel gebracht: »Frage nicht, was dein Land für dich tun kann – frage, was du für dein Land tun kannst!« (John F. Kennedy)

Drittens: Aufgeklärter Patriotismus hat mit innerem Frieden und Berechenbarkeit zu tun.

Wer sich selbst nicht traut, der schafft auch bei anderen Misstrauen. Was für zwischenmenschliche Beziehungen gilt, das gilt auch für internationale: Wer sich selbst nicht ausstehen kann, der ist auch für andere unausstehlich. Dies gilt selbst für eine multikulturelle Gesellschaft: Welcher Migrant lässt sich schon gerne in ein Land integrieren, das sich selbst nicht leiden kann? Die türkischstämmige Journalistin Mely Kiyak ist dieser Auffassung: »Wie sollen sich die Eingewanderten mit Deutschland, seiner Kultur, seinem Lebensgefühl identifizieren, wenn es die Deutschen selbst nicht können?« Der Ehrenpräsident des American Jewish Committee, Theodore Ellenoff, äußerte sich zu diesem Thema am 20. Oktober 1993 in Frankfurt/Main ganz ähnlich: Wenn eine ganze Nation die Liebe zum eigenen Land verschmäht, dann wird eine solche Nation sich selbst und der internationalen Gemeinschaft zum Problem. Dementsprechend ist für Dahrendorf »Patriotismus (...) die Voraussetzung des Weltbürgertums. Jedenfalls gilt, dass Menschen irgendwo hingehören müssen, bevor sie sich für weitere Horizonte öffnen können.« Das bedeutet: Man muss mit sich selbst im Reinen und man muss sich selbst treu sein. Erst dann strahlt man Friedfertigkeit und Verlässlichkeit aus.

Viertens: Aufgeklärter Patriotismus schließt Offenheit und Toleranz mit ein.

Aufgeklärter Patriotismus hat in der Folge mit Bindung nach außen zu tun. Nur als Nation und nicht als »Deutschland AG« kann Deutschland seine Verantwortung für die Stabilität Europas und der Welt wahrnehmen sowie seinen Allianzen gerecht werden. Deutschland darf nicht auf Isolationismus machen: wirtschaftlich nicht, aber auch bündnispolitisch nicht; es muss tragende Säule der europäischen – und atlantischen – Sicherheitsarchitektur sein. Auch in diesem Sinne gehören Nation und Europa zusammen. Eine Betrachtung Deutschlands ohne Europa wäre überhaupt eine nationalgeschichtliche und geografische Verengung, die einen unzeitgemäßen Provinzialismus und Partikularismus provozierte. Apropos Offenheit: Es war begeisternd, wie offen sich gerade junge Deutsche bei der Fußball-WM 2006 für Besucher aus allen Ländern der Welt zeigten. Das Motto der Fußball-WM 2006 (»Die Welt zu Gast bei Freunden«) hatte seine konkrete Umsetzung vorab schon im August 2005 beim Weltkirchentag in Köln erfahren. Offenheit und Toleranz müssen jedoch ihre Grenzen dort haben, wo die freiheitlichen und rechtsstaatlichen Fundamente Deutschlands auf dem Spiel stehen. So darf zum Beispiel eine schleichende Islamisierung ganzer Wohngegenden in Deutschland nicht mit dem naiven Argument der »Bereicherung« bagatellisiert oder romantisiert werden. Für den Holocaust-Überlebenden Ralph Giordano wäre dies »deutsche Duckmäuserei« (*Frankfurter Allgemeine Zeitung* vom 3. April 2009).

Fünftens: Ein aufgeklärter Patriotismus braucht kein Hinausposaunen seiner selbst in die Welt.
Vielmehr gehören zu ihm eine ruhige Selbstverständlichkeit und Gelassenheit.

Mit einem aufgeklärten, unaufgeregten Patriotismus verhält es sich wie mit einem Skelett. Man braucht es, aber man muss nicht ständig die Knochen zählen (George Bernard Shaw: »Eine gesunde Nation ist sich ihrer Nationalität so wenig bewusst wie ein gesunder Mensch seiner Knochen.«). Denn: Wer ständig an seine Knochen denkt und danach forscht, ob sie ihn nicht schmerzen, ist ein eingebildeter Kranker, ein Hypochonder. Doch ganz ohne Selbstpflege geht es auch nicht. Ein aufgeklärter Patriotismus braucht durchaus auch Konkretes, zumindest Symbole und Zeremonien: Die schwarz-rot-goldene Fahne, die Nationalhymne, die dritte Strophe des Deutschlandliedes gehören dazu. Die Nationalhymne übrigens allein schon deshalb, weil es in ihrem Namen zur friedlichen Revolution in der DDR kam und weil es eine friedliche Nationalhymne ist. In ihr fließt kein Blut, wie das etwa in den Nationalhymnen der Franzosen, der Italiener, der Niederländer und der Polen der Fall ist. Umso abwegiger war der Versuch der linken Lehrergewerkschaft GEW, die deutsche Nationalhymne in einem Pamphlet öffentlich ausgerechnet zu Beginn der Fußball-WM 2006 als »furchtbares Loblied« zu diskreditieren.

Patriotismus kann und darf sich nicht erschöpfen in Partial- oder Bindestrich-Patriotismen – in einem Sozialstaats-Patriotismus, einem Wirtschafts-Patriotismus Marke Deutschland-AG, einem Sport-Patriotismus, einem Party- und Spaß-Patriotismus als Patriotismus *light*. Heute haben wir die Chance, an einem unverkrampften, breiten Patriotismus im Sinne der skizzierten Merkmale zu arbeiten. Wir sollten sie nutzen, denn ein aufgeklärter Patriotismus ist zugleich die wirksamste Maßnahme, um extremistische und fundamentalistische Verführer abzublocken. Überhaupt kommt es dabei viel auf die Jugend an. Ihr müssen schlicht und einfach Chancen in Bildung, Ausbildung, Beruf und politischer Mitgestaltung geboten werden. Dann könnte die Normalisierung der »verspäteten Nation« (Hellmuth Plessner) weiter voranschreiten.

14 Zwischen Nützlichkeitsideologie, Kulturauftrag und langer Weile

Bildung hat einen zweifachen Auftrag: Sie hat Nützliches und Verwendbares zu vermitteln, und sie hat persönliche und kulturelle Identität zu fördern. Beide Zielsetzungen sollten sich die Waage halten. Tun sie aber nicht. Das Gleichgewicht zwischen Bilanzierung und Freiraum, zwischen Verwertungsdenken und Bildungsauftrag, zwischen Ökonomie und Kultur, zwischen Zielstrebigkeit und Entschleunigung ist verloren. Das Volk der großen Dichter, Denker und Pädagogen droht bildungspolitisch in die Falle des Nützlichkeitsdenkens und des Wahns zu tappen, alles an Bildung messen und in kürzester Zeit vermitteln zu können. Mit solchen Denkansätzen aber droht eine planwirtschaftliche Verarmung von Bildung: Bildung ist das, was PISA misst, die OECD an sogenannten Akademikerquoten vorgibt und was schnell geht, so scheint es.

Unsere Bildungsdebatten sind zugleich maßlos überdreht, denn ihre herausragenden Kennzeichen sind Logorrhoe bzw. Graforrhoe. Karl Kraus hätte dazu gesagt: »Es genügt nicht, keine Gedanken zu haben; man muss auch unfähig sein, sie auszudrücken.« Angesagt sind dementsprechend für das derzeitige Verständnis von Bildung: Marketing, didaktische Hyperlinks, Download-Wissen, Just-in-time-Knowledge usw. Fehlt nur noch ein »Last Minute Learning«, wenn dieses Schüler nicht schon längst erfunden hätten. Vor allem aber ist Controlling und nochmals Controlling angesagt: TIMSS I, TIMSS II, TIMSS III, PISA 2000, PISA 2003, PISA 2006, PISA-E 2000, PISA-E 2003, PISA-E 2006, IGLU, VERA usw. Kurz:

Hier liegt eine progrediente Testeritis vor. Gegen Bilanzen ist grundsätzlich zwar nichts einzuwenden. Aber allein vom Puls- und Fiebermessen wird man nicht gesund, außer man ist ein Hypochonder. Und auch dann hilft das nur für ein paar Stunden.

Die Deutschen sind zudem Ranglisten-Fetischisten. In allen möglichen Bereichen genießen die Deutschen ihre guten (und schlechten!) Rangplätze: Platz 25 in der Rangliste der Weltgesundheitsorganisation WHO, Platz 24 in der zwischengeschlechtlichen »Verkehrs«-Dichte, Platz 16 beim Korruptionswahrnehmungsindex, Platz 11 auf der UNICEF-Skala zur Situation von Kindern, Platz 5 beim Gender Gap Index, Platz 3 auf der weltweiten Tourismusrangliste, Platz 2 unter den Biertrinker-Nationen in Europa, Platz 1 im Datenschutz und beim Klimaschutzindex. Und dann noch PISA: Deutschland zunächst nur im Mittelfeld! Deutschland ein Entwicklungsland? In der Folge gab es keine pädagogische Schnapsidee, die es nicht gab. Eine dieser Schnapsideen brauchte nur mit einem fiktiv besseren PISA-Rangplatz begründet werden, und schon stand sie vor der Heiligsprechung zum Wundermittel. Der vermeintlichen Wundermittel war keine Ende mehr: Einheitsschule, Ganztagsschule, Privatschule, notenfreie Schule, computerisierte Schule, möglichst 80-prozentige Abiturientenquote, um nur einige wenige aufzuzählen (vgl. Josef Kraus, 2005).

Bildung statt Economy! Bildung statt PISA!

Besonders leidenschaftlich gibt sich deutsche Bildungspolitik, wenn es darum geht, Schule und Hochschule als Kundencenter, Dienstleister und Betrieb zu verstehen und einer *New Economy* zu unterwerfen. Dabei können ökonomische Prinzipien nicht eins-zu-eins auf Schule übertragen werden, weil es gewaltige Unterschiede zwischen Wirtschaftspolitik und Bildungspolitik gibt – Unterschiede, die die Wirtschaftspolitik zum einfacheren Unternehmen machen, als es Bildungspolitik ist. Ein zentraler Unterschied ist: Die Wirtschaft kann alles, was sich nicht »rentiert«, wegrationalisieren. In Fragen der Bildung und Erziehung »rentiert« sich sicherlich vieles nicht, wenn man etwa an sogenannte Erziehungsresistente denkt. Aber es wäre inhuman, hier nach Rentabilitätsaspekten zu handeln. Ein anderer eklatanter Unterschied besteht darin, dass in der Wirtschaftspolitik nicht jeder glaubt, mitreden zu können. Das erleichtert sie ungemein. Und schließlich: Schule muss bilden, Wirtschaft nicht. Das hat die skandalöse Folge, dass zwei Drittel der ausbildungsberechtigten Betriebe nicht ausbilden.

Angesagt scheint in der Bildung außerdem Normierung nach technischen Standards zu sein. ISO 9000 lautet die Parole. Das ist ein Kürzel für die Internationale Organisation für Normung – (von griechisch »isos«, zu Deutsch »gleich«). Die ISO-9000-Normen etwa waren ursprünglich für Unternehmen des verarbeitenden Gewerbes und der Fertigungsindustrie aufgestellt. Heute finden sie ihre Anwendung auch in der allgemeinen und beruflichen Bildung. Schulen, bevorzugt private, lassen sich danach mittlerweile wie Unternehmen zertifizieren.

Besonders betrüblich ist, dass sich sogar manche Erziehungswissenschaftler auf solche Sprechblasen einlassen oder gar meinen, auf diesem Weg voranmarschieren zu müssen im naiven Glauben, alle Bildung »handeln« (denglisch: »hääändeln«), also handhaben zu können wie das Marketing einer neuen Zahnpasta. Und es ist Höhenrausch, wenn Anhänger von PISA behaupten, mit diesem 120-Minuten-Test untersuchen zu können, »wie gut die jungen Menschen auf Herausforderungen der Wissensgesellschaft vorbereitet sind«, und Kompetenzen messen zu können, »die für die individuellen Lern- und Lebenschancen sowie für die gesellschaftliche, poli-

tische und wirtschaftliche Weiterentwicklung« bedeutsam
sind. Das ist doch ein überheblicher Anspruch. Denn: PISA
untersucht schließlich nur einen Ausschnitt von dem, was Bildung ist: ein bisschen etwas vom Funktionswissen und ein
bisschen etwas vom Methodenwissen unserer Schüler. Fremdsprachen, Geschichte, ästhetische Bildung, Wertebildung, literarische Bildung – all das kommt in PISA nicht vor (vgl. Josef
Kraus, 2005).

Bildung als Formung der Persönlichkeit

Gegen eine Indienstnahme von Schule für den Markt brauchen wir eine Schule der Persönlichkeitsbildung und der Kultur. Wer in der Bildung nur das Verwertbare und Messbare
sieht, der macht einen Fehler, den Karl Popper im Zuge seiner
Positivismuskritik als Reduktionismus anprangert. »Jeder hat
das Recht auf die freie Entfaltung der Persönlichkeit«, so
Grundgesetz Artikel 2, Absatz 1. Dieser Passus ist auch bildungspolitisch enorm wichtig, denn es geht in der Bildung
nicht um den jungen Menschen als Produzenten oder Konsumenten, sondern primär um die werdende Freiheit des jungen
Menschen. Bildung kann man deshalb nicht eng behavioris-
tisch auf Lernen reduzieren. Deshalb ist allein schon der
Begriff »Bildungsstandards« falsch. Mit Persönlichkeitsbildung im Sinne ganzheitlicher Bildung hat das, was Bildungsstandards festlegen, wenig zu tun. Bildung ist vielmehr kulturelle Teilhabe. Sie fördert Urteilskraft, sie vermittelt nicht nur
ein bloßes »gewusst wie«, sondern auch ein »gewusst warum«.
Der Gebildete ist frei, denn er verfügt über die Fähigkeit zur
kritischen Distanz; Bildung ist somit Voraussetzung für Freiheit und ihren Vollzug.
Der bildungspolitischen Debatte ist eine solche Anthropologie abhandengekommen. Zu einer solchen pädagogischen

Anthropologie würde auch die Betrachtung des Menschen als »homo faber« *und* als »homo ludens« gehören: Der Mensch erfährt seine Existenz durchaus in aktiver Auseinandersetzung mit der Welt. Arbeit und Leistung dieses »homo faber« sind Ausdruck des Höchstindividuellen, zugleich Motor und Ergebnis freier Persönlichkeitsentwicklung. Dem »homo faber« steht gleichberechtigt aber der »homo ludens« zur Seite. Beide Daseinsformen ergänzen sich. Das Spiel ist Grundkategorie des Menschlichen, es ist zugleich kultur- und persönlichkeitsbildend. »Der Mensch spielt nur, wo er in voller Bedeutung des Wortes Mensch ist, und er ist nur da ganz Mensch, wo er spielt.« So heißt es bei Schiller im 15. seiner 27 Briefe *Über die ästhetische Erziehung des Menschen* (1793). Diese Briefe haben bekanntermaßen Wilhelm von Humboldt beeinflusst, wie die Korrespondenz der Jahre 1792 bis 1805 zwischen beiden beweist. Für Nietzsche ist das Spiel als Kunst sogar lebensnotwendig, wenn er schreibt: »Wir haben die Kunst, damit wir am Leben nicht scheitern.«

Überfällig ist überhaupt eine pädagogische Anthropologie, in deren Mittelpunkt der »anthropos« und seine Persönlichkeit und nicht Ökonomie und Quote stehen. Es geht um die Ganzheitlichkeit des Menschseins mit all ihren kulturellen, sozialen, politischen und durchaus auch – aber nicht nur – ökonomischen Bezügen. Bedenken wir zudem: Es gibt in der Bildung viele Mitnahmeeffekte für die Gesamtpersönlichkeit und für den kulturellen Horizont. Vieles in der Bildung hat eine lange Inkubationszeit, die oft weit über eine PISA-Testung hinausgeht. Wir merken es oft erst viel später, wenn wir dann mit George Halifax (1633–1695) sagen können: »Bildung ist das, was übrigbleibt, wenn man alles vergessen hat, was man gelernt hat.« Dies aber kann man nicht mit PISA messen.

Wir brauchen für Bildung jedenfalls wieder mehr Ernsthaftigkeit und geistige Fundamente. Identität kommt nicht aus *skills*, sondern nur aus der »Er-Innerung«, das heißt aus der Verinnerlichung und steten inneren Präsenz des historisch-kulturellen Erbes. Das ist der Grund, warum totalitäre Systeme zur Proklamation einer ewigen Gegenwart neigen. Er-Innern birgt damit die Chance des Widerstands und der befreienden Kraft gegen Indoktrination. Orientierung liefert vor allem die Partizipation am kulturellen Gedächtnis. Eine Erziehung und Bildung ohne Tradition und ohne historisch-narrative bzw. biografisch-narrative Elemente aber, eine Bildung und Erziehung der bloßen »Daseinsgefräßigkeit« (Arnold Gehlen) wären eine Verweigerung von Identität und damit alles andere als Persönlichkeitsbildung.

Nach wie vor gilt: Zukunft ist Herkunft. Zeichen von Ungebildetsein dagegen ist es, dies zu vergessen und sich einem Absolutismus der Gegenwart zu überlassen. Deshalb stellt Josef Pieper zu Recht fest: »Dem Menschen ist es mehr vonnöten, erinnert als belehrt zu werden. Er kommt nicht allein dadurch zu Schaden, dass er das Hinzu-Lernen versäumt, sondern auch dadurch, dass er etwas Unentbehrliches vergisst und verliert.« Man könnte auch sagen: Ohne zumindest rudimentäre Kenntnisse der Bibel und ohne jegliches Wissen um die Kultur der Antike versteht man mindestens die Hälfte selbst moderner Literatur und Kunst nicht. Ohne solches Wissen steht man da wie einer, der sich jeden Witz und jede geistreiche Anspielung erklären lassen muss. Der unbehauste Mensch jedenfalls wird die Beliebigkeit und Oberflächlichkeit des *global village* nur dann aushalten, wenn er Geborgenheit in Kultur, Geschichte, Tradition, Sprache und Nation findet. Und er wird nur dann seine Trendanfälligkeit sowie seine Froschperspektive überwinden, wenn er beherzigt, was der Frühscholastiker Bernhard von Chartres (um 1120) meinte, als er riet: »Mit unserem begrenzten Erkenntnisvermögen sind wir alle Zwerge, aber auf den Schultern von Riesen können auch Zwerge weit schauen.« Das heißt: Die Geschichte der

Menschheit und ihr Wissen, unsere Vorfahren und deren gewachsene Kulturen – das sind die Schultern von Riesen, auf denen wir Zwerge weit sehen können. Oder in den Worten Schleiermachers: Unser Gedächtnis ist ein Teil unserer Selbsterkenntnis.

Bildung hat einen übernützlichen Wert

Im Juli 2005 veröffentlichten mehrere Wissenschaftler eine sogenannte Frankfurter Erklärung mit dem Titel *Das Bildungswesen ist kein Wirtschaftsbetrieb! Fünf Einsprüche gegen die technokratische Umsteuerung des Bildungswesens.* Diese Erklärung hat viel Aufmerksamkeit erzielt. Aber: Kaum war sie draußen, folgten schon die Reflexe. Der alte Topos, diese Erklärung sei »rückwärtsgewandt«, wurde noch und noch aufgelegt. Man sollte mit diesem Vorwurf keine Probleme haben. Solange US-amerikanische Eliteuniversitäten dezidiert nach Humboldt'schem Vorbild gebaut sind, und solange das Gymnasium deutscher Prägung die weltweit auch in PISA erfolgreichste Schulform ist, sollte man die Killerphrase von der Rückwärtsgewandtheit des Humboldt'schen Ideals kalt abhaken.

Bildung kann nicht für andere Zwecke instrumentalisiert werden, sonst ist sie nichts anderes als bloße Qualifizierung. Das humanistische Aufbegehren gegen eine solche Einengung kennen wir schon seit Platon. Sein Verdikt richtete sich damals gegen die Sophistik und deren Brotkunst. Seitdem hat sich das humanistische Aufbegehren gegen eine Verzweckung von Bildung regelmäßig wiederholt. In mehreren Renaissancen wurde die Antike wiederentdeckt und in das deutsche Geistesleben rezipiert: in der karolingischen, in der ottonischen, in der humanistischen Renaissance, in der deutschen Klassik, im Klassizismus, im Neuhumanismus.

Bildung hat jedenfalls einen übernützlichen Wert, wenngleich dies einem Paradoxon gleichkommt. Dieses Paradoxon besteht darin, dass das Übernützliche im Moment zwar potenzielle Produktivität kostet, sein Nutzen aber darin besteht, dass das Nachdenken, dass Muse (die Göttin) und Muße (der Müßiggang) im Endeffekt höchst produktiv für den Einzelnen und das Gemeinwesen sind.

Ebenfalls paradoxerweise sind es genau diese humanistischen Revolten gewesen, die gerade im naturwissenschaftlichen, technologischen und wirtschaftlichen Bereich die Grundlage für den Aufstieg Europas waren. Manfred Fuhrmann hat dies 2002 überzeugend dargestellt: »Die deutsche Wissenschaft (…) vollbrachte im Zeitalter der humanistischen Gymnasien Leistungen wie nie zuvor, und zwar auf allen Gebieten, im Bereich der Geistes- und Naturwissenschaften ebenso wie in dem der Technik.« Und schon vorher war Thomas Nipperdey (in *Deutsche Geschichte 1800–1866*) zu dem Ergebnis gekommen: Die großen deutschen Naturwissenschaftler waren Zöglinge und Verteidiger dieses Gymnasiums. Man denke etwa an Werner Heisenberg, den Träger des Physik-Nobelpreises 1932, der von sich und seinen Studenten sagte, die humanistische Bildung befähige in besonderem Maße zum logischen und schöpferischen Denken. Hier hat übrigens Latein als Chance zur Emanzipation von der Flüchtigkeit des Hic et Nunc einen herausragenden Platz.

Außerdem sollten sich die Bildungsakteure ruhig noch einmal bzw. endlich das bildungspolitische Papier der Deutschen Bischofskonferenz (DBK) und der Evangelischen Kirche in Deutschland (EKD) vom November 2000 hervorholen. Es trägt den Titel *Tempi – Bildung im Zeitalter der Beschleunigung*. Darin wird Kritik geübt an einem »Totalitarismus neuen Typs«, nämlich dem »subjektlosen Funktionalismus«, der auch die Bildung erobere. Es wird auch gesagt, die Wirtschaft profitiere vom Sabbat, das heißt von Kontemplation und Reflexion, vom Ausspannen und Meditieren.

Wie das ausgehende 19. Jahrhundert scheint auch unsere Zeit geprägt von einem Primat des Materialismus, Empirismus, Ökonomismus und Utilitarismus. Damals rechnete Nietzsche es 1872 im ersten seiner Vorträge *Über die Zukunft der Bildungsanstalten* zu den beliebtesten nationalökonomischen Dogmen, den möglichst großen Geldgewinn als Zweck der Bildung auszugeben (»Dem Menschen wird nur soviel Kultur gestattet, als im Interesse des Erwerbs ist.«). Eine Reduktion von Bildung aber auf das Marktgängige bedeutet einen Verlust an kulturellen Optionen, an konkreten Denkspielräumen und an bereichernden Fremdheitserfahrungen (vgl. Aleida Assmann, 2003). Ein Mensch ohne diese Optionen und ohne die Erfahrung des kulturell Anderen wäre eindimensional. Hans-Georg Gadamer postuliert daher bereits 1960: Bildung kann nicht eigentlich zweckgebunden sein. Denn sie kenne, so wenig wie die Natur, außerhalb ihrer selbst gelegene Ziele. Darin übersteige der Begriff der Bildung den der bloßen Kultivierung vorgegebener Anlagen.

Wer zudem kanonisierte Bildungsinhalte unter den Generalverdacht des Repressionsinstruments stellt, provoziert inhaltliche Beliebigkeit. Überhaupt kommt der Kanon-Gedanke (der Werk-Kanon-Gedanke) im »modernen« Verständnis von Bildung viel zu wenig zum Tragen – der Gedanke, dass es etwa nicht nur im Fach Deutsch und in den Fremdsprachen einen Grundbestand an Literaturkenntnis, sondern auch in den Fächern Musik und Kunst einen Grundbestand an Werkkenntnis geben muss. Es sollte ihn deshalb geben, weil kanonisches Wissen eine unverzichtbare Kommunikationsgrundlage ist und weil ein zu schmales Wissen (ein Wissen unter aller »Kanone«) Kommunikation erst gar nicht entstehen lässt.

Etwas dünn erscheinen da die kulturbeflissenen Anstrengungen eines Münchner Politikmagazins, das 2006 montäglich Klassiker der Weltliteratur vorstellte, unterstützt von einer großen süddeutschen Automobil-Firma, und das Ganze unter dem Titel *get Abstract – compressed knowledge.* Die *Budden-brooks* etwa oder die *Odyssee* werden darin von jeweils rund 700 Originalseiten auf 22 Westentaschenseiten komprimiert. Und wem das noch zu viel ist, der kann sich mit eineinhalb Seiten »Take-aways« begnügen und damit renommieren. Thomas Mann und Homer *super-light* sozusagen für den *small talk.*

Ebenso ist es eine Horrorvorstellung, was die *Frankfurter Allgemeine Zeitung* am 28. Dezember 2002 berichtete, nämlich dass eine große Bank für ihre Jungmanager kulturgeschichtliche Crash-Kurse eingerichtet hat. Die jungen Bänker sollen damit so weit fit gemacht werden, dass sie beim Prosecco-Empfang ein kulturrelevantes *name-dropping* praktizieren können – nach dem Motto: »Ach ja, dieser Ludwig van, das war doch der mit der Schicksalsmelodie – oder so!?« Nein, wir brauchen keine solchen Funktions-Fuzzis, sondern Persönlichkeiten mit kulturellem Hintergrund.

Wie sehr freilich ein verarmtes Bildungsverständnis um sich greift, dokumentiert die Allensbach-Analyse *Was ist eigentlich Bildung?* (*Frankfurter Allgemeine Zeitung* vom 20.11.2008). In dieser Studie war die Frage gestellt worden: »Was gehört zu einem gebildeten Menschen?« Ausgewählte Ergebnisse: 15 Prozent der Bevölkerung meinen, dazu gehöre, dass man sich für Philosophie und die großen Denker interessiere; 10 Prozent, dass man sich für Kunst und Malerei interessiere; 7 Prozent, dass man viel von Musik verstehe. Nur 22 Prozent erwarten von der Schule die Vermittlung guter Kenntnisse der deutschen Literatur, und nur 11 Prozent sind der Auffassung, musische Erziehung gehöre zur Bildung. Ein bedenklich enges Verständnis von Bildung!

Der Gott Velozifer

Der Mensch soll etwas machen aus seiner Zeit und sie keineswegs vergeuden. Wahrscheinlich hätte es den Aufstieg Europas und die Europäisierung der Erde nicht gegeben ohne diese Haltung, dessen besonders markantes Ergebnis der fleißige Michel ist. Der Europäer, vor allem der West-, Mittel- und Nordeuropäer, ist erzogen, immer aktiv zu sein; er erlebt Stille als Leere, die man, um sich ja nicht mit der eigenen Innenwelt befassen zu müssen, mit adrenalingeschwängertem Stress zu überspielen sucht.

Das Morgenland hat ein anderes Zeitgefühl. Dort werden lange Weile und Langeweile nicht als nervig empfunden. In Europa aber neigt man als Heranwachsender schon zum Gähnen, wenn man Unterricht in der Schule hat. Die »moderne« Unterrichtsdidaktik verrenkt sich dementsprechend in alle Richtungen, um in der Schule ja keine längere Weile aufkommen zu lassen. Dabei bemüht sie sich gleichermaßen krampfhaft und aussichtslos, mit Internet, vierzig Fernsehkanälen, Videomarkt und Spielkonsolen in Konkurrenz zu treten. Kurz: Moderne Pädagogik opfert gerne dem Gott Velozifer. Es war Goethe, der dieses Kunstwort prägte: »veloziferisch« – das ist »velocitas« für Eile und »lucifer« für den Gott des Lichts, den Morgenstern bzw. den gefallenen Erzengel.

Wer über Bildung nachdenkt, muss jedenfalls über Zeit nachdenken. Er wird dabei verwundert feststellen: Die Menschen haben immer mehr Zeit, und deshalb hätten sie eigentlich immer mehr Zeit für Kulturelles und Bildung. Aber ist das wirklich so? Wir haben tatsächlich immer mehr Zeit zur Verfügung: Die Lebenserwartung steigt in der westlichen Welt unvermindert an. Die verbindliche Arbeitszeit hat sich in einem Jahrhundert zugunsten der Freizeit fast halbiert. Die für einen Produktionsvorgang notwendige Zeit hat sich aufgrund neuer Werkzeuge und Technologien immer mehr verkürzt. Die Informationsbeschaffung hat sich dramatisch beschleunigt. Wir haben pro Familie immer weniger Kinder, um die man sich kümmern muss. Reisen und Transporte dauern nur noch einen Bruchteil der früheren Reisezeit. Wir haben damit einen Gewinn an Zeit.

Aber jetzt das Paradoxe: Wir haben immer mehr Zeit, aber die Zeit wird uns immer knapper. Die Redensart »Er hat alle Zeit der Welt« ist heute jedenfalls falsch. Die Knappheit an Zeit ist freilich hausgemacht: Wir sind, ob jung oder alt, zu Simultanten geworden (nicht zu verwechseln mit Simulanten), die alles Mögliche simultan tun wollen, um Zeit zu gewinnen – und um ja nichts zu versäumen. Die Folge ist eine hochgradige Zeitneurose in Form eines sogenannten *multitasking*. Viele haben aus ihrem Da-Sein ein Bis-Sein gemacht und denken nur noch in Fristen und Terminen. Wir haben uns einem rasenden Stillstand ausgeliefert und damit den Zustand einer Stagnation durch tatsächliche oder vermeintliche Innovation erreicht. (Joseph Weizenbaum spricht von »Stagnovation«.) Damit sind wir bei einem Zustand angekommen, in dem wie beim tödlichen Herzflimmern das hektische Oszillieren von einem totalen Stillstand nicht mehr zu unterscheiden ist. Die Folge ist: Die Gegenwart schrumpft. Das Nächste, das Zukünftige ist schneller da, und wenn es da ist, dann ist es sofort schon Vergangenheit.

Es ist falsch, Zeit nur physikalisch als »Leistung ist gleich Arbeit je Zeiteinheit« zu betrachten. Ebenso falsch ist es, Zeit nur ökonomisch nach dem Grundsatz »time is money« zu betrachten. Vielmehr sollten wir Zeit gleichberechtigt philosophisch und psychologisch betrachten. Jeder Mensch verfügt dementsprechend nur (!) über ein gewisses Maß an Zeit. Seneca spricht von dem »tempus suum« eines jeden Menschen. Diese je eigene Zeit, so Seneca, sei des Menschen wichtigstes Eigentum. Wird sie gestohlen, ist sie unwiederbringlich. Sie ist das Einzige, was man nicht verschenken kann. Deshalb muss man auf sie – die eigene Zeit und die Zeit des Mitmenschen – sorgfältiger achten als auf das eigene oder ein fremdes Portemonnaie. Nichts wäre auch peinlicher für jemanden als das Gefühl, anderen Zeit zu stehlen. Und nichts macht einen Menschen wütender, als wenn lästige Mitmenschen ihm Zeit rauben.

Götter und Menschen brauchen die lange Weile

Zeit haben heißt Weile haben. Eine solche Weile kann kurz sein, als Weilchen kann sie etwas Nettes sein, und sie kann lang sein. Als lange Weile kennen wir sie in zwei Ausprägungen: als niedere und als hohe Langeweile. Die niedere Langeweile ist banal und gegenstandslos, sie kann freilich eine existentielle Krise auslösen. Für Heidegger ist Langeweile »schweigender Nebel«, er rechnet sie zu den Abgründen des Daseins. Für Arthur Schopenhauer ist Langeweile ein »mattes Sehnen ohne bestimmtes Objekt«. Oft ist niedere Langeweile ätzend: Sie macht aggressiv, vermittelt das Gefühl der Einsamkeit und Verlorenheit, löst unter Umständen sogar Panik aus und lässt uns nicht selten ein Sinnvakuum spüren. In der Folge kann sich eine schmerzliche Selbstaufmerksamkeit bis hin zur Hypochondrie einstellen. Es kann sich daraus auch ein zielloser Konsumismus ergeben. Folge: »Amusing Ourselves To Death« – Wir amüsieren uns zu Tode, wie Neil Postman nachwies. Hier wird der Zeitvertreib selbst zur Sinnleere und zur Langeweile, wobei noch zu klären wäre, inwiefern in diesem Zusammenhang das Fernsehen die Ursache der niederen Langeweile ist oder ob der Mensch das TV-Gerät einschaltet, weil er sich quasi-kultiviert langweilen will.

Es gibt daneben die hohe Langeweile, die den Menschen erst zum Menschen, womöglich zum Gott macht. Voltaire wusste: Wenn sich Affen langweilen würden, wären sie Menschen.

Affen haben die Freiheit zur Langeweile nicht, ihre Instinktausstattung bietet ihnen nur wenige Handlungsmöglichkeiten, während Menschen eben die Option Langeweile wählen können. In einem solchen Fall macht manchmal nichts mehr Spaß, als sich zu langweilen, »abzuhängen«, zu »chillen«, gerade wenn man etwas zu tun hätte.

Solche Langeweile kann eine kreative Kraft sein. Deswegen braucht der Mensch neben (neben, nicht statt!) der »vita activa« die »vita contemplativa«, das Zurücklehnen, eine Faulheit, die Raum zur sinnierenden Betrachtung des Lebens lässt; das hat etwas enorm Konstruktives. Viele Erfindungen der Menschheit gäbe es nicht, wenn die Menschen aus Faulheit nicht Erfindungen gemacht hätten, die ihnen die Arbeit erleichtern und die Zeit des Nichtstuns ermöglichen; man denke an Roboter oder Haushaltsautomaten. Nennen wir es ein Aufbegehren gegen ein übertriebenes Getue, nennen wir es Muße. Letztere besteht jedenfalls nicht im blanken Faulenzen, sondern in der schöpferischen Gestaltung freier Zeit. Alle schaffenden Menschen – Künstler, Tüftler, Bastler, Kleingärtner – brauchen diese lange Weile, und sei es als Schmerz oder als Stachel für schöpferisches Tun, wie Immanuel Kant meint. Solche lange Weile stand wohl schon an der Wiege der Menschheit. Laut Soeren Kierkegaard schufen die Götter den Menschen, weil sie sich langweilten und weil sie sich belustigen wollten. Und Adam bekam aus seiner Rippe die Eva geschaffen, weil er sich sonst gelangweilt hätte.

Das Recht auf Faulheit

Paul Lafargue kennt heute kaum noch jemand. Entreißen wir diesen französischen Arbeiterführer (1841–1911) trotzdem kurz dem Vergessen. Lafargue schrieb nämlich 1883 ein Pamphlet mit dem Titel *Recht auf Faulheit*. Darin finden sich so poetische Sätze wie: »O Faulheit, Mutter der Künste und der edlen Tugenden, du Balsam für die Schmerzen der Menschheit.« (Übrigens: Lafargue war der Schwiegersohn von Karl Marx.) Natürlich ist bekannt, dass die Trägheit des Herzens eine der sieben Todsünden ist. Müßiggang ist aller Laster Anfang, sagt der Volksmund. Dennoch sei eine Lanze gebrochen für die Faulheit. Es gibt ein Recht auf selbstvergessenen Müßiggang, vielleicht sogar die Pflicht dazu. Also Finger weg vom hohen Wert der Faulheit! Sie ist oft ein letztes Ich-Fenster, aus dem wir – noch unbeeindruckt vom *entertainment* – in die Welt schauen können. Deshalb sollten die Menschen gelegentlich zur Notbremse greifen und ihr Da-Sein entschleunigen, damit es kein bloßes Bis-Sein wird. Die Menschen sollten sich Entschleunigungsinseln schaffen: mit Nachdenken, mit Meditieren, mit Lesen, mit Erzählen, Erzählen lassen und Zuhören. Damit streckt man die Zeit, schafft Raum für die Zeit. Und wer es denn als Nihilist oder Existentialist so will, dem sei gesagt: Auf dem Gipfel der Langeweile erst erfährt man den Sinn des Nichts.

Für die These, dass Bildung lange Weilen braucht, gibt es hochkarätige Begründungen. Die gehirnphysiologische Begründung lautet: Der Mensch braucht den Schlaf, und die Geschwindigkeit der Abläufe im Gehirn ist nicht manipulierbar – allenfalls in Grenzen mit Drogen. Das heißt: Das Denken (und das Reden) lassen sich nicht maßgeblich beschleunigen. Sodann die lernpsychologische Begründung: Das Neue braucht seine Zeit, damit es aus der Flüchtigkeit des Kurzzeitgedächtnisses in die Dauerhaftigkeit des Langzeitgedächtnisses hinübergelangt. Jede Bildungseinrichtung müsste deshalb die Langsamkeit und die Gründlichkeit des Denkens verteidigen. Außerdem ist jedes Lernen ein Schaffen von Redundanz, denn bislang Neues wird durch Lernen zum Überflüssigen – deshalb zum Überflüssigen, weil ich es dann ja weiß. Man könnte sogar sagen: Lernen ist das Schaffen von Langeweile.

Denn: Wenn ich etwas kapiert habe, muss ich mich nicht mehr damit abmühen, ja ich kann mich daran langweilen, weil ich es kann.

Es darf also nicht sein, dass Bildungspolitik nur noch auf Dampf macht und Bildungszeiten noch und noch verkürzt. Nein, Persönlichkeitsentwicklung braucht Zeit. Ebenso braucht Bildung Zeit, also lange Weile. Ein Recht auf Faulheit gibt es dann, wenn man vorausgehend Schweiß und Anstrengung investiert hat. Nur dann entsteht keine Faulheit, wie sie Immanuel Kant definiert, als er sagte: Faulheit ist der Hang zur Ruhe ohne vorhergehende Arbeit. Nein, Faulheit und Langeweile sind für diejenigen legitim, die fleißig waren. Faulheit ist das Privileg der Fleißigen. Nur sich ständig abmühen, um Leistung zu bringen, geht nicht, sonst ist man bald ausgebrannt. Nur untätig auszuspannen geht ebenfalls nicht, sonst verblödet man. Auf das richtige Maß kommt es an. Der Manager, der Fließbandarbeiter – er muss eben auch Flaneur, Nachbar, Bibliotheks- und Schwimmbadbesucher sein dürfen. Glück ist insofern nicht reine Glückssache. Solches Glück kann man »machen« – machen mit Müßiggang, denn Müßiggang ist Trägheit *mit* Sinn.

Von Friedrich Nietzsche wissen wir: Unsere größten Stunden, das sind oft nicht unsere lautesten, sondern unsere stillsten. Dies sei allen Vorlauten hinter die Ohren geschrieben. Vor allem wäre in allen Dingen, die uns umtreiben, gelegentlich ein bisschen mehr Gelassenheit angesagt. Hierfür gibt es ein wunderbares Gebet, dessen Herkunft man nicht genau kennt und das mal Franz von Assisi, mal Martin Luther, mal dem Pietisten Friedrich Christoph Oetinger, mal dem deutsch-amerikanischen Theologen Reinhold Niebuhr zugeschrieben wird: »Herr, gib mir die Gelassenheit, Dinge hinzunehmen, die ich nicht ändern kann! Gib mir den Mut, Dinge zu ändern, die ich ändern kann! Und gib mir die Weisheit, das eine vom andern zu unterscheiden!«

15 Der Lehrer als glücklicher Sisyphos

Sisyphos – das ist bekanntermaßen ein Held der griechischen Mythologie. Wir kennen ihn als rastlosen Seefahrer, als listigen Herrscher von Korinth, ja, so will es manche Sagenversion, als unehelichen Vater des nicht minder listenreichen Odysseus. Vor allem aber kennen wir Sisyphos als gerissenen und zugleich tragischen Helden. Sympathischerweise hatte er den Todesgott Thanatos für ein paar Tage zu fesseln gewusst, so dass während dieser Zeit niemand mehr sterben musste. Da die Götterwelt solche menschliche List aber nicht dulden mochte, wurde Sisyphos in die Unterwelt verdonnert. Von dort entkam er mit einem Trick – allerdings nur vorübergehend. Seine zweite Einweisung in den Hades ist dann mit einer heftigen Strafe verbunden, die Sisyphos als Unterweltler und als Mythos unsterblich macht: Er muss einen riesigen Felsblock einen steilen Berg hinaufwälzen. Hat er ihn keuchend endlich zum Gipfel gebracht, rollt der Brocken unaufhaltsam wieder hinab in die Tiefe und die Plackerei beginnt von Neuem.

So oder so ähnlich sehen sich heutzutage Tausende von Lehrerinnen und Lehrern: Ihr Jahres- und ihr Tagesgeschäft beginnt immer wieder von vorne. Wenn sie eine Abschlussklasse mit mehr oder weniger Erfolg ins sogenannte Leben entlassen haben, kommt ein neuer, womöglich noch schwierigerer Jahrgang. Das ist der Lauf der Welt, das ist das Bereichernde am Lehrerberuf. Mancher Lehrer mag sich das nicht gerne bewusst machen, denn womöglich erinnert das ständige Kommen und Gehen von Jahrgängen mehr als in fast allen anderen Berufen an die Endlichkeit der eigenen beruflichen Vita. Zum wahrhaft Felsen bzw. Probleme wälzenden Sisyphos aber werden Lehrer, wenn sie Zeit, Engagement und Energie in Klassen oder Einzelschüler investieren, dies aber mangels Motivation der Schüler- und/oder Elternschaft keinerlei Spuren hinterlässt und wenn solchermaßen das Hickhack am nächsten Tag von vorne beginnen muss.

Dicke Bretter bohren

Natürlich ist ein solcher Dienst am Gemeinwesen bzw. an der nachwachsenden Generation nicht zu verwechseln mit dem Abbüßen einer Strafe in der Unterwelt. Aber schulische Pädagogik wird doch oft genug zum nervtötenden Bohren verdammt dicker Bretter. Es gehört manchmal viel pädagogisches Ethos und viel pädagogisch-konstruktive Dickschädeligkeit dazu, ein solches dickes Brett zu bohren bzw. einen solchen dicken Stein immer neu anzupacken.

Die meisten Lehrer tun dies gern und selbstverständlich. Sie wissen, dass auch einem Arzt oder einem Bauarbeiter oder einer Bankangestellten nicht immer alles Berufliche Spaß und Freude bereitet. Aber die Öffentlichkeit, genauer gesagt: die öffentliche bzw. die veröffentlichte Meinung, hat ein oft genug verzerrtes oder zumindest einseitiges Bild vom Lehrerberuf. Das müsste eigentlich nicht sein, denn mit dem Lehrerberuf hat man allein schon aufgrund der Zahl seiner Vertreter eigentlich immer oder zumindest längere Phasen zu tun – üblicherweise sogar regelmäßiger und direkter als mit anderen Berufen: Weniger oder zumindest nicht direkt und nicht alltäglich hat man zu tun mit den deutschlandweit 200 000 Juristen, den gut 500 000 Ärzten und Apothekern, den 650 000 Ingenieuren und fast 400 000 Diplomkaufleuten. Von der Regelmäßigkeit der Kontakte mit unseren etwa 30 000 deutschen Pfarrern beider großen Kirchen wollen wir gar nicht reden, haben diese doch immer weniger Kundschaft. Und den

Kontakt mit unseren etwa 10 000 berufsmäßigen Politikern in Deutschland halten viele Menschen ohnehin für überflüssig. Lehrer gibt es aber 800 000 in Deutschland. Daran kommt man nicht vorbei, diese 800 000 sind Alltagserfahrung. Das bedeutet: Für schätzungsweise 40 Millionen Schüler, Schüler-Eltern und Schüler-Großeltern in diesem Lande spielen Lehrer tagtäglich eine mehr oder weniger wichtige Rolle. Denn diese 800 000 Lehrer in Deutschland unterrichten an 42 000 Schulen 12 Millionen Schüler; pro Tag ergibt das gut 3 Millionen, pro Jahr fast 600 Millionen Unterrichtsstunden und an die 1,5 Milliarden Einzel- und Zeugnisnoten.

Allein damit erklärt sich recht gut, dass das Verhältnis der breiten Bevölkerung zum Berufsstand der Lehrer gar kein anderes als ein zwiespältiges sein kann. Ohne diese Ambivalenz geht es – realistisch betrachtet – nicht. Schließlich können 800 000 Lehrer in Deutschland nicht alle pädagogische Heilige und Helden zugleich sein. Und jedem halbwegs kritischen Schulleiter fallen sofort zwei oder drei oder vier Namen ein, wenn ihm eine Zauberfee anböte, er könne ein paar seiner Lehrer auf den Mond befördern. Aber insgesamt ist der Anteil der Heiligen und Helden hier sowie dort der Anteil Nieten und Bremser im Lehrerberuf gewiss nicht größer oder kleiner als in anderen Berufen. So ist nun einmal das Leben. Der Unterschied ist nur: In anderen Berufen fällt es nicht so flächendeckend auf, wenn einer kein Vorbild ist oder einen miserablen Tag hat. Ein Lehrer aber, ein Musik- oder Kunstlehrer etwa, der pro Woche 28 Stunden in bis zu 15 verschiedenen Klassen an die 400 verschiedene junge Menschen unterrichtet, multipliziert seine Leistung oder seine Durchhänger wöchentlich bis zu 400-mal. Will sagen: Es gibt kaum einen Beruf, der in einem so hohen Maße öffentlichen Charakter hat. Manch parlamentarischer Hinterbänkler wäre froh darüber, er würde wöchentlich – auf welchem Wege auch immer – 400 Menschen samt deren Familien erreichen.

Diese Zwiespältigkeit, mit der man dem Lehrerstand begegnet, erweist sich übrigens sogar in der Meinungsforschung: Einerseits rangieren die Lehrer in den gängigen empirisch erfassten Sympathieskalen meist weit hinten – oft nur knapp vor Journalisten und Politikern. Andererseits liegen sie wieder ganz oben auf Platz zwei hinter den Ärzten, wenn es um die Frage geht, zu welchen Berufen man in der Bevölkerung am meisten Vertrauen hat (oder haben muss). Zugleich ergeben repräsentative Umfragen, dass man sich Lehrer wieder etwas strenger wünscht und dass man das Lehrerdasein heute angesichts einer veränderten Kindheit und Jugend als verdammt schwierig einschätzt.

Meinungsumfragen, widersprüchliche Einzelerfahrungen sind das eine. Der ganz konkrete Lehreralltag ist das andere. Hier wird man feststellen, dass es *den* Lehrer, *die* Lehrerin schlechthin nicht gibt. Der Lehrer hier und die Lehrerin dort haben oft weniger miteinander gemein als der Facharzt für Dermatologie hier und der Facharzt für Kieferorthopädie dort, als der Ingenieur für Luft- und Raumfahrttechnik hier und der Ingenieur für Holztechnik dort. Welche Lehrer also haben wir, und was tun sie – rein äußerlich betrachtet? Da gibt es den Gymnasiallehrer der Fächer Deutsch und Englisch, der pro Woche in sieben verschiedenen Klassen und in 25 Unterrichtsstunden über 220 Schüler – vom Elf- bis zum Zwanzigjährigen – unterrichtet und nebenher pro Schuljahr rund 1000 Arbeitsstunden aufbringt, um mehr als zweitausend Aufsätze, Diktate, Testate zu korrigieren und zu bewerten. Da gibt es den Hauptschullehrer, der in seiner Stammklasse Schüler aus zwanzig verschiedenen Ethnien mit entsprechend heterogenen sprachlichen Fertigkeiten und entsprechend disparaten familiären Hintergründen unterrichten, betreuen und für den Lehrstellenmarkt vermittelbar machen möchte. Da gibt es die Lehrerin der Fächer Chemie und Biologie, die an ihrer Realschule so manchen Abend und so manches Wochenende in ihrer Realschule verbringt, um die anstehenden Schülerexperimente vorzubereiten. Da gibt es die teilzeitbeschäftigte Grundschullehrerin, die es bei einem Elternabend mit einer Elternschaft vom kurdischen Vater bis zur Arztgattin zu tun hat. Da gibt es den Leiter eines beruflichen Schulzentrums mit 4000 Schülern, 200 Lehrern, 50 verschiedenen Ausbildungsberufen und allen Schulabschlüssen vom nachgeholten Hauptschulabschluss bis zur Allgemeinen Hochschulreife. Für sich sind dies alles kalkulierbare Umstände und Herausforderungen, die Lehrerinnen und Lehrer üblicherweise mit einer gesunden Mischung aus Routine und Flexibilität packen. Langweilig wird es im Geschäft mit jungen Leuten jedenfalls nie.

Die »Aufreger«

Trotzdem gibt es für Lehrer Belastungen und »Aufreger«, die mit noch so viel Routine nicht von einer Minute auf die andere weggesteckt werden können.

Aufreger Nummer 1: Schier inflationär werden spätestens seit PISA schlaue programmatische Schriften zur Schule im 21. Jahrhundert aufgelegt. In diesen Schriften gibt es offenbar ausschließlich motivierte und kluge Schüler. Solchen Visionen stehen allerdings Realitäten gegenüber, die keine Raritäten sind: Zehnjährige, die morgens mit nichts außer Cola im Bauch in die Schule kommen; Zwölfjährige, die wöchentlich fünfmal die Hausaufgabe »vergessen«; Vierzehnjährige, die keinen Werktag vor Mitternacht zu Hause sind; Sechzehnjährige, die zur Finanzierung von Handy und Designerjacke mehr Zeit beim Jobben an der Tankstelle verbringen als am häuslichen Schreibtisch; Achtzehnjährige, die ihre Volljährigkeit dazu nutzen, sich pro Quartal per eigene Unterschrift an die sechzig Freistunden zu gönnen.

Aufreger Nummer 2: An den Nerv geht vor allem eine in Teilen immer gewaltbereiter und schusseliger gewordene Schülerschaft. Allerdings ist nicht jede der 42 000 Schulen in Deutschland eine Berliner Rütli-Schule, die ja im Frühjahr 2006 bundesweit Schlagzeilen machte, als die Lehrer diese Schule für nicht mehr führbar erklärten. Tatsächlich aber hat die Gewaltbereitschaft unter jungen Leuten zugenommen. Das nagt an vielen Lehrern, auch wenn man verdrängt hat, dass in Deutschlands Schulen zwischen 1999 und Frühjahr 2009 mehr als 30 Menschen gewaltsam ums Leben gekommen sind. Tagtäglich aber erleben Lehrer, dass zehn Prozent der Jungen und drei Prozent der Mädchen – bei steigender Tendenz – als gewaltbereit gelten müssen. Diese erschreckenden Ergebnisse liefert die Forschung. Die Gewalttätigkeit hat quantitativ zugenommen, und sie hat sich qualitativ verändert. Es wird heutzutage häufiger zugeschlagen, und es geht brutaler zu. Neue, medial verfügbare Möglichkeiten der Gewalttätigkeit kommen hinzu. Lehrer erleiden dabei zwar nicht immer körperlichen Schaden, aber sie werden im World Wide Web teilweise brutal gemobbt, zum Beispiel indem man sie in pornografische Fotos oder Filme hineinmontiert oder im Bild ihre Hinrichtung inszeniert.

Aufreger Nummer 3: Wieder ein anderes Szenario spielt sich ab, wenn ein Elternpaar beim Elternsprechtag eine einzelne Lehrkraft 40 Minuten wegen der Note 3 in einer Stegreifaufgabe mit Vorwürfen überhäuft, während vor der Tür bereits fünf oder acht andere Eltern wegen anderer, harmloserer Anliegen warten; wenn diese Eltern dann unzufrieden nach Hause gehen und am Tag darauf einen rechtsanwaltlich ausgewiesenen Widerspruch gegen diese Drei in die Schule faxen. Zugleich kommt es immer häufiger vor, dass Eltern so tun, als sei ein Lehrer das einzige Hindernis für ein Kind auf dem Weg zum Abitur und als sei das Abitur des eigenen Kindes die selbstverständliche Bringschuld von Schule und Lehrerschaft. Und noch mehr nervt es, wenn sich Eltern gelegentlich schlechter als ihre Kinder zu benehmen wissen. So richtig zum Kochen kommt die Lehrerseele, wenn Eltern die Schule in der vorletzten Woche der Sommerferien gleich dreimal besetzen, weil ihre Tochter im nachfolgenden Schuljahr wegen einer anderen Folge ihrer Fremdsprachenwahl nicht mit der Freundin in einer Klasse zusammen sein kann. Getoppt wird dieses Anliegen dann nur noch, wenn Eltern ihre Kinder auf dem schulischen Anrufbeantworter für die ersten drei Tage nach den Osterferien krankmelden, diese Kinder dann am vierten Tag gebräunt und quietschfidel wieder auftauchen und längst alle Klassenkameraden wissen, dass hier offenbar ein Flug in die Karibik um ein paar hundert Euro billiger war, weil man ja außerhalb der Ferienzeiten gebucht hatte.

Apropos Eltern: Im Gros sind sie gewiss kooperativ, einsichtig und vernünftig. Eine pauschale Schelte von Lehrern gegen Eltern geht insofern ebenso daneben wie eine pauschale Schelte von Eltern gegen Lehrer. Aber tatsächlich versagen immer mehr Eltern aus den unterschiedlichsten Gründen vor den eigenen Erziehungspflichten. Sie versagen damit vor dem Gebot des Grundgesetzes, das da in Artikel 6 heißt: »Pflege und Erziehung sind das vornehme Recht der Eltern und die zuvörderst ihnen obliegende Pflicht.«
Einem gewissen Anteil von Eltern ist es mittlerweile völlig egal, was in der Schule ihrer Kinder los ist. Andere sind sich zu bequem, um ihren Kindern Vorgaben zu machen oder ihnen wenigstens zuzuhören. Wieder andere resignieren schlicht und einfach vor dem Einfluss von Mitschülern und Medien. Sie kommen dann durchaus schon mal in die Schule, um sich für die Erziehung zu Hause Rat und Unterstützung zu holen. »Machen Sie meinem Kind doch bitte einmal klar, dass es gefälligst sein Zimmer aufzuräumen hat.« Oder: »Können Sie

einmal mit meinem Mann reden, damit er sich mit unserem vierzehnjährigen Sohn nicht jedes Wochenende sieben oder acht Porno- und Hackfleisch-DVDs reinzieht?« Das sind zwei Bitten, die durchaus schon mancher Schulleiter und Schulpsychologe zu hören bekam. Dabei wird diese Art von Hilflosigkeit bzw. Selbstentmündigung seitens der Gesellschaft und seitens des Staates sogar noch gefördert: Die Schule soll schließlich die allmächtige pädagogische Feuerwehr und die gesellschaftliche Reparaturanstalt geben.

Auch unter Politikern gibt es »faule Säcke«

So richtig wütend werden Lehrer freilich, wenn man sie seitens der Politik, der Administration und der sogenannten Bildungswissenschaften im Stich lässt oder gar in die Pfanne haut. Das geschieht immer häufiger, weil Politik, Administration und Bildungswissenschaften meinen, sich im Monatstakt neu profilieren zu müssen. Dabei waren diese drei Instanzen seit Jahren nicht in der Lage und sind es bis heute nicht, trotz exakt vorliegender Rahmendaten für genügend Lehrernachwuchs zu sorgen oder wenigstens den Nachwuchsbedarf halbwegs differenziert zu berechnen. Schier monatlich wird gleichwohl eine neue pädagogische Reform-Sau durch das Dorf getrieben: wieder ein neuer Lehrplan, noch ein neues Projekt, wieder eine neue Lernstandserhebung, noch eine Evaluation. Und obendrein machen den Lehrern zum Teil Vorgesetzte in der Schule, im Schulamt, in der Bezirksregierung, in den Ministerien, die nicht zu ihnen stehen, das Leben schwer.

Wenn dann noch primitive Schelten von ganz »oben« kommen, dann ist bei Lehrern die Schmerzgrenze überschritten. Das war in den letzten Jahren gar nicht so selten der Fall. Amtierende Ministerpräsidenten spielten da eine exponierte Rolle: Für einen Niedersachsen waren Lehrer »faule Säcke«, für einen Schwaben »faule Hunde« und ein Pfälzer hat angeblich bereits am Dienstag so viel gearbeitet wie Lehrer in einer ganzen Woche. So etwas kommt außerhalb Deutschlands nicht vor, denn dort werden Politiker, die solche Stammtischparolen vom Stapel lassen, nicht mehr gewählt. In Deutschland aber wird der Lehrer auch noch pseudowissenschaftlich vermöbelt. Für eine OECD sind Deutschlands Lehrer zu alt (wie wenn sie selbst etwas dafür könnten und wie wenn ein Durchschnittsalter von 48 Jahren nicht völlig normal wäre). Es findet sich dann gewiss noch irgendein Professor, der zu wissen meint, Lehrer seien ihrem Job zu einem großen Anteil nicht gewachsen. Da fragt man sich nur, was da schiefgelaufen ist, schließlich hat derselbe Herr Professor den Lehrernachwuchs über Jahrzehnte hinweg ausgebildet.

Typisch deutsch: Probleme mit Autoritäten

Nur angedeutet sei die Frage: Woher kommt gerade in Deutschland die endlose Stänkerei gegen Lehrer? Die These lautet: Das Ganze hat mit der typisch deutschen Ambivalenz gegenüber Autoritäten zu tun. Einerseits ist man ziemlich autoritätsgläubig; andererseits nutzt man gerne die Projektionsfläche Lehrer, um die eigene Aversion gegen Autoritäten zu zeigen. Man nehme nur einmal die Lehrerfiguren in der deutschsprachigen Literatur. Fast durch die Bank sind es Negativ-Figuren: vertrottelt, sadistisch, Machtkämpfe mit Schülern austragend, für Schüler oft im Suizid endend: Emil Strauß mit *Freund Hein* (1902), Heinrich Mann mit *Professor Unrat oder das Ende eines Tyrannen* (1905), Hermann Hesse mit *Unterm Rad* (1906), Robert Musil mit *Die Verwirrungen des Zöglings Törleß* (1906), Friedrich Torberg mit *Der Schüler Gerber* (1930), Ernst Jünger mit *Die Zwille* (1973) oder Alfred Andersch mit *Der Vater eines Mörders* (1980). Vom Filmgenre der Paukerfilme der Jahre 1968 bis 1971 ganz zu schweigen: *Zur Hölle mit den Paukern, Zum Teufel mit der Penne, Hurra, die Schule brennt, Wir hau'n die Pauker in die Pfanne* usw. Klischee über Klischee! Wie sollen Lehrer mit all diesen Umständen und Urteilen umgehen?

Erstens sollten Lehrer – bei aller pädagogisch sonst gebotenen Sensibilität – mehr an sich abprallen lassen und eine Empfehlung beherzigen, die das Lexikon der Pädagogik des Herder-Verlages im Jahr 1914 festgehalten hat. Dort heißt es: Die Erregung der Lehrer über die Zerrbilder und Karikaturen zu ihrem Berufsstand sei »zwar verständlich, im Grund jedoch sollte diese Erregung mit dem Gedanken besänftigt werden, dass Spott und Hohn bei einem so hochstehenden Berufe in der allgemeinen Unvollkommenheit der Menschen ihre Erklärung finden, und dass diesem Spott und Hohn deshalb am besten mit vornehmer Ignorierung begegnet wird«. Gelegentlich sollten sich Lehrer auch eine Aussage des Freiherrn von Knigge von 1778 vergegenwärtigen. Dieser hatte geschrieben: »Der geringste Dorfschulmeister, wenn er seine Pflicht treulich erfüllt, ist eine wichtigere und nützlichere Person im Staate als der Finanzminister.«

Zweitens sollten Lehrer über den Mythos des Sisyphos reflektieren. Der französische Philosoph und Nobelpreisträger des Jahres 1957 für Literatur, Albert Camus, hat exakt unter diesem Titel (*Der Mythos des Sisyphos*) 1942 einen philosophischen Essay veröffentlicht. Der Untertitel dazu lautet: *Ein Versuch über das Absurde*. Camus greift hier die existenzielle Grunderfahrung des Absurden auf, nämlich die Erfahrung der permanenten Konfrontation von Geist und Faktizität, von Hoffnung und Wirklichkeit, von Intention und Ergebnis. Aus diesen Diskrepanzen helfe, so Camus, nur eine Revolte der leidenschaftlichen Selbstverwirklichung – eine Revolte, in der die absolute Verneinung des Faktischen umschlägt in eine absolute Bejahung der gegebenen Welt.

In seinem kurzen Sisyphos-Text gewinnt Camus dem Sisyphos als absurdem Helden deshalb auch viel Positives ab. Camus bewundert an Sisyphos unter anderem dessen Verachtung der Götter und dessen leidenschaftlichen Lebenswillen. Insofern ist es nicht so ganz überraschend, dass dieser Essay mit dem Schlusssatz endet: »Wir müssen uns Sisyphos als einen glücklichen Menschen vorstellen.«

Hier liegen zahlreiche Parallelen zwischen Sisyphos und Lehrern auf der Hand: die permanente Konfrontation auch im Lehrerberuf von Geist und Faktizität, von Hoffnung und Wirklichkeit, von Intention und Ergebnis; der auch im Lehrerberuf gelegentlich notwendige Widerstand gegen vermeintliche bildungspolitische und erziehungswissenschaftliche Götter, der Widerstand gegen das pädagogisch korrekte Diktat der Testfetischisten und Nützlichkeitsfanatiker; der leidenschaftliche Lebenswille, besser: Überlebenswille der Lehrerschaft; und die mit Blick auf die nachfolgende Generation uneingeschränkt gebotene Bejahung der Welt durch die Lehrer. So gesehen, können sich Lehrer durchaus als glückliche Menschen sehen – als Menschen nämlich, die wieder und wieder dieselben großen Aufgaben zu wälzen haben und die dies mit pädagogischem Ethos und – falls nötig – mit pädagogischem Trotz tun.

Diese Aufgaben können innovativer und zukunftsträchtiger nicht sein, denn es geht um junge Menschen und um das, was diese an Wissen und Können, an Identität und Haltung in die Zukunft der Generationen hineintragen. Das Kommen und Gehen von Jahrgängen von Schülern könnte von Lehrern deshalb erlebt werden als Stolz darauf, dass man qua Schülerschaft an die 60 und 70 Jahre in die Zukunft hineinwirkt – nämlich über die ganze Spanne der langen, verbleibenden Biografie der eigenen schulischen Zöglinge. Welcher Beruf kann das schon von sich sagen?

16 Keine Bildungsoffensive ohne Erziehungsoffensive!

Diese heutige Jugend ist von Grund auf verdorben, sie ist böse, gottlos und faul. Sie wird nie mehr so werden wie die Jugend vorher, und es wird ihr niemals gelingen, unsere Kultur zu erhalten.« So dachte man vor 5000 Jahren und ritzte diese Diagnose in einen babylonischen Tonziegel. Jugend war also offenbar noch nie so, dass die Alten mit ihr zufrieden gewesen wären. Dabei war der Großteil der Jugend immer grundsolide. Insofern gibt es auch heute keinen generellen Erziehungs-, Werte- und Orientierungsnotstand. Die heutige Jugend ist in ihrer Mehrheit von einer Geradlinigkeit und von einem Pragmatismus wie kaum eine Jugend vor ihr. Die Alltagserfahrung bestätigt dies, und die Studien des Deutschen Jugendinstituts (DJU) von 2000 sowie die 13., 14. und 15. Shell-Studie der Jahre 2000 bis 2006 belegen es. Das positive Bild von Jugend bleibt aber unbeachtet, weil die Öffentlichkeit sich auf die Minderheit der Aussteiger und Randalierer stürzt. Tatsächlich ist ein Großteil der Jugend sogar bodenständiger als manch Erwachsener in der zweiten Pubertät, wenn ihn die Midlife-Crisis beutelt. (Weshalb Boshafte meinen, es gebe heute keine Erwachsenen mehr, sondern allenfalls »Postadoleszente«.)

Es scheint also urmenschlich zu sein, dass die Alten ihre Probleme in die Jungen hineinprojizieren; dass die Jungen sich unwillentlich oder aus bewusstem Trotz genau so verhalten, wie es die Alten prophezeien; dass sich die Alten schließlich in ihrer Kritik bestätigt fühlen und meinen, man selbst sei als Jugend besser gewesen. Die »vergammelte«, »verkorkste« Jugend gibt es aber nicht. Im Gegenteil, Millionen junger Menschen kommen tagtäglich wie selbstverständlich ihren Pflichten nach. Sie sind familiär, schulisch, beruflich, kirchlich, sportlich, sozial und ökologisch engagiert. Diese Sensation des Normalen wird jedoch zu selten wahrgenommen. Stattdessen berauschen sich Öffentlichkeit, Publizistik und manch professorale Pädagogik an den zehn bis zwanzig Prozent junger Menschen, die aus dem Ruder laufen. Die »Minderheit« der 80 bis 90 Prozent scheint nicht existent zu sein. Es zählt die Sensation des Negativen, nicht die des Positiven.

Zugleich erleben wir einen größer werdenden Teil der Jugend, dem es an Orientierung fehlt. Es sind dies Heranwachsende, die zu (fast) nichts Lust haben, denen Schule und Ausbildung egal sind, die sich mit allen Varianten moderner Medien zudröhnen, die anfällig sind für alle möglichen Abhängigkeiten, die nicht selten gewalttätig werden – kurz: die so ziemliche jede Art von Verhaltensauffälligkeit »mitmachen«. Hier scheint Erziehung – so sie überhaupt stattgefunden hat – zu versagen. Hier haben die Erziehungsverantwortlichen vergessen, dass Erziehung das tagtägliche Ringen um richtiges, vorbildliches, oft auch grenzenziehendes Handeln ist. Für dieses Handeln gibt es keine Rezeptologie. Die Inflation an schlauen Erziehungsratgebern und noch schlaueren Super-Nannys mag etwas anderes suggerieren. Die einzigen Effekte, die solche Ratgeber haben, sind allenfalls zwei: Die Käufer und Konsumenten solcher Ratgeber (in der Regel Eltern) beruhigen ihr erzieherisches Gewissen. Allerdings hält diese Gewissenserleichterung meist nur kurze Zeit an. Den Hauptnutzen aber haben Verlage und Fernsehsender, die damit Geld verdienen.

Wichtig ist etwas anderes: Nicht auf das Wie von Erziehung kommt es an erster Stelle an, sondern es muss überhaupt die Bereitschaft da sein, erziehen zu wollen. Diese Bereitschaft hat gelitten. Nachhaltigen Einfluss hatte dabei eine hoch-ideologisierte Zeit, in der Erziehung als Unterdrückung und Herrschaftsausübung verteufelt wurde. Das antipädagogische Motto, wie es sich in dem Pop-Titel *We don't need no education* (Pink Floyd, 1979) niederschlug, hat freilich Vorläufer. Der wichtigste Vorläufer der Antipädagogik war J. J. Rousseau, der bis zum heutigen Tag quasi als Heiliger gilt, weil er sich angeblich den Leitspruch »Zurück zur Natur« ausgedacht hat. Erzieherisch aber hat Rousseau katastrophal gewirkt. In seinem Roman *Emile oder Über die Erziehung* schleudert er 1762 einen Bannstrahl gegen Kultur, Wissenschaft, Literatur und Kunst. Der »Edle Wilde« ist geboren. Rousseaus pädagogisches Credo lautet: »Greife nicht ein!«, »Verhüte, dass etwas getan wird!«, »Tut nur immer das Gegenteil des Herkömmlichen, und ihr werdet fast immer das Rechte tun!«. Das ist die Geburtsstunde einer ekstatischen Antipädagogik. Diese freilich übersieht, dass sie trotzdem erzieherisch prägt. Denn man kann nicht nicht erziehen: Wer nämlich nicht erzieht, der vermittelt einem Kind: »Von mir kannst du nichts erwarten; tue, was du willst!«. Wer nicht erzieht, »erzieht« ein Kind schließlich zu einem bindungslosen, mit seiner Pseudo-Autonomie überforderten Individuum.

Dagegen muss man ein psychologisches Schwergewicht setzen: Sigmund Freud. Für ihn, den großen Erklärer des Unbewussten, des Irrationalen und des Triebhaften, bedeutete Enkulturation: Wo Es ist, muss Ich werden! Das heißt: Wo das Irrationale, das Triebhafte, das Lustprinzip herrschen, müssen das Rationale und das Realitätsprinzip die Herrschaft übernehmen. In seiner Schrift *Das Unbehagen in der Kultur* (1930) artikuliert Freud zwar das Unbehagen des Menschen an der Notwendigkeit des Triebaufschubs in der Kultur; zugleich aber wendet er sich gegen den Glauben, »wir wären viel glücklicher, wenn wir sie (die Kultur; d. Verf.) aufgeben und in primitive Verhältnisse zurückfinden würden«. Interessant ist auch, dass die Psychoanalyse die Fähigkeit zum Triebverzicht und zur Sublimierung, also zur Verfeinerung und Erhöhung des Lustvollen, als Voraussetzung für jede kulturelle Leistung ansieht.

Trotzdem hat der Rousseauismus bis heute seinen Niederschlag gefunden. In reiner Form hat man ihn mit der 1921 gegründeten antiautoritären Summerhill-Schule umgesetzt. Dahinter stand von Anfang an ein Alexander Sutherland Neill (1883–1973), den man in den 1970er-Jahren in Deutschland zum Säulenheiligen quasi-progressiver Pädagogik erklärt hat. In dieser Antischule hat ein Kind nur Dinge zu tun oder zu lassen, »die es selbst angehen«: Die Kinder können den Unterricht besuchen oder nicht. Es gibt keine Hausaufgaben, Zensuren und Prüfungen. Die Schüler können am Ende lesen und schreiben oder nicht. Als Devise gilt nur das »Recht aufs Spielen, Spielen und abermals Spielen«, schreibt Neill in seinem Buch *Theorie und Praxis der antiautoritären Erziehung* (1960), das für deutsche 68er zum pädagogischen Katechismus wurde.

Die Folgen von Summerhill sind nicht nur in Summerhill zu besichtigen. Dieses »laissez-faire« wird in den 1970er- und 1980er-Jahren von deutschen Antipädagogen nachgebetet. Es häuften sich Buchtitel wie: *Die Kolonialisierung des Kindes, Die Zerstörung unserer Glücksfähigkeit in der frühen Kindheit, Die Liquidierung von Kindheit.* Weitere Beispiele für die Raserei der No-Education-Bewegung: Für einen Ekkehard von Braunmühl (1975) ist Erziehung »Versklavung des Kindes« und »Gehirnwäsche«. Für einen Hubertus von Schoenebeck (1982) ist die Schulpflicht »nur wohlwollende Maske einer diktatorischen und chauvinistischen Grundeinstellung jungen Menschen gegenüber«. Für Alice Miller (1979) ist Erziehung vor allem eine Kränkung für das Kind, eine Erfahrung der Geringschätzung durch Erwachsene und ein Fühlenlassen von Erwachsenenmacht.

Dergleichen Vorstellungen wirken subkutan nach, weil wir heute zum Teil eine Erwachsenengeneration haben, die in den 1970er- und 1980er-Jahren eine solche Antipädagogik erlebt hat. Vor allem wirkt das Ganze schulisch nach (in Süddeutschland vielleicht weniger, umso mehr in Westdeutschland und in den Stadtstaaten). In manchen »alten« deutschen Ländern gab es damals eine Schulpolitik, die Tugenden wie Fleiß als faschistoid abtat; die Leistung und Arbeit stets mit Stress, Druck oder gar Terror assoziierte; die in der Folge Leistungsansprüche herunterfuhr (die Folgen sind in den PISA-Ergebnissen der Stadtstaaten zu besichtigen); die die jungen Leute vor allem zum Aufbegehren gegen die angeblich repressiven Verhältnisse anstacheln wollte.

Es gab damals freilich eine Gegenbewegung – getragen von so renommierten Leuten wie Hermann Lübbe, Robert Spaemann, Golo Mann, Wilhelm Hahn und Nikolaus Lobkowicz. Diese Gegenbewegung gegen die Abschaffung von Erziehung sammelte sich unter dem Titel *Mut zur Erziehung*. Am 9./10. Januar 1978 traf man sich in Bonn. Grundlage für diese Initiative waren neun Thesen, die die genannten Leute formuliert hatten. These 1 zum Beispiel lautete: »Wir wenden uns gegen den Irrtum, Mündigkeit bestehe in vollkommener Befreiung aus allen herkunftsbedingten Lebensverhältnissen.« These 3 besagte: »Wir wenden uns gegen den Irrtum, die Tugenden des Fleißes, der Disziplin und der Ordnung seien obsolet geworden, weil sie sich als politisch missbrauchbar erwiesen haben. In Wahrheit sind diese Tugenden unter allen politischen Umständen nötig. Denn ihre Nötigkeit ist nicht systemspezifisch, sondern human begründet.« These 9 lautete: »Wir wenden uns gegen den Irrtum, optimale Erziehung sei maximal professionalisierte und institutionalisierte Erziehung.«

All dies sind über den heutigen Tag hinaus höchst aktuelle Appelle. Denn ohne eine Erziehungsoffensive kriegen wir keine Bildungsoffensive hin. »Mut zur Erziehung!« – Was könnte das heute heißen?

1. Mut zur Erziehung heißt, intuitiv und ggf. spontan die jeweils richtige Mischung aus Führen und Wachsenlassen zu finden.

Erziehen ist zugleich führen und wachsen lassen, eingreifen und geschehen lassen, binden und befreien. Jede einseitige oder gar dauerhafte Betonung eines dieser beiden Pole ist falsch. Je nach Alter und je nach Situation muss man als Erzieher mal mehr wachsen lassen, mal mehr führen. Vor allem aber muss man jede Form von extremem Erziehungsstil vermeiden. Es ist der extrem autoritäre Erziehungsstil zu vermeiden. Dieser operiert mit Gewalt und Angstmachen. Er liefert damit ein Modell an Gewalt, und er fördert Frustrationserlebnisse, die später in Aggression (Selbst- oder Fremdaggression) einmünden. Es ist sodann der extrem permissive Erziehungsstil zu vermeiden. Dieser versäumt es, Grenzen aufzuzeigen; er versäumt es, aggressive Impulse zurückzuweisen und rechtzeitig ein klares »Nein« zu sagen. Solch permissive Erziehung hält ein Zurückweichen vor Unerzogenheit womöglich für Liberalität; es ist aber keine Liberalität aus Souveränität, sondern nichts anderes als Liberalität aus Schwäche (vgl. Michael Winterhoff: *Warum unsere Kinder Tyrannen werden*, 2008). Es ist schließlich der extrem überbehütende Erziehungsstil zu vermeiden. Dieser Stil wird oft getragen von einer latenten Angst um das Kind. Erziehung wird dabei mit Verwahrung in einem Hochsicherheitstrakt verwechselt. Eltern, die diesen Stil pflegen, können nicht loslassen, sie vermuten immer das Schlimmste, wenn ihre Kinder einmal für ein paar Minuten allein sind; für sie wird das (Überwachungs-)Handy zum Ersatz der Nabelschnur. Eine solche Erziehung praktizieren Eltern, die ihre Kinder bei ein paar Tropfen Regen am Morgen mit dem Auto am liebsten bis hinein ins Klassenzimmer chauffieren würden. Dieser Stil ist zugleich einer, der die Entwicklung einer für das Zusammenleben notwendigen Frustrationstoleranz und die Entwicklung der Fähigkeit zum Triebaufschub bremst. Er mündet auf dem Wege der permanenten Übergratifikation oft in eine besondere Art von Verwahrlosung ein – in eine Wohlstandsverwahrlosung (vgl. Frank Furedi: *Die Elternparanoia – Warum Kinder mutige Eltern brauchen*, 2002). Diese drei Fehler zu vermeiden mag nicht immer einfach sein. Aber wenn man dem gesunden

Menschenverstand und seiner Intuition vertraut, dann geht es in der Regel nicht schief. Wer erziehen will, muss kein Studium der Pädagogik, Psychologie, Soziologie und Neurobiologie hinter sich haben. Wer meint, erst nach dem Abschluss solcher Studiengänge richtig erziehen zu können, der versündigt sich an den Müttern und Vätern von zig Generationen, die erzogen haben, ohne dass aus der Welt ein Milliardenheer an Psychopathen und Neurotikern geworden wäre. Erziehende mögen einfach etwas mehr auf ihre Intuition und Spontaneität vertrauen. Erziehen ist nur ein »begrenzt planbares« Unternehmen (Karl Jaspers). Man darf aus dem Erziehungshandeln keine »unheilvolle Totalplanung« (Jaspers) machen. Man kann zum Beispiel Kleinstkindern noch so viel programmiertes Vorschullernen vorsetzen, man kann sie im Mutterleib noch so sehr mit Mozart beschallen, es hat alles keinen Zweck. Ein stinknormales anregendes Elternhaus reicht.

2. Mut zur Erziehung heißt: Kinder in Anspruch nehmen.

Erziehen kann nicht in einer Gefälligkeits- bzw. in einer angestrengten Erleichterungspädagogik bestehen. Vielmehr muss man Heranwachsenden in altersgemäßer Ausprägung den jeweils sensiblen Dualismus vermitteln, dass Recht und Pflicht zusammengehören, dass Freiheit immer auch Freiheit in Verantwortung ist. Alles zu dürfen und nichts zu sollen, das geht nicht gut aus. Denn zum einen zerfiele damit jedes Gemeinwesen. Zum anderen wäre dies eine permanente Überforderung von Kindern. Wir brauchen eine Renaissance der Prinzipien Arbeit und Leistung. Johann Kaspar Lavater meinte:»Selbst im Himmel können wir ohne Beschäftigung nicht gesegnet sein.« In der Folge wird Arbeit als etwas Gottgewolltes betrachtet. Die Soziallehre der katholischen Kirche sieht es ähnlich: Die Enzyklika *Rerum Novarum* (*Geist der Neuerung* des »Arbeiterpapstes« Leo XIII., 1891) etwa gilt als die Mutter aller Sozialenzykliken. Dort wird die Arbeit als gleichberechtigt neben das Kapital gestellt. Der Ertrag seiner Arbeit sei des Arbeiters gerechtes Privatgut. Die Enzyklika *Laborem Exercens* (zum 90. Jahrestag von *Rerum Novarum* von Johannes Paul II. 1981 verkündet) sieht die Arbeit als eines der Kennzeichen des Menschen, die ihn von anderen Geschöpfen unterscheidet. Leider aber tut eine Spaß- und Freizeitgesellschaft so, als ginge alles ohne Arbeit und ohne Anstrengung. In der Folge stiegen die Deutschen – darin schlechtes Vorbild für die Jugend – mehr und mehr aus der Arbeit aus. Zuletzt betrug ihre Jahresarbeitszeit 1600 Stunden, die eines Briten oder Franzosen 1700, die eines US-Amerikaners 1900 und die eines Japaners 2100 Stunden. Vor diesem Hintergrund brauchen wir uns nicht zu wundern, wenn junge Leute keine 45-Stunden-Schul-und-Hausaufgabenwoche wollen.

3. Mut zur Erziehung heißt: Zeit für Kinder haben!

Mit Zeit sind nicht unbedingt die großen gemeinsamen Unternehmungen gemeint. Natürlich sind diese wichtig: das gemeinsame, ritualisierte Feiern von Festen; die gemeinsamen Ausflüge; der gemeinsame Urlaub; der gemeinsame Konzert-, Theater-, Film-, Kino- oder Museumsbesuch; die gemeinsamen Besuche bei Bekannten, Verwandten, Kranken. Genauso wichtig aber ist die unstrukturierte, unverplante Zeit. Zeit für Kinder zu haben heißt, einfach da zu sein. Zeit ist der wichtigste Erziehungsfaktor. Man muss sie sich einfach nehmen – und man hat sie ja eigentlich: Die Zahl der Kinder pro Familie ist immer geringer, die Arbeitszeit immer kürzer und die Freizeit ebenfalls immer größer geworden. *Fast education* dagegen bringt nichts. Das gilt auch für Väter, deren Erziehungshandeln sich oft darin erschöpft zu glauben, man könne ausgerechnet beim sonntäglichen Mittagessen alle Erziehungsprobleme dieses unseres Landes und dieser »meiner« Familie lösen.

4. Mut zur Erziehung heißt: Mut zur Autorität und Mut zum Vorbild haben!

Viele Erzieher wollen heutzutage Partner der Kinder sein. Das betrifft zum einen das Phänomen, dass Alleinerzieher ihr Kind als Ersatzpartner sehen. Zum zweiten betrifft dies das Phänomen, dass manche Eltern glauben, bereits Vorschulkinder müsse man so behandeln, als wären sie auf einer Augenhöhe mit den Erwachsenen. Kinder sind mit einem solchen Partnersein aber überfordert. Kinder brauchen vielmehr positive Autoritäten und authentische, sich selbst treue Vorbilder. Sind die Alten indes keine positiven Autoritäten und Vorbilder, so müssen sie sich eines Tages fragen lassen, was sie destruktiv dazu beigetragen haben, wenn die Jungen »verkorkst« sind. Die Jugend kann nicht »besser« sein als ihre Alten. Die Jungen sind immer Spiegelbild ihrer Alten, selbst wenn sie das gerade in der Pubertät nicht sein wollen. Vorbild zu sein heißt: Ihr da aus der Erwachsenengeneration, tragt euren Zuwachs an Jahren und Erfahrung mit Würde! Zwar gehört es zu unseren uralten Sehnsüchten, ewig jung zu sein. Das Gemälde *Jungbrunnen* von Lucas Cranach dem Älteren aus dem Jahr 1546 ist bildhafter Ausdruck dieser Sehnsucht: Links steigen dort die Alten und Kranken in den Brunnen, rechts steigen die Jungen und Knackigen heraus. Aber: Die auf knackig Gestylten, die Berufsjugendlichen – das sind keine Erwachsenen. Mit solchen Erwachsenen machen wir aus Kindern keine Erwachsenen.

Erwachsene Vorbilder brauchen wir auch in puncto Lebenszuversicht. Stattdessen gilt in Deutschland schlechte Laune als Merkmal aufgeklärten Daseins. Unsere jungen Leute können aber keine ausgeglichene Laune haben, wenn sich die Alten ständig den Puls messen und die Realität weinerlich untertunneln oder wenn sie ständig auf dem Trip zu immer noch mehr Endorphien und Events sind.

Vorbilder brauchen wir sodann im öffentlichen Leben. Was eine Pseudo-Elite bisweilen vorlebt, ist übel und pädagogisch ein GAU. Vielmehr gilt unvermindert: Verba docent, exempla trahunt! (Worte belehren, Vorbilder reißen mit!) Im Guten wie im Schlechten!

5. Mut zur Erziehung heißt: Selbst handeln und nicht delegieren!

Es gibt nichts Gutes, außer man tut es. Dieser Spruch von Erich Kästner gilt auch für Erziehung. Um das Tun, nicht um die viele heiße Luft darum geht es. Gequatscht wird genug über Bildung und Erziehung. Keiner aber braucht Prophet zu sein, um zu vermuten, dass das fast jede Woche neu aufgelegte rhetorische und mediale Hyperaktivitätssyndrom an den Defiziten unserer Heranwachsenden nichts ändern wird. Auch der Griff des Staates nach den Kindern qua Krippe oder Ganztagsschule bringt nichts. Von beiden Einrichtungen wissen wir, dass sie nur die zweitbesten Lösungen für Kinder darstellen. »Schule total« durch Ganztagsbetrieb wird in ihrer Wirksamkeit zudem maßlos überschätzt. Weder Ganztagsbetreuung noch Ganztagsschule sind in der Lage, das erzieherische Bewusstsein der Eltern zu fördern; eher fördern sie deren Bereitschaft, immer noch mehr originäre erzieherische Aufgaben an den Staat zu delegieren. Wir harren schon des Moments, zu dem Entscheidungsträger eines Familien-, Frauen-, Gender-, Senioren-, Jugend- und Sonst-Ministeriums ein »pädagogisches Outsourcing« in die Schlagzeilen bringen. Ganztagsbetreuung und Ganztagsschule schränken das Spektrum kindlicher Erfahrungen ein. Kurz: Es muss ein Leben außerhalb der Schule geben. Vor allem aber ist eines paradox, ja pervers: Das Bildungsgeschäft wird immer mehr privatisiert. Das zeigt sich im Zuwachs von Privatschulen und Nachhilfeunterricht sowie in der Etablierung von Studiengebühren; das Erziehungsgeschäft aber wird immer mehr verstaatlicht. Auch die immer neuen schulischen Bindestrich- und Segment-Pädagogiken greifen zu kurz: Medien-Erziehung, Freizeit-Erziehung, Gesundheits-Erziehung, Umwelt-Erziehung, Verbraucher-Erziehung usw. Die Forderung nach all diesen »Fächern« ist nicht Ausdruck eines wachen pädagogischen Bewusstseins. Diese Atomisierung des Erzieherischen ist vielmehr Symptom eines Verlustes an Erziehung überhaupt. Dies bedeutet auch eine weitere Entmündigung der Familien. Zudem gilt: Ein starker familiärer Zusammenhalt macht Kinder am ehesten glücklich und am meisten zufrieden, so auch die Studie des Instituts zur Zukunft der Arbeit (IZA) von 2007. Das IZA hatte im Rahmen des *World Value Surveys* den Stellenwert der Familie in 78 Ländern untersucht. Das Ergebnis war: In Litauen, Deutschland und den Niederlanden sind die familiären Bande am schwächsten, dicht gefolgt von den Ländern Skandinaviens. Die familiären Bande in den ehemaligen Ostblockländern sind selbst knapp zwanzig Jahre nach der Wende immer noch schwächer ausgeprägt als im Westen; wahrscheinlich ist das eine Folge der Omnipräsenz staatlicher Erziehung.

Es gibt nichts Gutes, außer man tut es selbst. Das gilt gerade für das Erziehen. Es ist dies ja auch eine der ganz wenigen Pflichten, die uns das Grundgesetz auferlegt. Also arbeiten wir daran, dass diese Gesellschaft mit dem gleichen Engagement wie die anderen Bürger- und Menschenrechte auch die Erziehungsrechte und -pflichten (vgl. GG Artikel 6) sowie eine Erziehung im Interesse des Kindeswohls (vgl. BGB § 1627) wahrnimmt.

6. Mut zur Erziehung heißt: Missstände mit Zivilcourage anprangern!

Eduard Spranger hat einmal gesagt: Die hauptsächliche Ursache negativer Prägungen unserer Kinder ist »die innere Unwahrhaftigkeit der Gesellschaft, nämlich da erziehen zu wollen, wo echte Erziehungsresultate eigentlich nicht gewollt werden«. Wie recht Spranger doch heute noch hat! Man denke nur an den Schrott, den uns diese Gesellschaft medial zumutet: Siehe die nachmittäglichen Unterschichten-Talkshows privater Fernsehanstalten, in denen es nicht selten um die Frage geht, wer welche Busengröße am liebsten mag, wer im Intimbereich tätowiert oder gepierct ist, wer wen mit wessen Freundin/Freund betrogen hat! Siehe die rund 5000 jugendgefährdenden (Hackfleisch-)Videos, die der Katalog der Bundesprüfstelle für jugendgefährdende Medien enthält! Siehe diverse Musikkanäle und eine Rock-Musik, die voller verbaler Aggressivität steckt! Siehe die immer realistischeren, interaktiven Gewaltvideos sowie die Killer-, Abknall- und Jagd-Computerspiele (Ego-Shooter-Spiele), die von geschäftstüchtigen, aber offenbar kranken Hirnen inszeniert, verkauft und ins Netz gestellt werden und die wir zugleich – höchstrichterlich vorgegeben – als Ausdruck von Informationsvielfalt, Meinungsfreiheit und Kunstfreiheit akzeptieren sollen.

In solchen Zusammenhängen ist es dann geradezu lachhaft, wenn sich der Produzent einer dieser Schmuddelsendungen (*Big Brother*) im Sommer 2008 doch tatsächlich mit den Worten zitieren lässt: »Der Niedergang der Bildung treibt mich um«. Skandalös ist zugleich, dass ein solcher Herr als Bildungsexperte in öffentlich-rechtliche TV-Quatschbuden eingeladen wird. Angesichts solcher Verlogenheit fällt einem nur mehr Helmut Qualtinger ein. Er hat einmal gesagt: »Solche moralische Entrüstung ist der Heiligenschein der Scheinheiligen.«

Allerdings gilt: Es liegt an den Konsumenten und an couragierten Bürgern, ob dieser mediale Schrott weiterhin um sich greift. Deshalb lautet der Appell schlicht und ergreifend: Engagierte Bürger mögen mit Bekannten und Verwandten bei den Programmmachern und bei den Produzenten protestieren und Protestbriefe an Firmen richten, die in solchen Filmen und Sendungen Werbung schalten. Solche Zivilcourage hat sehr wohl ihre Wirkung, wenn sie zahlreich praktiziert wird.

Anstelle eines Epilogs:
Dummheit – eine Satire

Wir leben in einer bildungsrepublikanischen Informationsgesellschaft. Sagt man. Das Wissen des Jahres 2010 sei im Jahr 2013 zur Hälfte überholt. Sagt man. Alle zehn Jahre verdoppelt sich das Wissen der Menschen. Sagt man. In dieser Stunde forschen auf der Welt so viele Forscher wie in den zurückliegenden Jahrtausenden menschlicher Kulturgeschichte zusammen. Sagt man. Also wird niemand bezweifeln, dass die Menschheit noch nie so gescheit war wie heute. Wirklich niemand? Doch! Die These lautet: Wir sind auf dem Trip hin zu einer global-multiplen Dummheit. Die Dummheit ist der Intelligenz dicht auf den Fersen. Und wenn denn schon die Bildung nicht zu retten ist, so bleibt uns doch ein gerüttelt Maß an Dummheit(en).

Gehen wir die Dummheit zunächst anthropologisch-naturwissenschaftlich-anatomisch an und fragen: Ist der Mensch wirklich gescheiter als seine Steinzeitahnen? Hier sind Zweifel angebracht. Denn das menschliche Gehirn hat sich in den letzten 40 000 Jahren nicht geändert. Schon damals hatte sich die Natur bei der Gehirnentwicklung gewaltig angestrengt, wahrscheinlich sogar verausgabt. Hirnorganisch-genetisch sind wir also nicht schlauer als unsere Jäger- und Sammler-Vorfahren.

Aber eines ist immerhin tröstlich: Die Größe des Hirns spielt keine Rolle. Auch die These, der Mensch habe unter allen Lebewesen das größte Gehirn, mag schmeichelhaft sein, sie ist aber falsch. Der Mensch hat circa 1450 Gramm Hirn, der Pottwal 8,5 Kilogramm, der Elefant 5 Kilogramm. Das Pferd hat

600 Gramm, Menschenaffen besitzen zwischen 400 und 550 Gramm, ein Löwe hat 220, ein Hund 135, ein Katze 30, eine Ratte 2 und eine Maus 0,4 Gramm.

Ebenso falsch ist die Annahme, der Mensch habe von allen Tieren das größte Gehirn relativ zum Körpergewicht. Mit einem Gewicht von 3 Pfund hat das Homo-Sapiens-Gehirn einen Anteil von rund 1,5 bis 2 Prozent am Körpergewicht, während ein Schimpansenhirn nur 1 Prozent und ein Elefantengehirn nur rund 0,2 Prozent des jeweiligen Körpergewichts ausmacht. Allerdings wird der Mensch hinsichtlich seines relativen Gehirngewichtes von manchen Kleinsäugern übertroffen. Bei Spitzmäusen beispielsweise beträgt das Gehirngewicht 4 Prozent des Körpergewichtes. Ein Zusammenhang zwischen der Größe des Gehirns und der menschlichen Intelligenz gilt somit als ausgeschlossen. Nach unten freilich gibt es eine Grenze. Wer überhaupt kein Hirn hat, kann keine Spur Intelligenz haben.

Dummheit und Sex

Wenn Intelligenz bzw. Dummheit schon nichts mit der Größe des Hirns zu tun hat, haben Intelligenz versus Dummheit dann mit dem Geschlecht oder gar mit Sex zu tun? Eine pikante Frage! Dass Dummheit oft mit Sex zu tun hat, ist eine Alltagserfahrung. Nicht umsonst sagt der Volksmund, diesem oder jenem sei bei der berühmt-beliebten körpernahen Kommunikation das Hirn in die Hose gerutscht. Von manch Hochfrequenten heißt es sogar, ihre Hirne befänden sich irgendwo zwischen den großen Zehen. Zugleich gibt es die Theorie, dass der Appetit auf Vereinigung mit steigendem Intelligenzgrad abnehme. Statistiker würden sagen: Die libidinös-kopulative Frequenz verhält sich reziprok zur Höhe des IQ. Man denke nur an die Großphilosophen Immanuel Kant und Arthur Schopenhauer. Der eine soll sein ganzes Leben lang nicht ..., der andere ist bekannt als philosophischer Frauenhasser.

Da kann es ja nichts werden mit einer ausreichenden Reproduktionsrate der Deutschen. Wenn das Volk der Dichter und Denker ausstirbt, dann wahrscheinlich deshalb, weil es zu viel dichtet und denkt, anstatt ... Gäbe es also nur noch Philosophen, die Menschen wären längst ausgestorben. Das wusste vor einem halben Jahrtausend schon Erasmus von Rotterdam, der einmal schrieb: »Dem Weisen fehlt es entschieden an praktischer Lebenserfahrung. Nicht einmal zur Fortpflanzung taugt er.« Hier ein empirischer Beweis: In Deutschland ist die Kinderzahl von Akademikerinnen (also tatsächlich oder vermeintlich kluger Frauen) nur etwa halb so groß wie diejenige der Durchschnittsfrau. Letztere hat im Durchschnitt 1,36 Kinder (bei Männern weiß man es nicht immer so genau) und wird damit europaweit nur von ihren Geschlechtsgenossinnen in Italien inklusive Vatikan unterboten. Deutsche Akademikerinnen haben nur 0,6 Kinder. Ganz seriös bieten sich hier zwei Schlussfolgerungen an. Einerseits sagen Akademikerinnen oft genug: »Ich bin doch nicht blöd! Ich habe lange studiert, jetzt will ich meine Ausbildung auskosten, da hindern mich Kinder und Küche nur.« Andererseits muss den Akademikerinnen gesagt werden: Wenn ihr keine Kinder in die Welt setzt, dann verlasst ihr euch darauf, dass eure Renten die Kinder der Dummen zahlen.

Widmen wir uns der Frage, wie es in puncto Dummheit geschlechtsspezifisch oberhalb des Halses aussieht. Wir schwingen uns zur Beantwortung der Frage nach »Dummheit weiblich« und »Dummheit männlich« in wissenschaftliche Höhen empor. Ein – damals – berühmter Psychiater namens Paul Möbius hat dazu ein Buch geschrieben. Es trägt den Titel *Über den physiologischen Schwachsinn des Weibes.* In dem Jungphilosophen Otto Weininger hat er einen Kumpan gefunden;

auch er verbreitete die Theorie von der Minderwertigkeit der Frau. Die Dummheit eines Mannes erklärt er übrigens damit, dass der Mann zu 50 Prozent weibliche Gene in sich trage. Möbius hat sein Buch im Jahr 1900 in Leipzig geschrieben; zur Rache dafür ist aus Leipzig 40 Jahre lang DDR geworden. Und Weininger hat seine Pamphlete als 23-Jähriger kurz vor seinem Suizid 1903 in Wien verfasst. Heute sind diese beiden Herren nur noch Anekdote. Keine Anekdote freilich ist der berühmte Philosoph und Theologe Soeren Kierkegaard. Er stöhnte: »Welches Unglück, ein Weib zu sein! Und doch liegt das größte Unglück darin, dass das Weib es nicht fasst.«

Lassen wir Fakten sprechen: Ein Neugeborenes kommt mit 120 Milliarden Gehirnzellen auf die Welt. Davon sind beim männlichen Neugeborenen ca. 23 Milliarden Großhirnrinde, beim weiblichen rund 19 Milliarden. Das Gehirn nimmt zum Ende des Lebens hin allerdings dramatisch an Gewicht ab – alle zehn Jahre etwa um zwei bis drei Prozent, um bis zu 30 Prozent in einem langen Leben (interessanterweise nur bei Männern!). Frauen haben zudem eine stärkere Vernetzung zwischen beiden Gehirnhälften, Männer eine stärkere Verbindung innerhalb jeder einzelnen Hälfte. Das weibliche Hirn sieht mehr, hört mehr, kommuniziert schneller, schafft schneller Querverweise. Die Sprachbereiche im weiblichen Hirn sind größer als jene bei den Männern. Deren Hirn kann ganz eng fokussieren – daher wohl der männliche »Tunnelblick«. *Sie* hat sozusagen Flutlicht, *er* hat Spotlight.

Und die Folgen davon? Mädchen sprechen mit ihrem Spielzeug, Jungen nehmen es auseinander. Mädchen lernen früher sprechen, lesen besser und mehr, können sich besser konzentrieren und leiden seltener an Legasthenie. Jungen hingegen können schon als Zweijährige dreidimensionale Puzzles zusammenbauen und haben eine bessere Hand-Augen-Koordination. Die Jungen haben auch einen besseren Ortssinn, aber Mädchen finden einen Weg besser, den sie zum zweiten Mal zurücklegen, weil sie das räumliche Problem in ein verbales verändert haben – »rechts hinter dem Spielplatz, links hinter der Gärtnerei«. Nur beim Rückwärts-Einparken klappt es angeblich nicht so ganz.

Dummheit – tierisch und menschlich

Neben der Humanbiologie gibt es die Biologie in Form der Zoologie. Wenigstens aus dieser Perspektive können wir Menschen uns unserer Nicht-Dummheit rühmen. Schließlich weiß der Volksmund Bescheid über die Dummheit im Tierreich: Wenn etwas besonders dumm gelaufen ist, dann saudumm. Wenn jemand der personifizierte Hirnfraß ist, dann ist er – je nach Geschlecht – dumm wie eine Gans, eine Ziege, ein Schaf, eine Kuh, ein Ochse, ein Rhinozeros. »Dumm wie ein Pferd« wird zwar nicht gesagt, ausgerechnet das Pferd kennt aber ein Krankheitsbild, das Dummkoller heißt. Hier handelt es sich um eine Hirnerkrankung; seine Symptome sind tappender Gang, Stehenbleiben mit überkreuzten Beinen, Vergessen des Kauens beim Fressen. (Ähnlichkeiten mit Zweibeinern sind natürlich zufällig.)
Hüten wir uns dennoch, die Tiere für blöd zu halten. Fuchs und Eule gelten als Symbole für Schlauheit und Klugheit. Und auch eine Kuh ist nicht so blöd, für wie sie gilt. Immerhin hört sie auf zu saufen, wenn sie keinen Durst mehr hat. Ansonsten gilt für Tiere: Sie fahren nicht besoffen Auto, sie machen kein Bungeespringen, sie rauchen nicht, und sie wählen sich keine Mittelmaß-Typen zu politischen, pardon: Hordenführern. Und von Schimpansen wissen wir, dass sie sogar instrumentell denken können, also ein Mittel-Zweck-Denken praktizieren. Beispiel: Ein Schimpanse sitzt in einem Käfig. Neben ihm liegt ein Rohrstock, außerhalb des Käfigs eine Banane. Nicht durch Versuch und Irrtum, sondern durch Wahrnehmungs-

leistung wird die Aufgabe gelöst. Der Zweck Banane und das Mittel Stock werden im Kopf in Verbindung miteinander gebracht. Das Ganze geschieht spontan als »Aha«-Erlebnis. Friedrich Nietzsche hat also recht, wenn er in *Also sprach Zarathustra* festhält: »Der Mensch ist mehr Affe als irgendein Affe.« Erich Kästner will da zoologisch nicht zurückstehen. In seinem Gedicht *Die Entwicklung der Menschheit* heißt es: »So haben sie mit dem Kopf und dem Mund / Den Fortschritt der Menschheit geschaffen. / Doch davon mal abgesehen und / Bei Lichte betrachtet sind sie im Grund / Noch immer die alten Affen.«

Das war die Biologie der Dummheit. Das ursprüngliche Humanum ist die Sprache. Was sagt die Weisheit der Sprache über die Dummheit? Nun, die Sprache ist weise genug zu wissen, dass es viel Dummheit auf der Welt gibt, sonst hätte sie nicht so viele Synonyme entwickelt: begriffsstutzig, behämmert, bescheuert, blöd, damisch, dämlich, deppert, doof, dümmlich, dusselig, idiotisch, töricht, unbedarft, verrückt (neben die Realität gerückt). Und natürlich »dümmlich« – hier reicht es nicht einmal zu einem richtigen »dumm«. Außerdem: zu heiß gebadet, mit dem Klammerbeutel gepudert, mit einem Brett vor dem Hirn, das Pulver nicht erfunden habend; dümmer, als die Polizei erlaubt. Zudem: Armleuchter, Depp, Dummsuff (für alkoholisch Verblödete), Dussel, Holzkopf, Gipskopf, trübe Tasse, Trottel. Euphemistisch verschleiernd wird mancher Trottel mit einem »IQ immerhin über Zimmertemperatur« belegt. Das verbale Gegenteil von Dummheit kommt übrigens seltener vor: klug, gescheit, intelligent, vernünftig, aufgeweckt, scharfsinnig, geistreich.

Gehen wir die Dummheit grammatisch an: Es gibt die eine Dummheit (im Singular), und es gibt Dummheiten (im Plural). Fast stockt man dabei, weil man feststellt, dass die Dummheiten in der grammatischen Mehrzahl eigentlich weniger dumm sind als die Dummheit in der Einzahl. Ja, dümmer noch: Dummheiten können sogar reizend sein, die Dummheit kann das eher nicht.

Wenn schon Sprache so feinsinnig hinter Dummheit her ist, dann kann der Volksglaube dem nicht nachstehen. Und wo es um den Volksglauben geht, da ist der Aberglaube nicht fern. Die Dummheit wiederum ist die Mutter des Aberglaubens, so Jean Paul in seiner Schrift *Von der Dummheit* (1779). Gleichwohl bildet sich der Volksglaube seine Urteile (Vor-Urteile): Zwerge gelten als schlau, Riesen als dumm. (Es ist dies die Rache der Kleinen an den Großen!) Ferner: Dumm werde man, wenn man Weihwasser trinke. Und dumm werde man, wenn man zu viel Senf esse (sagten Omas immer gerne; aber die Enkel wissen es nicht mehr, ob sie sich daran gehalten haben). Aberglaube wiederum ist es zu glauben, ein im Rausch gezeugtes Kind werde später dumm sein. Und Aberglaube ist es, ein von einem Mann in Socken gezeugtes Kind werde ein Junge. Ansonsten belegen viele Sagen und Schwänke des Volkes die Existenz des Dummen. Man denke an den fiktiven Ort »Schilda« und an das Geschick der Schildbürger, in ein ohne Fenster gebautes Rathaus Licht in Säcken hineinzutragen!

Dummheit – historisch und literarisch

Gehen wir die Dummheit historisch an! Hier lautet die These: Die Weltgeschichte wird in mindestens gleichem Umfang von Intelligenz wie vom Gegenteil beherrscht: von Dummheit nämlich. Ein früher Beleg: Bereits der alte Römer Plautus (254–184 vor Christus) wunderte sich über die, die nicht wissen, »quot digitos habent in manu« (wie viele Finger sie an der Hand haben) – die also nicht bis fünf zählen können. (Am Rande: Die Germanen sind hier anspruchsloser: Hier gilt einer erst als dumm, wenn er nicht bis drei zählen kann.) Ansonsten zeigt die Etymologie, die Wortgeschichte, dass auch die Germanen relativ bald in der Lage waren, Dummheit zu benennen: »dumm« gab es als »dumb« bereits in der germanischen Sprache (also vor Karl dem Großen) und als »tumb« im Althochdeutschen; es hängt in beiden Fällen zusammen mit »stumm« und heißt zunächst »mit stumpfen Sinnen«.

Literarisch entdeckte man die Dummheit in größerem Stil um das Jahr 1500. So lautet denn die Kernthese bei einem Sebastian Brant: Die Welt wird von Dummheit beherrscht. Im Jahr 1494 hat er sein Bändchen *Das Narrenschiff* geschrieben; es enthält die Beschreibung von 112 Narreteien. In Kapitel 34 beispielsweise heißt es: »Denn eines plagt den Narren sehr: Was neu ist, das ist sein Begehr'; doch ist die Lust dran bald verloren und etwas andres wird erkoren.« Im Jahr 1511 schrieb Erasmus von Rotterdam *Das Lob der Torheit*. Was wie eine Hymne auf die Dummen daherkommt, ist natürlich satirisch gemeint. Allerdings bedeutet Torheit für Erasmus nicht nur Dummheit, Beschränktheit, sondern auch Lebensfreude, Harmlosigkeit, Gutmütigkeit.

Unzählige große Geister haben sich seither mit der Dummheit befasst. Im Jahr 1703 folgte ein Bändchen mit dem Titel *Wunderlicher Traum von einem großen Narrennest* – geschrieben von einem Mitglied des Augustiner-Barfüßer-Ordens und kaiserlichen Prediger namens Johann Ulrich Megerle (alias Abraham a Santa Clara). Darin beschreibt der Prediger zwölf verschiedene Narrentypen: den einfältigen, den verliebten, den versoffenen, den faulen, den eifersüchtigen Narren und andere mehr. Über den einfältigen Narren etwa schreibt er, er sei von ödem und blödem Verstand und seine Vernunft sei wurmstichig. Über den versoffenen und über den verliebten Narren weiß er zu berichten: »Bachus und der Weiber Garn, machen viel zu lauter Narrn.« Verliebten Narren schreibt er ins Stammbuch: »amantes amentes« (besser verständlich als »amantes dementes« – Liebende sind oft von Sinnen).

Dennoch: Es gibt und gab den weisen Narren. Anfangs mag er als Tölpel und Possenreißer aufgetreten sein. Mit dem Humanismus aber wandelte sich seine Rolle wieder zu dem zurück, was er in der Antike war: der gebildete Sklave als Unterhalter, ja der Spötter, der als Hofnarr durchaus politischen Einfluss hat. Man vergleiche dazu die Shakespeare-Dramen mit ihren klugen Narren, die von Till Eulenspiegel beeinflusst waren: das fingierte Narrentum *Hamlets*, der Narr in *King Lear* oder das Narrentum des Pförtners in *Macbeth*.

Aber schreiten wir fort in deutscher Geistesgeschichte! Immanuel Kant kritisiert: »Dummheit drängt sich vor, um gesehen zu werden; Klugheit nimmt sich zurück, um zu sehen.« Georg Lichtenberg hält manch Gebildeten für dumm, wenn er bemerkt: »Wenn ein Kopf und ein Buch zusammenstoßen und es klingt hohl, dann ist es nicht immer das Buch.« Johann Wolfgang von Goethe erregt sich über die Wertschätzung der Dummheit, wenn er sagt: »Wenn ich dumm bin, lassen sie mich gelten. Wenn ich recht habe, wollen sie mich schelten« (*Zahme Xenien*). Ebenfalls in den *Zahmen Xenien* fordert Goethe: »Entweicht, wo düstre Dummheit gerne schweift, inbrünstig aufnimmt, was sie nicht begreift.« Aber Vorsicht! Dann tritt etwas anderes ein, was in der Politik schon oft eingetreten ist: Wenn der Klügere nachgibt, dann ist wieder ein Schritt getan zur Weltherrschaft der Dummheit.

Friedrich Schiller hält in der *Jungfrau von Orleans* fest: »Mit der Dummheit kämpfen Götter selbst vergebens.« Für Jean Paul hat ein Dummkopf zu wenig Einbildungskraft, ein Narr zu viel (»Visionarr«). Robert Musil unterscheidet die ehrliche Dummheit, die lange Leitung, von der höheren Dummheit; Letztere ist für ihn die eigentliche Bildungskrankheit. Überhaupt ist die Literatur voll von dummen und törichten, aber zuweilen bauernschlauen Figuren. Man denke an Grimmelshausens *Simplicissimus*, an Hašeks *Schwejk*, an Dostojewskijs Roman *Der Idiot*.

Schockierend aber bleibt, was Ödon von Horváth sagt: Für ihn vermittelt nichts so sehr das Gefühl der Unendlichkeit wie die Dummheit. In ähnlicher Weise erschüttert uns Albert Einstein, wenn er festhält: »Zwei Dinge sind unendlich: das Weltall und die menschliche Dummheit. Beim Weltall bin ich mir allerdings nicht so sicher.« Wahrscheinlich hat er recht, denn manche Dummheit ist wirklich schier grenzenlos – so grenzenlos, dass schon beinahe wieder höchste Intelligenz dazu gehört, um sich solche Dummheiten auszudenken. Der alte Lichtenberg brachte ein solches Beispiel – nämlich das Beispiel eines dummen Menschen, der sich tatsächlich in höchstem Maße darüber wundert, dass bei den Katzen exakt an der Stelle zwei Löcher im Fell seien, wo sie die Augen hätten.

Die drei Schwestern der Dummheit

Nun wäre Dummheit für sich allein ja noch erträglich; aber die Dummheit hat drei hochintensive Schwestern. Da ist zum einen die Schwester Eitelkeit. Ignoranz und Arroganz treten dabei häufig im Tandem auf. Dummheit und Stolz wachsen aus einem Holz, sagt man. Bei Abraham a Santa Clara heißt das: Stultus und Stolz wachsen aus einem Holz. Und, so Santa Clara weiter: »Die sich auß Antrib der Hoffart mehrer einbilden als sie seind, dise seind die gröste Narrn.« Friedrich Nietzsche ereifert sich: »Jeder hat gerade so viel Eitelkeit, als es ihm an Verstand fehlt.«

Da haben wir sodann die Schwester Geschwätzigkeit – vornehm ausgedrückt: Dummheit scheint ein besonderes Kommunikationsbedürfnis zu haben. Klinisch heißt Geschwätzigkeit übrigens Logorrhoe; man könnte sagen: verbale Inkontinenz oder – noch drastischer – Sprechdurchfall. Gerade die Verbindung Dummheit und Geschwätzigkeit haben viele große Geister erkannt. Von Heinrich Heine lesen wir die Bemerkung: »Ein Kluger bemerkt alles. Ein Dummer macht über alles eine Bemerkung.« Saul Bellow meint: »Die Bereitschaft, auf alle Fragen zu antworten, ist ein untrügliches Zeichen der Dummheit. Um wie viel dümmer ist es dann noch, nicht nur alle gestellten Fragen zu beantworten, sondern auch nichtgestellte.« »Dumme Gedanken hat jeder, nur der Weise verschweigt sie«, so Wilhelm Busch. Und Karl Kraus meint dazu: »Es gibt leider Leute, die nicht einmal das für sich behalten können, was sie nicht wissen.«

Und schließlich haben wir als weitere Schwester der Dummheit die Schamlosigkeit. Sigmund Freud weiß dazu: Der Verlust der Scham ist der Beginn der Verblödung. Oder in anderen Worten: Was uns tagtäglich medial begegnet, das ist eine Tyrannei des Vulgären, ja des Obszönen. Damit kein falscher Eindruck entsteht: Die Tyrannei des Ordinären findet nicht nur in der sogenannten Yellow-Press statt oder in Zeitungen mit besonders großen Buchstaben. Nein, auch vermeintlich seriöse Zeitungen und öffentlich-rechtliche Kanäle sind voll davon. Zum Beispiel bringt eine Zeitung mehrspaltig, dass eine 22-jährige Pop-Lady sich an einer Stelle hat tätowieren lassen, die lediglich ihr Ex-ehemann (Warum eigentlich der »Ex«?) zu sehen bekommt; dass ein wegen eines Mittelfingers berühmt gewordener Ball-treter bei einer Party nach soundso vielen Caipirinha-Cocktails »gekotzt« hat; dass ein quartalsweise seine Bräute wechselnder Extennisspieler eine Autobiografie mit dem faustischen Titel »Augenblick, verweile doch …« geschrieben hat (ob er den *Faust* wohl gelesen hat?). Und natürlich hecheln sämtliche Trash-Talkshows hinterher und zerren diese Geistesriesen vor die TV-Kameras, um ihnen möglichst noch zu entlocken, welche Farbe ihre Unterhose wo, wobei und wann hatte. (Lesenswert hierzu ist Richard Sennetts *Verfall und Ende des öffentlichen Lebens – Die Tyrannei der Intimität* von 1983.)

Neue Tiefpunkte erreicht der mediale Fernsehmüll seit 2004 mit dem RTL-Dschungel-Camp *Ich bin ein Star – Holt mich hier raus*, bei der Prolo-Promis live Ekelaufgaben zu bestehen haben, zum Beispiel Mehlwürmer essen, den Achselschweiß von Mitstreitern einschätzen, in Kakerlaken baden, Känguruhoden oder Krokodilsaugen hinunterwürgen. Wer nun meint, das sei typisch Privatsender, der lügt sich in die Tasche. Auch das ZDF ließ Anfang 2009 bei *Wetten, dass* ... zwei mit Augenmasken bewehrte Tierpfleger anhand von entsprechenden Exponaten (auf Silbertellern drapiert) den Kot von verschiedenen Tierarten (Giraffen, Eisbären usw.) erraten. Fast schon anspruchsvoll dagegen mutet die RTL-Casting-Show *Deutschland sucht den Superstar* (DSDS) an, bei der schon Zehntausende von größenwahnsinnigen Kandidaten ihren Durchbruch ins große Showbusiness suchten.

Zu den resistentesten Verblödungen freilich zählt sogenannte Comedy. Stellen Komiker hier Witzfigur dar, oder sind die Komiker selbst die Witzfiguren? Jedenfalls ist das Verschwinden des Humors und dessen Ersatz durch Comedy ein Zeichen von Verblödung. Ein anderes Genre dieser pseudo-lustigen Verblödung sind die von einer Lache aus der Konserve begleiteten Homevideo-Shows der Marke: Verliert ein Mann auf der Leiter seine Hose – Fällt einer Oma das Gebiss in den Eisbecher – Verletzt sich ein Mann dort, wo es am meisten wehtut. Ein RTL-Programmchef soll dazu fast philosophisch gesagt haben: Je schwerer die Zeiten, desto mehr einfache Unterhaltung wollen die Zuschauer. »Unterschichtenfernsehen« eben, wie der Lästerer Harald Schmidt meint!

Einzelfälle, könnte man sagen! Das im wahrsten Sinn des Wortes Dumme daran ist, dass es diese Einzelfälle in dieser Fülle nur deshalb gibt, weil sie ein Millionenpublikum haben. Aber eigentlich ist dies Umweltverschmutzung via Medien. Man müsste auf solche medialen Hofberichte schreiben: »Dieses Medienprodukt schadet Ihrem Hirn.« Und es müsste als Inhaltsangabe darauf stehen: »Bestandteile dieses Produkts sind zu 55 Prozent hohle Phrasen und Platitüden (Wortfladen), ferner zu jeweils 15 Prozent Syntax-, Orthografie- und Grammatikfehler.«

Dummheit, Politik und Sport

Nach dem Junktim von Dummheit und Medien wäre zu reden über das Junktim von Dummheit und Politik. Aber dafür stehen manch andere Kapitel in diesem Buch. Hier nur so viel: Eine Herausforderung ist manche Politik angesichts ihrer intellektuellen Genügsamkeit gewiss nicht. Im Übrigen wäre zu untersuchen, ob auf die Politik bzw. das Volk zutrifft, was ein Verhaltensforscher zum Schwarmverhalten von Fischen angeblich herausgefunden hat. Er hatte aus einem Fischschwarm einen Fisch herausgenommen und bei ihm die Verbindung zu seinem Großhirn gekappt. Der Forscher wollte sehen, ob der gehirnamputierte Fisch sich noch im Schwarm halten kann. Was geschah? Dieser Fisch, frei von Wahrnehmung, Rücksicht und Vorsicht, schwamm ungebremst ziellos in schnellem Zickzack umher – und der ganze Schwarm folgte ihm. Sein unvernünftiges Verhalten machte auf den Schwarm den Eindruck, er wisse, wo es langgeht. Es wurde sozusagen Ziellosigkeit als schnelle Urteilsfähigkeit fehlgedeutet. Vorsicht aber vor überheblichen Interpretationen dieses Phänomens! Man unterschätze, so Kurt Tucholsky, nie die Macht dummer Leute, die einer Meinung – in diesem Fall: einer Richtung – sind.

Von der Macht des Geistes jedenfalls spürt man hier wenig, umso mehr jedoch vom (Un-)Geist der Macht. Also grämen wir uns doch mit der Frage, ob Mediendemokratie (oder Demokratie insgesamt) nicht zu sehr auf Mittelmäßigkeit angelegt ist (ob also aus Mediokratie nicht Mediokrität wurde). Aber gottlob gibt es noch keine verfassungsrechtlich fixierte Pflicht des Volkes, sich so dumm zu stellen bzw. zu sein wie die Regierenden, damit die Regierenden glauben können, sie seien so gescheit wie das Volk. Ansonsten gilt allerdings die Erfahrung: Je dümmer das Volk, desto leichter gelingt das Regieren.

Da möchte man doch den Sport loben. Hier finden wir sie noch, die Sturmgeschütze des Intellektualismus, hier geht es zugleich lebensnah und philosophisch zu. Beispiele: In einer Sonntagszeitung weiß wenigstens der Fußball-Kaiser, dass der »Mensch eine Fehlentwicklung« ist. Oder nehmen wir Beckham! Im Februar 2006 lässt er sich vernehmen mit der Nachricht, die elterliche Hilfe bei den Rechenaufgaben seines Sohnes Brooklyn überlasse er seiner Frau Victoria, dem früheren Spice Girl Posh. Der Grund? Beckham angeblich wörtlich: »Mathematik ist heutzutage so was von hart.« Und das Härte-Beispiel: »50 minus 11«. Passt hier womöglich die boshafte Frage: Was geschieht, wenn einer von denen seinen Verein verlässt? Boshafte Antwort: Dann steigt in diesem Verein sprunghaft der IQ. Oder passt hier gar die Frage: Na, was haltet ihr als Außenstehende von der Intelligenz?

In der Pädagogik gibt es keine Dummheit

Vielleicht wird jetzt eine pädagogische Betrachtung der Dummheit vermisst. In der modernen Pädagogik kennt man aber keine Dummheit mehr. Schüler sind schlechtestenfalls einseitig begabt oder einseitig unbegabt oder in der Regel halt frustriert und demotiviert. Die Zeiten, in denen die Pädagogik samt Psychiatrie unterschied zwischen Idiotie (einem bleibenden Intelligenzalter unter 6 Jahren), Imbezillität (einem bleibenden Intelligenzalter zwischen 6 und 10 Jahren) und Debilität (einem bleibenden Intelligenzalter zwischen 10 und 12 Jahren), sind vorbei. Nur gelegentlich wagt noch ein Intelligenzforscher festzustellen, dass geistige Untätigkeit den IQ senke (zum Beispiel bereits während der Urlaubszeit). Wer aber den Begriff »Dummheit« in pädagogischen Lexika sucht, wird nichts finden. Denn die Dummen kann es aus Gründen der *educational correctness* nicht mehr geben.

Mit Dummheit hat Pädagogik aber nach wie vor zu tun. Immerhin erzieht die Dummheit anderer zu Toleranz. Das meinte Voltaire, für den Dummheit zu ertragen der Gipfel der Toleranz ist. Außerdem vermittelt Schule alles, was sie vermittelt, oft nicht nur gegen so manch natürliche Trägheit so mancher Zöglinge, sondern auch gegen eine Dummheit, die Schule von außen fest im Griff hat. Bei einem solchen Umfeld geraten Bildungseinrichtungen jedenfalls mehr und mehr in die Rolle der gesamtgesellschaftlichen Dummheiten-Verhinderungs-Institutionen. Es passiert schließlich kaum eine Dummheit, für die diese unsere Gesellschaft nicht sofort eine Dummheiten-Reparatur durch die Schule erwartet. Dabei müsste hier eigentlich wie im Bereich des Umweltschutzes das Verursacherprinzip gelten: Wer die Umwelt, zum Beispiel medial, mit Dummheit verschmutzt, sollte dafür selbst zur Rechenschaft gezogen werden.

Gerade so manche Bildungspolitik ist aber alles andere als ein Geniestreich. Es möge nur an die Spezialitäten der Rechtschreibreform erinnert sein! Sie hat in mehr als zehn Jahren so kreative Regeln zustande gebracht wie folgende: »Stendelwurz« wurde früher mit »e«, wird jetzt mit »ä« geschrieben, weil nämlich ein oberschlauer Reformer festgestellt hat, dass der Stendelwurz im Volksglauben als eine erektionsfördernde Pflanze gilt. Weil das aber mit Standvermögen zu tun hat, meinte man, Ständelwurz (jetzt mit »ä«) vorschreiben zu müssen.

Der große Vorzug der Dummheit

Jetzt noch etwas zur Ehrenrettung der Dummheit, das Gute am Schlechten sozusagen! Erstens verdanken wir wesentliche Erfahrungen der Menschheit unklugem Handeln. Zweitens, gäbe es keine Narren, wüssten wir weniger von Wahrheiten. Denn Kinder und Narren sagen die Wahrheit. Drittens: Ein besonderer Vorteil der Dummheit ist, dass sie weniger Angriffsflächen bietet. Wer auf Dauer als unterbelichtet gilt, den lässt man mitleidig in Ruhe. Und wer sich bei allen möglichen Verrichtungen anstellt wie einer, der zehn Daumen an den Händen hat, den behelligt man zukünftig ebenfalls nicht mehr. Und viertens schließlich: Dummheit ist der Motor der Wirtschaft, denn wer schon kauft und konsumiert nicht ständig mehr, als er braucht!

Ansonsten trösten wir uns mit der Erfahrung eines Dr. Heinrich Faustus. Dieser sitzt gleich zu Beginn des nach ihm benannten Nationaldramas nächtens in einem engen gotischen Zimmer unruhig auf seinem Sessel – und jammert: »Habe nun, ach, Philosophie, Juristerei und Medizin, /Und leider auch Theologie Durchaus studiert, mit heißem Bemühn. /Da steh ich nun, ich armer Tor, Und bin so klug als wie zuvor!« Auch einem Faust war also manchmal zum Verzweifeln zumute.

Fragen wir zum Schluss noch nach den Möglichkeiten der Immunisierung gegen die Dummheit! Kann sich der Einzelne immunisieren? Ja, nur er! Jeder Einzelne kann, ja muss sich gegen Dummheit auflehnen. Intellektueller Widerstand gegen Dummheit jedweder Art ist Bürgerpflicht. »Wer die Dummköpfe gegen sich hat, verdient Vertrauen«, hat Jean-Paul Sartre gesagt. Das sollte Mut machen zu solcher Zivilcourage. Ansonsten hilft am ehesten die Gewissheit: Dummheit heißt nicht, wenig zu wissen; Dummheit ist es vielmehr zu glauben, genug zu wissen. »Je leerer der Kopf eines Menschen ist, umso weniger hat er das Verlangen, sich auszufüllen«, wusste Fjodor M. Dostojewskij zu warnen. Am wenigsten dumm freilich ist der, der weiß, dass er dumm ist (siehe Sokrates). Denn derjenige weiß wenigstens, dass jede Zunahme des Wissens neue Kontaktflächen mit dem Nichtwissen erschließt.

Was aber ist am Ende von Vorteil: die Dummheit, die nicht weiß, dass sie Dummheit ist, oder die relative Klugheit, die um ihre Dummheit weiß? Erste Antwort (wissenschaftlich belegt): Inkompetenz macht glücklich, und die Dummen wissen nicht, dass sie dumm sind. Das jedenfalls berichtet das *Journal of Personality and Social Psychology* 1999. Konkret steht dort zu lesen: Inkompetente Menschen sind nicht nur blind für ihre schlechte Leistung, sie überschätzen ihr Können sogar. Denn »Inkompetente realisieren nicht nur nicht, wie schlecht sie sind, sie erkennen auch nicht, wie gut andere sind«, meinen die Forscher. Also doch lieber *Endlich Nichtdenker!* (so ein Buchtitel aus dem Jahr 2004)? Zweite, wahrscheinlich wichtigere Antwort: Der Vorteil der Klugheit und des Wissens besteht darin, dass man sich im Bedarfsfall dumm stellen kann. Das Gegenteil ist schwieriger. Oder hat man schon einmal einen Dummen gesehen, der sich klug stellen konnte?

Literaturverzeichnis

Adorno, Theodor: Theorie der Halbbildung (Nachdruck eines Vortrages vom Mai 1959). Frankfurt/Main 2006.

Ahrendt, Hannah: Elemente und Ursprünge totaler Herrschaft. München 1951.

Assmann, Aleida: Erinnerungsräume. Formen und Wandlungen des kulturellen Gedächtnisses. München 2003.

Beauvoir, Simone de: Das andere Geschlecht. Reinbek 1951.

Bourdieu, Pierre/Passeron, Jean-Claude: Die Illusion der Chancengleichheit. Stuttgart 1971.

Bourdieu, Pierre/Passeron, Jean-Claude: Die verborgenen Mechanismen der Macht. Reinbek 1997.

Bracher, Karl Dietrich: Wendezeiten der Geschichte. Stuttgart 1992.

Brant, Sebastian: Das Narrenschiff. Tübingen 2004.

Braunmühl, Ekkehard von: Antipädagogik. Studien zur Abschaffung der Pädagogik. Weinheim 1975.

Brecht, Bertolt: Die Dreigroschenoper. Frankfurt/Main 2004.

Broder, Henryk M.: Hurra, wir kapitulieren. Von der Lust am Einknicken. Berlin 2006.

Bruckner, Pascal: Der Schuldkomplex – Vom Nutzen und Nachteil der Geschichte für Europa. München 2008.

Burke, Edmund: Betrachtungen über die Französische Revolution. Frankfurt/Main 1967.

Burckhardt, Jacob: Weltgeschichtliche Betrachtungen (Vorlesungen in Basel 1868 bis 1871). Stuttgart 1978.

Camus, Albert: Der Mythos des Sisyphos. Reinbek 1958.

Crouch, Colin: Postdemokratie. Frankfurt/Main 2008.

Dewey, John: Deutsche Philosophie und deutsche Politik. Berlin, Wien 2000.

Dostojewskij, Fjodor: Die Brüder Karamasow. Zürich 1994.

Eibl-Eibesfeldt, Irenäus: Die Biologie des menschlichen Verhaltens – Grundriss der Humanethologie. Vierkirchen 2004.

Eysenck, Hans Jürgen: Die Ungleichheit der Menschen. München 1975.

Fabio, Udo di: Die Kultur der Freiheit. München 2005.

Fend, Helmut u. a. (Hg.): Lebensverlauf, Lebensbewältigung, Lebensglück. Ergebnisse der LiFE-Studie. Wiesbaden 2009.

Fest, Joachim: Der zerstörte Traum. Vom Ende des utopischen Zeitalters. Berlin 1991.

Fest, Joachim: Die schwierige Freiheit. Über die offene Flanke der offenen Gesellschaft. Berlin 1993.

Feuerbach, Ludwig: Das Wesen des Christenthums. Leipzig 1841.

Freud, Sigmund: Das Unbehagen in der Kultur. Frankfurt/Main 2004.

Frisch, Max: Biedermann und die Brandstifter. Frankfurt/Main 2003

Fuchs, Marek/Sixt, Michaela: Zur Nachhaltigkeit von Bildungsaufstiegen. In: Kölner Zeitschrift für Soziologie und Sozialpsychologie, 59 (2007) 1, S. 1–29.

Fuhrmann, Helmut: Die Furie des Verschwindens. Literaturunterricht und Literaturtradition. Würzburg 1993.

Fuhrmann, Manfred: Bildung. Europas kulturelle Identität. Stuttgart 2002.

Furedi, Frank: Die Elternparanoia. Warum Kinder mutige Eltern brauchen. Frankfurt/Main 2002.

Gadamer, Hans-Georg: Wahrheit und Methode. Tübingen 1990.

Gauger, Jörg-Dieter: Der historische deutsche Osten im Unterricht. Hamburg 2001.

Gauger, Jörg-Dieter: Deutsche und Polen im Unterricht. Schwalbach/Ts. 2008.

Gehlen, Arnold: Moral und Hypermoral. Eine pluralistische Ethik. Frankfurt/Main 1969.

Geyer, Arnold: Über die Dummheit. Göttingen 1954.

Goethe, Johann Wolfgang von: Sämtliche Werke. Hrsg. von Hendrik Birus u. a.. Frankfurt/Main 2007.

Guardini, Romano: Briefe über Selbstbildung. Mainz 1968.

Heller, Kurt A.: Begabungs- und lernpsychologische Perspektiven aktueller Bildungsfragen (Vortrag auf der Fachtagung »Welche Schulen braucht das Land?« vom 6.12.1996 in Landshut).

Heller, Kurt u. a. (Hg.): Begabtsein in Deutschland. Berlin 2007.

Heller, Kurt u. a. (Hg.): Von der Aktivierung der Begabungsreserven zur Hochbegabtenförderung. Berlin 2008.

Hayek, Friedrich A. von: Die Verfassung der Freiheit. Tübingen 1971.

Hayek, Friedrich A. von: Illusion der sozialen Gerechtigkeit. Landsburg 1981.

Hitpaß, Josef: Deutschlands Bildungswesen. Die Folgen der Reform. Köln 1981.

Huntington, Samuel P.: Kampf der Kulturen. München 1997.

Huxley, Aldous: Schöne neue Welt. Frankfurt/Main 1953.

Jaspers, Karl: Die geistige Situation der Zeit. Berlin 1931.

Jaspers, Karl: Vom europäischen Geist. München 1946.

Jaspers, Karl: Wohin treibt die Bundesrepublik? München 1966.

Jaspers, Karl: Was ist Erziehung? – Ein Lesebuch. Textauswahl und Zusammenstellung von Hermann Horn. München 1992.

Jencks, Christopher: Chancengleichheit. Reinbek 1973.

Jesse, Eckhard: 50 Jahre Bundesrepublik Deutschland. Haben wir eine Verschiebung des politischen Koordinatensystems? In: MUT, Forum für Kultur, Politik und Geschichte, Heft Mai 1999, S. 28–41.

Kaltenbrunner, Gerd-Klaus: Elite. Erziehung für den Ernstfall. Asendorf 1990.

Kästner, Erich: Werke in neun Bänden. Hrsg. von Franz Josef Görtz. München 2004.

Klier, Freya: Sozialistische Märchenstunde. Die DDR ist wieder da – und schöner noch als einst. In: MUT, Forum für Kultur, Politik und Geschichte, Heft Oktober 2008, S. 26–34.

Knigge, Adolph Freiherr von: Über den Umgang mit Menschen. Leipzig 1788.

Koselleck, Reinhart: Begriffsgeschichten. Frankfurt/Main 2006.

Kraus, Josef: Spaßpädagogik. Sackgassen deutscher Schulpolitik. München 1998.

Kraus, Josef: Der PISA-Schwindel. Unsere Kinder sind besser als ihr Ruf. Wien 2005.

Kraus, Karl: Ausgewählte Werke. München 1977.

Lafargue, Paul: Das Recht auf Faulheit. Hamburg 2001.

Lehmann, Rainer H./Lenkeit, Jenny: ELEMENT. Erhebung zum Lese- und Mathematikverständnis. Entwicklungen in den Jahrgangsstufen 4 bis 6 in Berlin, Abschlussbericht über die Untersuchungen 2003, 2004 und 2005 an Berliner Grundschulen und grundständigen Gymnasien. Berlin 2008.

Liessmann, Konrad Paul: Theorie der Unbildung. Wien 2006.

Lübbe, Hermann: Politischer Moralismus. Der Triumph der Gesinnung über die Urteilskraft. Berlin 1987.

Lübbe, Hermann: »Ich entschuldige mich« – Das neue politische Bußritual. Berlin 2001.

Maier, Hans: Jean-Jacques Rousseau. In: Politische Denker II, hrsg. v. Heinz Rausch. München 1977, S. 47–65.

Mann, Thomas: Das Problem der Freiheit (Rede, gehalten in der Sitzung des XVII. Internationalen P.E.N.-Kongresses zu Stockholm im September 1939). In: Mann, Thomas: Deutschland und die Deutschen, Essays 1938–1945. Frankfurt/Main 1996.

Marcuse, Herbert: Versuch über die Befreiung. Frankfurt/Main 1966.

Marcuse, Herbert: Triebstruktur und Gesellschaft. Frankfurt/Main 1969.

Marquard, Odo: Skepsis in der Moderne. Stuttgart 2007.

Max-Planck-Institut für Bildungsforschung (Hg.): Bildungsverläufe und psychosoziale Entwicklung im Jugendalter, BIJU. Zweiter Bericht für die Schulen. Berlin 1996.

Megerle, Johann Ulrich: Wunderlicher Traum von einem großen Narrennest. Stuttgart 2005.

Miller, Alice: Das Drama des begabten Kindes und die Suche nach dem wahren Selbst. Frankfurt 1979.

Möbius, Paul: Über den physiologischen Schwachsinn des Weibes. München 1990.

Neill, Alexander S.: Theorie und Praxis der antiautoritären Erziehung. Das Beispiel Summerhill. Reinbek 1960.

Neumann, Dieter: Die 68er-Pädagogik und ihre pädagogischen Mythen – Auswirkungen auf Erziehung und Bildung. St. Augustin 2008.

Nipperdey, Thomas: Deutsche Geschichte 1800–1866. München 1994.

Nietzsche, Friedrich: Werke. Hrsg. von Karl Schlechta. München 1966.

Ortega y Gasset, José: Der Aufstand der Massen. o. O. 1929.

Orwell, George: 1984. Zürich 1950.

Pawlow, Iwan Petrowitch: Ausgewählte Werke. Berlin 1955.

Plessner, Helmuth: Die verspätete Nation. Stuttgart 1974.

Rawls, John: Eine Theorie der Gerechtigkeit. Frankfurt/Main 1975.

Roeder, Peter: Entwicklung vor, während und nach der Grundschulzeit. Literaturüberblick über den Einfluss der Grundschulzeit auf die Entwicklung in der Sekundarschule. In: Weinert, Franz E./Helmke, Andreas: Entwicklung im Grundschulalter. Weinheim 1997.

Rousseau, Jean-Jacques: Emile oder Über die Erziehung. Stuttgart 2001.

Scheler, Max: Die Formen des Wissens und die Bildung. Bonn 1925.

Schelsky, Helmut: Die Arbeit tun die anderen. Klassenkampf und Priesterherrschaft der Intellektuellen, Opladen 1975.

Schelsky, Helmut: Die Wüste wächst. Über die Selbstzerstörung der Kultur in der Bundesrepublik. In: Schlesky, Helmut: Der selbständige und der betreute Mensch. Stuttgart 1976.

Schiller, Friedrich von: Werke und Briefe. Hrsg. von Otto Dann u. a.. Frankfurt/Main 2004

Sloterdijk, Peter: Regeln für den Menschenpark. Frankfurt/Main 1999.

Sloterdijk, Peter: Die Verachtung der Massen. Frankfurt/Main 2000.

Schmoll, Heike: Lob der Elite. Warum wir sie brauchen. München 2008.

Schoeck, Helmut: Das Recht auf Ungleichheit. München 1988.

Schoeck, Helmut: Der Neid und die Gesellschaft. Frankfurt/Main, Berlin 1977

Schoenebeck, Hubertus von: Unterstützen statt erziehen. München 1982.

Schumpeter, Joseph Alois: Kapitalismus, Sozialismus und Demokratie. München 1950.

Sennett, Richard: Verfall und Ende des öffentlichen Lebens. Die Tyrannei der Intimität. Frankfurt/Main 1983.

Sennett, Richard: Respekt im Zeitalter der Ungleichheit. Berlin 2002.

Sennett, Richard: Handwerk. Berlin 2007.

Skinner, Burrhus F.: Wissenschaft und menschliches Verhalten. München 1973.

Skinner, Burrhus F.: Futurum Zwei. Die Vision einer aggressionsfreien Gesellschaft. Reinbek 1972.

Spranger, Eduard: Der Eigengeist der Volksschule. Heidelberg 1963.

Stolz, Rolf: Der deutsche Komplex. Alternativen zur Selbstverleugnung. Erlangen 1990.

Tenbruck, Friedrich H.: Zur Kritik der planenden Vernunft. Freiburg 1972.

Thoreau, David: Walden oder Leben in den Wäldern. Zürich 2004.

Tocqueville, Alexis de: Die Demokratie in Amerika. Frankfurt/Main 1956.

Wagner, Richard: Es reicht. Gegen den Ausverkauf unserer Werte. Berlin 2008.

Walser, Martin: »Ich kenne nichts Intoleranteres als unser intellektuelles Klima.« In: *Welt am Sonntag*, 23. März 1997.

Weber, Max: Politik als Beruf. In: Reden, die die Welt bewegten. Stuttgart 1986.

Wiedemann, Erich: Die deutschen Ängste. Ein Volk in Moll. Frankfurt/Main 1988.

Weinert, Franz E./Helmke, Andreas: Der gute Lehrer – Person, Funktion oder Fiktion? In: Die Institutionalisierung von Lehren und Lernen, hrsg. v. Achim Leschinsky, o. O. 1996, S. 223–233.

Weinert, Franz E.: ›Der gute Lehrer‹, ›die gute Lehrerin‹ im Spiegel der Wissenschaft, Beiträge zur Lehrerbildung, 14, 141–151, 1996.

Wendt, Siegfried: Was Sokrates nicht wissen konnte. Eine Bildungsreise zu den Grundlagen unserer technischen Zivilisation. Heidelberg 2008.

Winterhoff, Michael: Warum unsere Kinder Tyrannen werden. Gütersloh 2008.

Wolf, Notker: Worauf warten wir? Ketzerische Gedanken zu Deutschland. Reinbek 2006.

Zöpfl, Helmut: Der Mensch ist, was er verantwortet. In: *Die Welt*, 25. Oktober 2008.

Stilblüten und Geistesblitze

Die besten Aussprüche unserer Volksvertreter im Deutschen Bundestages seit seiner Gründung 1949 bis heute: Aus rund 240 000 Seiten des Wortprotokolls aller Plenarsitzungen wählte Günter Pursch die pikantesten und witzigsten Angriffe und Paraden des verbalen Schlagabtauschs aus – eine einzigartige Fundgrube geistiger Verfehlungen und sprachlicher Höhenflüge unserer Politiker.

»Eine wunderbare Dokumentation erregter Debatten, trockener Zwischenrufe und herben Politiker-Humors.« Stern

»Das parlamentarische Schimpfbuch sammelt Entgleisungen und dokumentiert echte Leidenschaft.« Die Zeit

Günter Pursch
Das parlamentarische Schimpfbuch

304 Seiten, ISBN 978-3-7766-2594-3

HERBiG www.herbig-verlag.de